消防設備士 第1類 総目次【上巻】

はじめに

◎本書は、消防設備士 第1類（甲種＆乙種）の試験合格に必要な知識及び過去の試験問題をまとめたものです。

◎甲種の試験問題は［筆記45問］＋［実技7問］で構成されており、科目別の内容は次のとおりとなっています。

甲種　試験問題の科目別の内容		問題数
筆記	消防関係法令（共通・類別）	15問
	基礎的知識（機械・電気）	10問
	消防用設備等の構造機能（機械・電気・規格）	20問
実技（鑑別等・製図）		7問

◎乙種の試験問題は［筆記30問］＋［実技5問］で構成されており、科目別の内容は次のとおりとなっています（乙種は製図がありません）。

乙種　試験問題の科目別の内容		問題数
筆記	消防関係法令（共通・類別）	10問
	基礎的知識（機械・電気）	5問
	消防用設備等の構造機能（機械・電気・規格）	15問
実技（鑑別等）		5問

◎試験問題の科目別の内容及び本書において適用される章は、次のとおりとなります。

	試験問題の科目別の内容	問題	本書
上巻	消防関係法令（共通）	甲8問 乙6問	第1章　消防関係法令（全類共通）
	消防関係法令（1類）	甲7問 乙4問	第2章　消防関係法令（第1類の内容）
	基礎的知識　機械部分	甲6問 乙3問	第3章　基礎的知識　機械部分
	基礎的知識　電気部分	甲4問 乙2問	第4章　基礎的知識　電気部分
	消防用設備等の構造機能 機械部分	甲10問 乙8問	第5章　消防用設備等の構造機能 機械部分
下巻	消防用設備等の構造機能 電気部分	甲6問 乙4問	第6章　消防用設備等の構造機能 電気部分
	消防用設備等の構造機能 規格部分	甲4問 乙3問	第7章　消防用設備等の構造機能 規格部分

実技　鑑別等	甲5問 乙5問	第8章　実技　鑑別等
実技　製図	甲2問	第9章　実技　製図（甲種のみ）

◎**合格基準**は、筆記と実技で分かれています。

◎筆記の合格基準は各科目毎に40％以上の点数で、かつ、全体の出題数の60％以上の点数となっています。従って、ある科目の正解率が40％未満の場合は、他の科目全て満点であっても不合格となります。

◎実技の合格基準は、60％以上の点数となっています。実技は1つの問題に対し、2～3問程度に分かれている場合が多く、この場合は配点が細分化されます。ただし、配点内容は公表されていません。

◎試験に合格するためには、筆記及び実技の両方で合格基準に達していなければなりません。なお、実技は「写真・イラスト・図面等による記述式」となっています。

◎本書の各章では、項目を更に細かく区分し、各項目ごとにテキスト⇒過去問題⇒問題の正解・解説、の順番に編集してあります。

◎過去問題の左端にある「□」はチェックマークを表しています。習熟度に応じてご活用下さい。また、問題文の最後の［★］は、頻出問題であることを表し、［改］は法改正等に合わせて内容を一部変更していることを表しています。

◎［編］は、2つの類似問題を編集部で1つの問題にまとめたものであることを表しています。

◎「第1章　消防関係法令（全類共通）」及び「第5章　消防用設備等の構造機能　機械部分」に使われている写真は、弊社が実物を撮影したものを除き、次のメーカー各社からご提供いただいたものです。本文で表記している略称と会社名は、次のとおりです。

〈**写真協力**〉(五十音順)

◇立売堀製作所…株式会社立売堀製作所	◇深田工業…………深田工業株式会社
◇川本製作所……株式会社川本製作所	◇ベン……………株式会社ベン
◇テラル………テラル株式会社	◇モリタ宮田工業……モリタ宮田工業株式会社
◇能美防災………能美防災株式会社	◇ヤマトプロテック…ヤマトプロテック株式会社
◇初田製作所……株式会社初田製作所	◇ワシノ機器…………ワシノ機器株式会社

令和6年2月　消防設備士　編集部

一部免除

◎**電気工事士**（免状を所持）及び**電気主任技術者**は、受験申請時に「科目免除」を
行うと、次のアミ部分が免除となり、**太枠部分の問題**で受験することになります。

試験問題の科目別の内容	本書
消防関係法令（共通）	第1章　消防関係法令（全類共通）
消防関係法令（1類）	第2章　消防関係法令（第1類）
基礎的知識　機械部分	第3章　基礎的知識　機械部分
基礎的知識　電気部分	第4章　基礎的知識　電気部分
消防用設備等の構造機能　機械部分	第5章　構造機能　機械部分
消防用設備等の構造機能　電気部分	第6章　構造機能　電気部分
消防用設備等の構造機能　規格部分	第7章　構造機能　規格部分
実技　鑑別等	第8章　実技　鑑別等
実技　製図	第9章　実技　製図（甲種のみ）

◎既に所有している**消防設備士**の免状の種類及び**受験する試験種類**により、受験申
請時に「科目免除」を行うと、以下の表に記載された科目が免除となり、<u>記載さ
れた科目以外の問題</u>（詳細は上表を参照。）で受験することになります。

■**甲種**第1類を受験する場合…

既に所有している免状	**免除となる**試験問題の科目	本書
甲種第2・3類のいずれか	消防関係法令（共通）	第1章
	基礎的知識　機械・電気	第3章・第4章
甲種第4・5類のいずれか	消防関係法令（共通）	第1章

■**乙種**第1類を受験する場合…

既に所有している免状	**免除となる**試験問題の科目	本書
甲種第2・3類または、**乙種第2・3類**のいずれか	消防関係法令（共通）	第1章
	基礎的知識　機械・電気	第3章・第4章
甲種第1・4・5類または**乙種第4～7類**のいずれか	消防関係法令（共通）	第1章

◎その他については、消防試験研究センターのHPを参照してください。

法令の基礎知識

◎法令は、法律、政令、省令などで構成されています。法律は国会で制定されるものです。政令は、その法律を実施するための細かい規則や法律の委任に基づく規則をまとめたもので、内閣が制定します。省令は法律及び政令の更に細かい規則や委任事項をまとめたもので、各省の大臣が制定します。

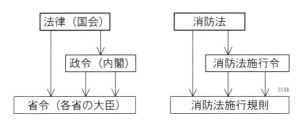

◎消防設備士に関係する法令をまとめると、次のとおりとなります。

消防設備士に関係する法令		本書の略称
法律	消防法	法
政令	消防法施行令	令
総務省令	消防法施行規則	規則
	危険物の規制に関する規則	危険物規則
	閉鎖型スプリンクラーヘッドの技術上の規格を定める省令	閉鎖型ヘッドの規格
	消防用ホースの技術上の規格を定める省令	消防用ホースの規格
	消防用ホースに使用する差込式又はねじ式の結合金具及び消防用吸管に使用するねじ式の結合金具の技術上の規格を定める省令	差込式の結合金具の規格
	流水検知装置の技術上の規格を定める省令	流水検知装置の規格
	一斉開放弁の技術上の規格を定める省令	一斉開放弁の規格
消防庁告示	加圧送水装置の基準	加圧送水装置の基準
	放水型ヘッド等を用いるスプリンクラー設備の設置及び維持に関する技術上の基準の細目	放水型ヘッド等の細目基準
	ラック式倉庫のラック等を設けた部分におけるスプリンクラーヘッドの設置に関する基準	ラック式倉庫のヘッドの設置基準
	自家発電設備の基準	自家発電設備の基準
	蓄電池設備の基準	蓄電池設備の基準
	配電盤及び分電盤の基準	配電盤等の基準

消防庁告示	パッケージ型消火設備の設置及び維持に関する 技術上の基準を定める件	パッケージ型消火設備の 基準
	パッケージ型自動消火設備の設置及び維持に関する技術上の基準を定める件	パッケージ型自動消火設備の基準

◎法令では、法文を指定する場合、条の他に「項」と「号」を使用する。

〔法令の例（途中一部省略）〕

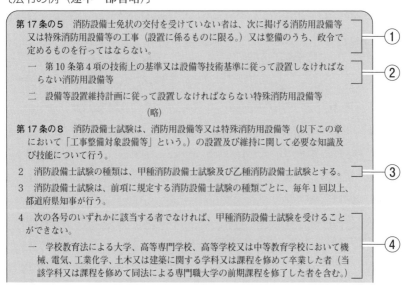

①第17条の5　1項。1項しかない場合は「第17条の5」と略す。

②第17条の5　1項1号または第17条の5　1号。

③第17条の8　2項。

④第17条の8　4項1号。

注意：本書では、条以降の「第」を省略して表記している。

第1章　消防関係法令（全類共通）

章

1. 消防法令上の定義

◎**防火対象物**とは、山林又は舟車、船きょ若しくはふ頭に繋留された船舶、建築物その他の工作物若しくはこれらに属する物をいう（法第2条2項）。

　▷解説：船きょとは、ドックとも呼ばれ、船の建造や修理などを行うために構築された設備である。工作物とは、人為的に作られたもので、建築物のほか橋やトンネルなど。

◎**消防対象物**とは、山林又は舟車、船きょ若しくはふ頭に繋留された船舶、建築物その他の工作物又は物件をいう（法第2条3項）。

　▷解説：物件とは、「又は」の前部で示されているもの以外の全てが対象となる。

防火対象物
[山林]　[舟車]　[船きょ（ドック）]
[繋留中の船舶]　[建築物]　[工作物]

「これらに属する物」

[物件]
消防対象物

S140

【防火対象物と消防対象物のイメージ】

防火は、火災を防ぐこと。また、消防は消火＋防火の意。

◎**関係者**とは、防火対象物又は消防対象物の**所有者**、**管理者**又は**占有者**をいう（法第2条4項）。

◎**関係のある場所**とは、防火対象物又は消防対象物のある場所をいう（法第2条5項）。

◎**舟車**とは、船舶安全法第2条1項の規定を適用しない船舶、端舟、はしけ、被曳船その他の舟及び車両をいう（法第2条6項）。

　▷解説：船舶安全法は船体、機関および諸設備について最低の技術基準を定め、船舶がこれを維持するよう強制している法律である。

◎**危険物**とは、消防法 別表第1の品名欄に掲げる物品で、同表に定める区分に応じ同表の性質欄に掲げる性状を有するものをいう（法第2条7項）。

〔消防法 別表第1〕

類別	性　質	品　名
第1類	酸化性固体	1. 塩素酸塩類　　2. 過塩素酸塩類　　（3〜 省略）
第2類	可燃性固体	1. 硫化リン　　2. 赤リン　　（3〜 省略）
第3類	自然発火性物質及び禁水性物質	1. カリウム　　2. ナトリウム　　（3〜 省略）
第4類	引火性液体	1. 特殊引火物（ジエチルエーテルなど） 2. 第一石油類（ガソリンなど） 3. 第二石油類（灯油、軽油など）　　（4〜 省略）
第5類	自己反応性物質	1. 有機過酸化物　　2. 硝酸エステル類　　（3〜 省略）
第6類	酸化性液体	1. 過塩素酸　　2. 過酸化水素　　（3〜 省略）

◎**消防用設備等**とは、政令で定める消防の用に供する設備、消防用水及び消火活動
上必要な施設をいう（法第17条１項）。

◎**特定防火対象物**とは、法第17条１項の防火対象物で多数の者が出入するものとし
て政令で定めるものをいう（法第17条の２の５　２項４号）。

◎**複合用途防火対象物**とは、防火対象物で政令で定める２以上の用途に供されるも
のをいう（法第８条１項）。

◎**住宅用防災機器**とは、住宅における火災の予防に資する機械器具又は設備であっ
て政令で定めるものをいう（法第９条の２　１項）。

◎**無窓階**とは、建築物の地上階のうち、総務省令で定める**避難上又は消火活動上有
効な開口部を有しない階**をいう（令第10条１項５号）。

◎令第10条１項５号の総務省令で定める避難上又は消火活動上有効な開口部を有し
ない階は、11階以上の階にあっては直径50cm以上の円が内接することができる
開口部の面積の合計が当該階の床面積の30分の１を超える階（普通階）以外の階、
10階以下の階にあっては直径１m以上の円が内接することができる開口部又はそ
の幅及び高さがそれぞれ75cm以上及び1.2m以上の開口部（大型開口部）を２以
上有する**普通階以外の階**とする（規則第５条の３　１項）。

▷解説：無窓階については、この規定の他にも細かく定められている。無窓階では、内
部からの避難が困難であり、かつ、消防隊の進入も困難と推測されるため、施
設内に設置する消防用設備の基準が厳しくなる。

10階以下の階で床面積が15m×10m＝150m^{2}の場合、75cm×1.2mの引き違い
窓の必要個数を調べてみる。開口部の面積の合計（最小値）は、150m^2／30
＝５m^{2}となる。引き違い窓１個当たりの開口部面積は75cm×1.2m×2＝1.8m^2
となり、普通階にするためには３個以上設置する必要がある。２個では無窓階
となる。

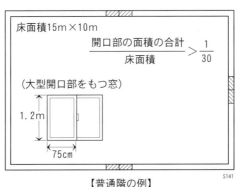

床面積15m×10m

$$\frac{開口部の面積の合計}{床面積} > \frac{1}{30}$$

（大型開口部をもつ窓）

1.2m

75cm

S141

【普通階の例】

◎**地階**とは、床が地盤面下にある階で、床面から地盤面までの高さがその階の天井
の高さの３分の１以上のものをいう（**建築基準法施行令第１条１項２号**）。

【1】 消防法令に定める「関係者」として、誤っているものは次のうちどれか。

☐ 1．防火対象物の管理者

2．消防対象物の所有者

3．防火対象物の防火管理者

4．消防対象物の占有者

【2】 無窓階の説明として、消防法令上、正しいものは次のうちどれか。[編]

☐ 1．建築物の外壁に窓を有しない階

2．採光上又は排煙上有効な開口部を有しない階

3．排煙上又は消火活動上有効な窓が一定基準に達しない階

4．消火活動上有効な窓が一定基準に達しない階

5．消火活動上有効な窓を有しない階

6．避難上又は排煙上有効な開口部が一定基準に達しない階

7．窓を有しない階

8．避難上又は消火活動上有効な開口部を有しない階

【3】 消防法令に定められている用語の定義として、誤っているものは次のうちどれか。

☐ 1．消防対象物とは、山林又は舟車、船きょ若しくはふ頭に繋留された船舶、建築物その他の工作物若しくはこれらに属する物をいう。

2．関係者とは、防火対象物又は消防対象物の所有者、管理者又は占有者をいう。

3．関係のある場所とは、防火対象物又は消防対象物のある場所をいう。

4．舟車とは、船舶安全法第2条第1項の規定を適用しない船舶、端舟、はしけ、被曳船その他の舟及び車両をいう。

▶▶正解＆解説‥‥‥‥‥‥‥‥‥‥‥‥‥‥‥‥‥‥‥‥‥‥‥‥‥‥‥‥‥‥‥‥‥‥‥‥‥

【1】正解3

【2】正解8

【3】正解1

1．消防対象物とは、山林又は舟車、船きょ若しくはふ頭に繋留された船舶、建築物その他の工作物又は物件をいう。設問の内容は防火対象物。

▎2．消防法の基本

■1．消防用設備等の設置及び維持

◎学校、病院、工場、事業場、興行場、百貨店、旅館、飲食店、地下街、複合用途防火対象物その他の防火対象物で政令で定めるものの関係者は、政令で定める消防の用に供する設備、消防用水及び消火活動上必要な施設（「消防用設備等」という）について消火、避難その他の消防の活動のために必要とされる性能を有するように、政令で定める技術上の基準に従って、設置し、及び維持しなければならない（法第17条1項）。

▷解説：消防用設備規制の基本法は、この第17条1項にある。すなわち、

①政令で定める防火対象物の関係者は、

②政令で定める技術上の基準に従って、

③政令で定める消防用設備等を設置し、及び維持しなければならない。

①の政令で定める防火対象物は、法第2条2項で定める防火対象物のうち、令第6条（具体的には令別表第1）で指定されているものである。令別表第1には、戸建て一般住宅が含まれておらず、消防用設備等を設置・維持しなければならない防火対象物からは除外されている。

◎法第17条1項の政令で定める防火対象物は、「令別表第1（13P参照）」に掲げる防火対象物とする（令第6条）。

◎住宅の用途に供される防火対象物の関係者は、次項（法第9条の2　2項）の規定による**住宅用防災機器**（住宅における火災の予防に資する機械器具又は設備であって政令で定めるものをいう）の設置及び維持に関する基準に従って、住宅用防災機器を設置し、及び維持しなければならない（法第9条の2　1項）。

▶▶ 過去問題 ◀◀

【1】次の記述のうち、消防法令上、誤っているものは次のうちどれか。［★］

□　1．消防用設備等とは、消防の用に供する設備、消防用水及び消火活動上必要な施設をいう。

　　2．防火対象物の関係者とは、防火対象物の所有者、管理者又は占有者をいう。

　　3．消防用設備等を設置することが義務付けられている防火対象物は、病院、旅館等不特定多数の者が出入りする防火対象物に限られる。

　　4．戸建て一般住宅については、消防用設備等の設置義務はない。

【2】 消防用設備等に関する記述として、消防法令上、正しいものは次のうちどれか。[★]

□　1．消防用設備等を設置することが義務付けられている防火対象物は、学校、病院及び旅館等の不特定多数の者が出入りする防火対象物に限られている。

　　2．戸建て一般住宅についても、一定の規模を超える場合、消防用設備等を設置しなければならない。

　　3．消防用設備等とは、消防の用に供する設備及び消火活動上必要な施設をいう。

　　4．政令で定める防火対象物の関係者は、政令で定める技術上の基準に従って消防用設備等を設置し、及び維持する義務がある。

▶▶正解＆解説‥‥‥‥‥‥‥‥‥‥‥‥‥‥‥‥‥‥‥‥‥‥‥‥‥‥‥‥‥‥‥‥‥

【1】 正解3

　1．法第17条1項。「1．消防法令上の定義」9P参照。

　2．法第2条4項。

　3．消防用設備等の設置が義務付けられている防火対象物は、令別表第1（13P）に掲げる用途の防火対象物である。病院、旅館等不特定多数の者が出入りする防火対象物に限られているわけではない。

　4．戸建て一般住宅については、「消防用設備等」の設置義務はないが、法第9条の2により、「住宅用防災機器」の設置義務がある。

【2】 正解4

　1．消防用設備等の設置が義務付けられている防火対象物は、令別表第1（13P）に掲げる用途の防火対象物である。

　2．戸建て一般住宅は、その規模に関わらず「消防用設備等」を設置しなくてもよい。ただし、「住宅用防災機器」を設置しなければならない。

　3．消防用設備等とは、消防の用に供する設備、消防用水及び消火活動上必要な施設をいう。「消防用水」が抜けている。

　4．法第17条1項。

3. 防火対象物の区分

◆ 施行令 別表第1

は特定防火対象物

◎法第17条1項で定める**防火対象物**は、以下のとおりである。

(1)	イ	劇場、映画館、演芸場又は観覧場
	ロ	公会堂又は集会場
(2)	イ	キャバレー、ナイトクラブ、その他これらに類するもの
	ロ	遊技場又はダンスホール
	ハ	風俗店
	ニ	カラオケボックス、インターネットカフェ、漫画喫茶など個室を営む店舗
(3)	イ	待合、料理店その他これらに類するもの
	ロ	飲食店
(4)		百貨店、マーケットその他の物品販売業を営む店舗又は展示場
(5)	イ	旅館、ホテル、宿泊所その他これらに類するもの
	ロ	寄宿舎、下宿又は共同住宅
(6)	イ	①〜③病院、入院・入所施設を有する診療所・助産所 ④入院・入所施設を有しない診療所・助産所
	ロ	①老人短期入所施設、養護老人ホーム、有料老人ホーム、②救護施設、 ③乳児院、④障害児入所施設、⑤障害者支援施設
	ハ	①老人デイサービスセンター、老人福祉センター ②更生施設 ③助産施設、保育所、幼保連携型認定こども園、児童養護施設、 　児童自立支援施設、児童家庭支援センター ④児童発達支援センター　　⑤身体障害者福祉センター
	ニ	幼稚園又は特別支援学校
(7)		小学校、中学校、義務教育学校、高等学校、中等教育学校、高等専門学校、大学、専修学校、各種学校その他これらに類するもの
(8)		図書館、博物館、美術館その他これらに類するもの
(9)	イ	公衆浴場のうち、蒸気浴場、熱気浴場その他これらに類するもの
	ロ	イに掲げる公衆浴場以外の公衆浴場
(10)		車両の停車場又は船舶若しくは航空機の発着場（旅客の乗降又は待合いの用に供する建築物に限る）
(11)		神社、寺院、教会その他これらに類するもの
(12)	イ	工場又は作業場
	ロ	映画スタジオ又はテレビスタジオ

(13)	イ	自動車車庫又は駐車場
	ロ	飛行機又は回転翼航空機の格納庫
(14)		倉庫
(15)		（1）～（14）に該当しない事業場（事務所、事務所からなる高層ビル、官公庁等）
(16)	イ	複合用途防火対象物のうち、その一部に特定用途（特定防火対象物となる用途）があるもの
	ロ	イに掲げる複合用途防火対象物以外の複合用途防火対象物
(16の2)		地下街
(16の3)		準地下街（地下道とそれに面する建築物の地階（（16の2）を除く））
(17)		重要文化財、重要有形民俗文化財、史跡、重要な文化財、重要美術品として認定された建造物
(18)		延長50m以上のアーケード
(19)		市町村長の指定する山林
(20)		総務省令で定める舟車

備考

1. 2以上の用途に供される防火対象物で第1条の2　2項後段の規定の適用により複合用途防火対象物以外の防火対象物となるものの主たる用途が（1）から（15）までの各項に掲げる防火対象物の用途であるときは、当該防火対象物は、当該各項に掲げる防火対象物とする。

2. （1）から（16）に掲げる用途に供される建築物が（16の2）に掲げる防火対象物内に存するときは、これらの建築物は、同項に掲げる防火対象物の部分とみなす。

3. （1）から（16）に掲げる用途に供される建築物又はその部分が（16の3）に掲げる防火対象物の部分に該当するものであるときは、これらの建築物又はその部分は、同項に掲げる防火対象物の部分であるほか、（1）から（16）に掲げる防火対象物又はその部分でもあるものとみなす。

4. （1）から（16）に掲げる用途に供される建築物その他の工作物又はその部分が（17）に掲げる防火対象物に該当するものであるときは、これらの建築物その他の工作物又はその部分は、同項に掲げる防火対象物であるほか、（1）から（16）に掲げる防火対象物又はその部分でもあるものとみなす。

【1】消防法令上、特定防火対象物に該当しないものは、次のうちどれか。[★]
□　1．小学校
　　2．物品販売店舗
　　3．旅館
　　4．公衆浴場のうち、蒸気浴場、熱気浴場その他これらに類するもの

【2】消防法令上、特定防火対象物に該当するものは、次のうちどれか。
□　1．小学校
　　2．共同住宅
　　3．百貨店
　　4．図書館

【3】消防法令上、特定防火対象物に該当しないものは、次のうちどれか。
□　1．飲食店
　　2．映画館
　　3．テレビスタジオ
　　4．幼稚園

【4】特定防火対象物の組合せとして、消防法令上、正しいものは次のうちどれか。
□　1．劇場、小学校及び幼稚園
　　2．公会堂、飲食店及び図書館
　　3．百貨店、ナイトクラブ及び工場
　　4．旅館、病院及びダンスホール

【5】消防法令上、特定防火対象物に該当するものは、次のうちどれか。
□　1．図書館と事務所からなる高層ビル
　　2．蒸気浴場、熱気浴場その他これらに類する公衆浴場
　　3．テレビスタジオが併設された映画スタジオ
　　4．冷凍倉庫を含む作業場

【1】正解1　　【2】正解3　　【3】正解3　　【4】正解4

主な特定防火対象物	特定防火対象物ではないもの
劇場、映画館、公会堂	共同住宅
ナイトクラブ、ダンスホール	小学校
飲食店	図書館
百貨店、物品販売店舗	工場、作業場（冷凍倉庫を含む）
旅館	映画スタジオ、テレビスタジオ
病院、保育所、幼稚園	倉庫
公衆浴場のうち、蒸気浴場、熱気浴場	事務所、事務所からなる高層ビル

【5】正解2

　　1と4は、2以上の用途に供されるため、複合用途防火対象物となる。ただし、いずれも特定用途ではないため、特定防火対象物とはならない。

4．防火対象物の適用

■1．同一敷地内における2以上の防火対象物

◎同一敷地内に管理について権原を有する者が同一の者である令別表第1（13P
参照）に掲げる防火対象物が2以上あるときは、それらの防火対象物は、法第8
条1項（防火管理者の選任等）の規定の適用については、一の防火対象物とみな
す（令第2条）。

■2．防火対象物の適用

◎防火対象物が開口部のない耐火構造の床又は壁で区画されているときは、その区
画された部分は、この節（消防用設備等の設置及び維持の技術上の基準）の規定
の適用については、それぞれ別の防火対象物とみなす（令第8条）。

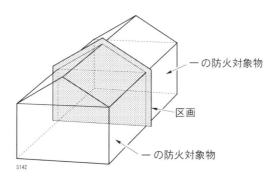

一の防火対象物

区画

一の防火対象物

S142

【開口部のない耐火構造の床又は壁による区画】

◎複合用途防火対象物の部分で、令別表第1の（1）〜（15）の用途のいずれか
に該当する用途に供されるものは、この節（消防用設備等の設置及び維持の技術
上の基準で、一部除く）の規定の適用については、その管理者や階に関係なく、
同一用途に供される部分を一の防火対象物とみなす（令第9条）。

◎特定防火対象物の地階で、地下街と一体を成すものとして消防長又は消防署長が
指定したものは、スプリンクラー設備に関する基準、自動火災報知設備に関する
基準、ガス漏れ火災警報設備に関する基準、非常警報器具又は非常警報設備に関
する基準（それぞれ一部）の適用については、地下街の一部であるものとみなす
（令第9条の2）。

17

■3. 消防用設備等の1棟1設置単位の原則と例外

◎法第17条では、防火対象物の関係者について、消防用設備等の設置・維持の作為義務を定めている。

◎この場合、防火対象物の単位が重要となってくる。法令では、防火対象物について消防用設備等を設置する上での基本単位を、建築物の「棟」としている（「消防用設備等の設置単位について」）。

◎ただし、同じ棟であっても別の防火対象物とみなす場合がある。この例外規定を定めているのが、令第8条・9条・9条の2などである。

◎令第8条は、一の防火対象物であってもある条件を満たせば、区画された部分は別の防火対象物と見なすというものである。この規定による区画は、第8条による規定であることから、「令8区画」と俗称されている。ただし、「開口部」のないことが厳格に運用されている。この「開口部」とは、採光、換気、通風、出入等のために設けられた出入口、窓、パイプ、階段等を指す。

◎令第9条は、令別表第1の（16）の複合用途防火対象物で（1）～（15）までのいずれかの用途に供されるものは、その管理者や階に関係なく、**同一用途に供される部分を一の防火対象物とみなして、技術上の基準を適用する**というものである。

◎ただし、火災発生時に極めて重要な役割を果たす**スプリンクラー設備、自動火災報知設備、ガス漏れ火災警報設備、漏電火災警報器、非常警報装置、避難器具及び誘導灯は、この令第9条の適用を受けることができない**。

▶▶過去問題◀◀

【1】消防用設備等を設置する場合の防火対象物の基準について、消防法令上、正しいものは次のうちどれか。[★]

☐ 1．防火対象物が開口部のない耐火構造の床又は壁で区画されているときは、それぞれ別の防火対象物とみなされる。

2．同一敷地内にある2以上の防火対象物は、原則として一の防火対象物とみなされる。

3．設置することが義務付けられている防火対象物は、百貨店、病院、旅館等不特定多数の者が出入りする防火対象物に限られている。

4．戸建て一般住宅についても一定の規模を超える場合、消防用設備等の設置を義務付けられる場合がある。

【2】 消防用設備等の設置に関する説明として、消防法令上、正しいものは次のうちどれか。

☐ 1. 防火対象物が開口部のない耐火構造の床又は壁で区画されているときは、それぞれ別の防火対象物とみなして消防用設備等を設置しなければならない。

2. 防火対象物が耐火構造の壁で区画され、かつ、階層を異にするときは、それぞれ別の防火対象物とみなして消防用設備等を設置しなければならない。

3. 複合用途防火対象物については、常にそれぞれの用途ごとに消防用設備等を設置しなければならない。

4. 複合用途防火対象物については、主たる用途に適応する消防用設備等を設置しなければならない。

【3】 消防用設備等の設置及び維持の技術上の基準の適用について、一の防火対象物でも別の防火対象物と見なされる部分として、消防法令上、正しいものは次のうちどれか。

☐ 1. 耐火構造の建物で、特定防火設備である防火戸又は壁で区画された部分。

2. 防火構造の床又は壁で区画され、開口部は特定防火設備である防火戸で区画された部分。

3. 防火構造の床又は壁で区画され、かつ、開口部にはドレンチャー設備が設けられた部分。

4. 開口部のない耐火構造の床又は壁で区画された部分。

【4】 消防用設備等を設置しなければならない防火対象物に関する説明として、消防法令上、誤っているものは次のうちどれか。

☐ 1. 防火対象物が開口部のない耐火構造の床又は壁で区画されたときは、消防用設備等の設置について、その区画された部分をそれぞれ別の防火対象物とみなす。

2. 複合用途防火対象物で同一の用途に供される部分は、消防用設備等の設置について、用途の管理者又は階に関係なく一の防火対象物とみなされる場合がある。

3. 同一敷地内にある2以上の防火対象物で、外壁間の中心線からの水平距離が1階は3m以下、2階以上は5m以下で近接する場合、消防用設備等の設置について、1棟とみなされる。

4. 特定防火対象物の地階で、地下街と一体を成すものとして消防長又は消防署長が指定したものは、消防用設備等の設置について、地下街の一部とみなされる場合がある。

【5】 1階が物品販売店舗、2階が料理店である防火対象物に消防用設備等を設置する場合について、消防法令上、正しいものは次のうちどれか。

☐ 1. 1階と2階の管理者が別であれば、それぞれ別の防火対象物とみなす。

2. 1階と2階が耐火構造の床又は壁で区画され、かつ、開口部に特定防火設備である防火戸が設けられていれば、それぞれ別の防火対象物とみなす。

3. 階段部分を除き、1階と2階が耐火構造の床又は壁で区画されていれば、それぞれ別の防火対象物とみなす。

4. 1階と2階が開口部のない耐火構造の床又は壁で区画されていれば、それぞれ別の防火対象物とみなす。

【6】 消防用設備等の設置及び維持に関する記述として、消防法令上、誤っているものは次のうちどれか。

☐ 1. 市町村は、その地方の気候又は風土の特殊性により、消防用設備等の技術上の基準に関する政令又はこれに基づく命令の規定のみによっては防火の目的を充分に達しがたいと認めるときは、条例で当該規定と異なる規定を設けることができる。

2. 政令別表第1 (16) 項に掲げる防火対象物の部分で、同表 (16) 項以外の防火対象物の用途のいずれかに該当する用途に供されるものは、消防用設備等の設置及び維持の技術上の基準の適用について、同一用途に供される部分を一の防火対象物とみなす。

3. 防火対象物の構造の別を問わず、当該防火対象物が開口部のない耐火構造の床又は壁で区画されているときは、その区画された部分は、消防用設備等の設置及び維持の技術上の基準の適用について、それぞれ別の防火対象物とみなす。

4. 政令別表第1に定める防火対象物以外の防火対象物については、消防法第17条第1項に規定する消防用設備等の設置義務はない。

▶▶正解＆解説……………………………………………………………………………………

【1】正解 1

2．同一敷地内に２以上の防火対象物があり、管理について権原を有する者が同一の者である場合は、一の防火対象物とみなされるが、単に同一敷地内にあるだけでは、それぞれ別の防火対象物となる。

3．消防用設備等の設置が義務付けられている防火対象物は、令別表第１（13P）に掲げる用途の防火対象物である。病院、旅館等不特定多数の者が出入りする防火対象物に限られているわけではない。

4．戸建て一般住宅は、その規模に関わらず「消防用設備等」を設置しなくてもよい。ただし、「住宅用防災機器」を設置しなければならない。

【2】正解 1

2．この場合、「開口部のない耐火構造の床」で区画されていないことから、別の防火対象物とはみなされない。

3．複合用途防火対象物の場合、令別表第１の（１）～（15）のいずれかに該当する用途に供されるものについては、同一用途に供される部分を一の防火対象物とみなすが、令別表第１の（16）～（20）については対象外となる（令第９条）。

4．複合用途防火対象物の場合、令別表第１の（１）～（15）のいずれかに該当する用途に供されるものについては、同一用途に供される部分を一の防火対象物とみなすため、同一用途ごとに適応する消防用設備等を設置しなければならない。

【3】正解 4

1～3．「開口部のない耐火構造の床又は壁で区画」されていない部分は、一の防火対象物と見なされる。

4．開口部のない耐火構造の床又は壁で区画された部分は、それぞれ別の防火対象物とみなされる。

※ドレンチャー設備とは、建築物の外周に配置された複数のドレンチャーヘッドから水を放水して水幕を作り、飛散する火の粉やふく射熱から建築物を守る防火設備。

※防火設備とは、建築基準法に規定されている建物内において延焼を防止するため（または延焼リスクの高い部分）に設けられる防火戸などを指す。特定防火設備は、火災の火炎を受けても１時間以上火炎が貫通しない構造のものと規定されている。「特定防火設備である防火戸」は、常時閉鎖型防火戸と随時閉鎖型防火戸がある。ただし、令８区画との関連はない。

【4】正解3

3．この場合、屋外消火栓設備の設置に関してのみ、一の建築物とみなす（令第19条2項）。全ての消防用設備等を対象としているわけではない。屋外消火栓設備では、建築物ごとに1階及び2階の床面積の合計が一定数値以上のものについて、設置しなければならない。

> （屋外消火栓設備に関する基準）
>
> 第19条　屋外消火栓設備は、令別表第1に掲げる建築物で、床面積（地階を除く階数が1であるものにあっては1階の床面積を、地階を除く階数が2以上であるものにあっては1階及び2階の部分の床面積の合計をいう）が、耐火建築物にあっては9,000m²以上、準耐火建築物（建築基準法第2条9号の3に規定する準耐火建築物をいう）にあっては6,000m²以上、その他の建築物にあっては3,000m²以上のものについて設置するものとする。
>
> 2　同一敷地内にある2以上の令別表第1に掲げる建築物（耐火建築物及び準耐火建築物を除く。）で、当該建築物相互の1階の外壁間の中心線からの水平距離が、1階にあっては3m以下、2階にあっては5m以下である部分を有するものは、前項の規定の適用については、一の建築物とみなす。

【5】正解4

1．この場合、特定用途を含む、一の複合用途防火対象物となる。

2．区画されている部分に開口部があってはならない。

3．この場合、階段部分が開口部となる。

【6】正解2

1．「14．消防用設備等の技術上の基準と異なる規定」62P参照。

2．例外として、「スプリンクラー設備、自動火災報知設備、ガス漏れ火災警報設備、漏電火災警報器等は、令第9条の適用を受けず、複合用途防火対象物として設置・維持しなければならない」。

　これらの消防用設備等は、火災発生時などに重要な役割を担うため、用途に限らず防火対象物に設置する必要がある。

3．令第8条の規定は、防火対象物の構造の別（耐火構造や準耐火構造など）は問わない。

4．「2．消防法の基本」11P参照。

5．消防用設備等の種類

◎消防用設備等とは、政令で定める消防の用に供する設備、消防用水及び消火活動上必要な施設をいう（法第17条1項）。

◎法第17条1項の政令で定める消防の用に供する設備は、消火設備、警報設備及び避難設備とする（令第7条1項）。

◎消火設備は、水その他消火剤を使用して消火を行う機械器具又は設備であって、次に掲げるものとする（令第7条2項）。

> 1．消火器及び次に掲げる簡易消火用具
> 　イ．水バケツ　　ロ．水槽　　ハ．乾燥砂　　ニ．膨張ひる石又は膨張真珠岩
> 2．屋内消火栓設備
> 3．スプリンクラー設備
> 4．水噴霧消火設備
> 5．泡消火設備
> 6．不活性ガス消火設備
> 7．ハロゲン化物消火設備
> 8．粉末消火設備
> 9．屋外消火栓設備
> 10．動力消防ポンプ設備

◎警報設備は、火災の発生を報知する機械器具又は設備であって、次に掲げるものとする（令第7条3項）。

> 1．自動火災報知設備
> 1の2．ガス漏れ火災警報設備
> 2．漏電火災警報器
> 3．消防機関へ通報する火災報知設備
> 4．警鐘、携帯用拡声器、手動式サイレンその他の非常警報器具及び次に掲げる非常警報設備
> 　イ．非常ベル　　ロ．自動式サイレン　　ハ．放送設備

◎避難設備は、火災が発生した場合において避難するために用いる機械器具又は設備であって、次に掲げるものとする（令第7条4項）。

> 1．すべり台、避難はしご、救助袋、緩降機、避難橋その他の避難器具
> 2．誘導灯及び誘導標識

◎法第17条1項の政令で定める消防用水は、防火水槽又はこれに代わる貯水池その他の用水とする（令第7条5項）。

◎法第17条１項の政令で定める**消火活動上必要な施設**は、排煙設備、連結散水設備、連結送水管、非常コンセント設備及び無線通信補助設備とする（令第７条６項）。

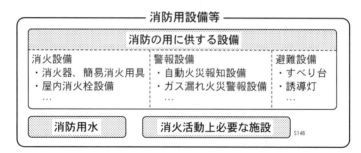

◎**連結散水設備**は、散水ヘッド、配管、送水口等から構成されている。火災の際に消防ポンプ自動車が送水口から送水すると、水は配管を通り、地階の天井に設けてある散水ヘッドから散水する。

◎**連結送水管**は、送水口、放水口、放水用具、配管等から構成されている。ビルに火災が発生すると、消防隊は火災階に急行し、その階の放水口にホースを接続する。同時に、消防ポンプ自動車が送水口から圧送すれば、直ちに放水できる。

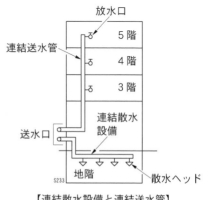

【連結散水設備と連結送水管】

▶▶ 過去問題 ◀◀

【1】消防法令上、一定の防火対象物の関係者は、消防用設備等を設置し、維持することが義務づけられているが、これに関する説明として、正しいものは次のうちどれか。

□　1．設置することが義務付けられている防火対象物は、百貨店、病院、旅館等の不特定多数の者が出入する防火対象物に限られる。

　　2．一戸建ての住宅についても、一定の規模を超える場合、消防用設備等を設置しなければならない。

　　3．防火対象物の関係者とは、防火対象物の所有者、管理者又は占有者をいう。この関係者で権原を有するものが、設置し維持すべきことに対する命令に違反した場合、処罰の対象となる。

　　4．消防用設備等とは、消防の用に供する設備、消防用水及び消火活動上必要な施設をいい、水バケツはこれに含まれない。

【2】消防用設備等の設置及び維持に関する説明として、消防法令上、正しいものは次のうちどれか。

☐ 1. 消防用設備等を政令で定める技術上の基準に従って設置し、及び維持することが義務付けられているのは、防火対象物の所有者ではなく、防火管理者である。

2. 消防用設備等とは、政令で定める消防の用に供する設備、消防用水及び消火活動上必要な施設をいう。

3. 消防用設備等を設置することが義務付けられている防火対象物は、百貨店、病院、旅館等の特定防火対象物に限られる。

4. 一戸建ての住宅についても、一定の規模を超える場合、消防用設備等の設置が義務付けられる場合がある。

【3】消防法令に定められている用語の定義又は説明として、誤っているものは次のうちどれか。

☐ 1. 消防の用に供する設備……消火設備、警報設備及び避難設備をいう。

2. 消火活動上必要な施設……排煙設備、連結散水設備及び動力消防ポンプ設備をいう。

3. 防火対象物の関係者………防火対象物の所有者、管理者又は占有者をいう。

4. 複合用途防火対象物………政令で定める2以上の用途に供される防火対象物をいう。

【4】消防用設備等の種類について、消防法令上、誤っているものは次のうちどれか。[★]

☐ 1. 動力消防ポンプ設備は、スプリンクラー設備と同じく、消火設備に含まれる。

2. 自動火災報知設備は、非常警報設備と同じく、警報設備に含まれる。

3. 避難橋は、すべり台や誘導灯と同じく、避難設備に含まれる。

4. 消防機関へ通報する火災報知設備は、無線通信補助設備と同じく、消火活動上必要な施設に含まれる。

【5】消防用設備等の種類について、消防法令上、誤っているものは次のうちどれか。

☐ 1. 屋内消火栓設備は、スプリンクラー設備と同じく、消火設備に含まれる。

2. 連結送水管は、消火器と同じく、消火設備に含まれる。

3. 避難橋は、すべり台や誘導灯と同じく、避難設備に含まれる。

4. 漏電火災警報器は、非常警報設備と同じく、警報設備に含まれる。

【6】 消防法令上、「警報設備」に含まれないものは、次のうちどれか。[★]

□ 1．消防機関へ通報する火災報知設備　　2．手動式サイレン
　　3．放送設備　　　　　　　　　　　　4．無線通信補助設備

▶▶正解＆解説‥‥‥‥‥‥‥‥‥‥‥‥‥‥‥‥‥‥‥‥‥‥‥‥‥‥‥‥‥‥‥‥

【1】 正解3

1．消防用設備等の設置が義務付けられている防火対象物は、令別表第1に掲げる用途
　の防火対象物である。病院、旅館等不特定多数の者が出入りする防火対象物に限られ
　ているわけではない。「3．防火対象物の区分」13P 参照。

2．戸建て一般住宅は、その規模に関わらず「消防用設備等」を設置しなくてもよい。
　ただし、「住宅用防災機器」を設置しなければならない。「2．消防法の基本」11P
　参照。

3．消防長又は消防署長は、防火対象物の関係者で権原を有する者に対し、消防用設備
　等の設置維持命令を出すことができる（法第17条の4）。この命令の違反者は、1年
　以下の懲役または100万円以下の罰金に処せられる（法第41条1項5号）。

4．水バケツ、水槽、乾燥砂、膨張ひる石または膨張真珠岩は、簡易消火用具として「消
　防の用に供する設備」の消火設備に含まれる。

【2】 正解2

1．設置・維持が義務付けられているのは、防火対象物の関係者（所有者など）で、防
　火管理者ではない。「2．消防法の基本」11P 参照。

4．戸建て一般住宅は、その規模に関わらず「消防用設備等」を設置しなくてもよい。
　「2．消防法の基本」11P 参照。

【3】 正解2

2．消火活動上必要な施設は、排煙設備、連結散水設備、連結送水管、非常コンセント
　設備及び無線通信補助設備をいう。動力消防ポンプ設備は、「消防の用に供する設備」
　の消火設備に含まれる。

【4】 正解4

3．「避難橋(ひなんきょう)」は、建築物相互を連結する橋状のもの（避難器具の基準　消防庁告示第
　1号）をいい、避難設備に含まれる。

4．「消火活動上必要な施設」は、排煙設備、連結散水設備、連結送水管、非常コンセ
　ント設備及び無線通信補助設備をいう。消防機関へ通報する火災報知設備は、「消防
　の用に供する設備」の警報設備に含まれる。

【5】 正解2

2．連結送水管は、「消火活動上必要な施設」に含まれる。

【6】 正解4

1～3．いずれも「警報設備」に含まれる。

4．無線通信補助設備は、「消火活動上必要な施設」に含まれる。

6．既存防火対象物に対する適用除外

■1．技術上の基準に関する従前の規定の適用

◎法第17条１項の消防用設備等の技術上の基準に関する政令などを施行または適用する際、現在すでに存在する防火対象物における消防用設備等、または現在新築、増築、改築、移転、修繕若しくは模様替えの工事中の防火対象物に係る消防用設備等が、政令などの規定に適合しないときは、消防用設備等に対し、当該規定は、適用しない。この場合においては、当該消防用設備等の技術上の基準に関する**従前の規定を適用**する（法第17条の２の５　１項）。

　▷解説：この規定は、消防用設備等の技術上の基準が改正された後であっても、既存する消防用設備等については、従前の規定を適用することを定めたものである。ただし、従前の規定が適用されない消防用設備等がある他、従前の規定が適用されない場合もある。

■2．従前の規定が適用されない消防用設備等

◎法第17条の２の５　１項において、次に掲げる消防用設備等は、消防用設備等の技術上の基準に関する従前の規定を適用しないものとする（令第34条など）。

①簡易消火用具

②不活性ガス消火設備（全域放出方式のもので省令で定める不活性ガス消火剤（二酸化炭素）を放射するものに限る。）（不活性ガス消火設備の設置及び維持に関する技術上の基準であって省令で定めるものの適用を受ける部分に限る。）

③自動火災報知設備（特定防火対象物などに設けるものに限る。）

④ガス漏れ火災警報設備（特定防火対象物などに設けるものに限る。）

⑤漏電火災警報器

⑥非常警報器具及び非常警報設備

⑦誘導灯及び誘導標識

⑧必要とされる防火安全性能を有する消防の用に供する設備等であって、**消火器、避難器具**及び①～⑦の消防用設備等に類するものとして消防庁長官が定めるもの

■3．従前の規定が適用されないケース

◎法第17条の２の５　１項の規定は、消防用設備等で次のいずれかに該当するものについては、適用しない（法第17条の２の５　２項１号～４号）。

①法第17条１項の消防用設備等の技術上の基準に関する政令などの従前規定に対し、もともと消防用設備等が**違反**しているとき。

②工事の着手が、法第17条1項の消防用設備等の技術上の基準に関する政令など
の施行又は適用の後で、政令で定める<u>増築、改築〔※1〕</u>又は<u>大規模の修繕若
しくは模様替え〔※2〕</u>を行ったとき。

〔※1〕政令で定める増築及び改築は、次に掲げるものとする（令第34条の2）。

- 工事の着手が基準時以後である増築又は改築に係る当該防火対象物の部分
  の床面積の合計が、**1,000m²以上**となるもの

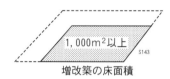

増改築の床面積

- 工事の着手が基準時以後である増築又は改築に係る当該防火対象物の部分
  の床面積の合計が、基準時における当該防火対象物の延べ面積の**2分の1
  以上**となるもの

増改築の床面積

▷解説：基準時とは、防火対象物における消防用設備等について、それらの規定
が適用されない期間の始期をいう。

〔※2〕大規模の修繕及び模様替えは、当該防火対象物の主要構造部である**壁**
について行う**過半**の修繕又は模様替えとする（令第34条の3）。

▷解説：修繕は、建築物の全部又は一部の除去等を伴わない程度の主要構造部の
現状回復的工事。模様替えは、建築物の全部又は一部の除去、増加等を
伴わない範囲で主要構造部を変更する工事。

③消防用設備等が、消防用設備等の技術上の基準に関する政令等の規定に適合す
るに至っているもの。

▷解説：この場合、将来にわたり消防用設備等を技術上の基準（適合時の基準）に従っ
て設置し、及び維持しなければならないことになる。従前の規定は適用され
ない。

④**特定防火対象物**における消防用設備等であるとき、又は消防用設備等の技術上
の基準に関する政令等の施行又は適用の際、現に新築、増築、改築、移転、修
繕若しくは模様替えの工事中の特定防火対象物に係る消防用設備等であると
き。

▷解説：この規定により、特定防火対象物については、消防用設備等の技術上の基準が改正されるごとに、新規定が適用されることになる。また、新築・増築・改築中の特定防火対象物は、設計を変更するなどして消防用設備等を新規定に適合させなければならない。

▶▶過去問題◀◀

【1】消防用設備等の技術上の基準に関する政令若しくはこれに基づく命令の規定が改正されたとき、改正後の規定に適合させなければならない消防用設備等として、消防法令上、正しいものは次のうちどれか。[★][編]

☐　1．工場に設置されている屋内消火栓設備

　　2．展示場に設置されている自動火災報知設備

　　3．ラック式倉庫に設置されているスプリンクラー設備

　　4．図書館の蔵書室に設置されている窒素を放射する不活性ガス消火設備

【2】用途が事務所である防火対象物において、消防用設備等の技術上の基準に関する政令又はこれに基づく命令の規定が改正されたとき、改正後の規定に適合させなければならない消防用設備等として、消防法令上、誤っているものは次のうちどれか。ただし、防火対象物の構造、用途、規模の変更等はないものとする。

☐　1．消火器　　　　　　2．避難器具

　　3．屋内消火栓設備　　4．誘導灯

【3】既存の特定防火対象物以外の防火対象物を消防用設備等（消火器、避難器具等を除く。）の技術上の基準が改正された後に増築した場合、消防用設備等を改正後の基準に適合させなければならないものとして、消防法令上、正しいものは次のうちどれか。ただし、当該消防用設備等は従前の規定に適合しているものとする。

☐　1．増築部分の床面積の合計が、500m²を超え、かつ、増築前の延べ面積の1／3以上である場合

　　2．増築部分の床面積の合計が、500m²以上であるか、又は増築前の延べ面積の1／3以上である場合

　　3．増築部分の床面積の合計が、1,000m²を超え、かつ、増築前の延べ面積の1／2以上である場合

　　4．増築部分の床面積の合計が、1,000m²以上であるか、又は増築前の延べ面積の1／2以上である場合

【4】防火対象物を消防用設備等の技術上の基準が改正された後に増築又は改築した場合、消防用設備等を改正後の基準に適合させなければならない増築又は改築の規模として、消防法令上、正しいものは次のうちどれか。

☐　1．増築に係る当該防火対象物の部分の床面積の合計が、増築前の延べ面積の1／3となる場合

　　2．改築に係る当該防火対象物の部分の床面積の合計が、1,000m²となる場合

　　3．増築に係る当該防火対象物の部分の床面積の合計が、500m²となる場合

　　4．増築又は改築以前の当該防火対象物の延べ面積と、増築又は改築後の延べ面積との差が、500m²となる場合

【5】消防法令上、設備等技術基準の施行又は適用の際、既に存する防火対象物における消防用設備等（消火器、避難器具その他政令で定めるものを除く。）がこれらの規定に適合せず、当該規定が適用されていないとき、当該防火対象物を増築する場合、当該消防用設備等を当該規定に適合させなければならないものは次のうちどれか。ただし、当該消防用設備等は、従前の規定に適合しているものとする。［編］

☐　1．基準時の延べ面積が1,000m²の工場を1,500m²に増築するもの

　　2．基準時の延べ面積が1,500m²の倉庫を2,000m²に増築するもの

　　3．基準時の延べ面積が2,500m²の図書館のうち、700m²を改築するもの

　　4．基準時の延べ面積が2,500m²の図書館を3,200m²に増築するもの

　　5．基準時の延べ面積が3,000m²の中学校のうち、800m²を改築するもの

　　6．基準時の延べ面積が3,000m²の中学校を3,800m²に増築するもの

【6】既存の防火対象物における消防用設備等は、設備等に関する法令の改正があっても、原則として、改正前の基準に適合していればよいと規定されているが、法令の改正後に一定の「増改築」が行われた場合は、この規定は適用されず、改正後の基準に適合させなければならない。この一定の「増改築」に該当しないものは、次のうちどれか。

☐　1．既存の延べ面積の1／3で800m²の増改築

　　2．既存の延べ面積の1／4で1,200m²の増改築

　　3．既存の延べ面積の3／5で500m²の増改築

　　4．既存の延べ面積の5／6で1,500m²の増改築

【7】既存の防火対象物を消防用設備等の技術上の基準が改正された後に増築、改築又は修繕若しくは模様替えをした場合、消防用設備等を改正後の基準に適合させなければならない増築、改築又は修繕若しくは模様替えに該当するものとして、消防法令上、正しいものは次のうちどれか。

□　1．延べ面積が1,000m²の倉庫を1,200m²に増築する。

　　2．延べ面積が1,500m²の工場のうち500m²を改築する。

　　3．延べ面積が2,000m²の遊技場の主要構造部である壁を2／3にわたって模様替えする。

　　4．延べ面積が2,500m²の劇場の主要構造部である壁を1／3にわたって修繕する。

【8】既存の防火対象物における消防用設備等は、設備等に関する法令の改正があっても、原則として、改正前の基準に適合していればよいと規定されているが、法令の改正後に一定の「修繕」が行われた場合は、この規定は適用されず、改正後の基準に適合させなければならない。この一定の「修繕」に該当するものは、次のうちどれか。

□　1．主要構造部である柱を2分の1にわたって修繕したもの

　　2．主要構造部である床を2分の1にわたって修繕したもの

　　3．主要構造部である壁を3分の2にわたって修繕したもの

　　4．主要構造部である屋根を3分の2にわたって修繕したもの

▶▶正解＆解説‥‥‥‥‥‥‥‥‥‥‥‥‥‥‥‥‥‥‥‥‥‥‥‥‥‥‥‥‥‥‥‥‥‥‥‥‥

【1】正解2

　　2．展示場は、令別表第1の（4）に該当し、特定防火対象物となる。「②自動火災報知設備（特定防火対象物などに設けるものに限る）」に該当するため、消防用設備等の技術上の基準について、従前の規定は適用されない。規定が改正されるごとに、新規定に適合させなければならない。

【2】正解3

　　従前の規定が適用されない消防用設備等は、消火器、避難器具、誘導灯である。これらは、技術上の基準に関する政令が改正されるごとに、改正後の規定に適合させなければならない。一方、屋内消火栓設備は、従前の規定がそのまま適用されるため、改正があってもそのまま使用を続けることができる。

【3】正解4

【4】正解2

2. 増築又は改築に係る当該防火対象物の部分の床面積の合計が、1,000m² 以上となる場合は、増築又は改築にあわせて、消防用設備等を改正後の基準に適合させなければならない。

【5】正解1

1. この場合、「増築又は改築に係る防火対象物の部分の床面積の合計が、工事着手時における防火対象物の延べ面積の2分の1以上となるもの」に該当するため、増築にあわせて、消防用設備等を改正後の基準に適合させなければならない。

【6】正解1

1. 延べ面積 1,000m² 以上または1/2以上のいずれの増改築にも該当しない。

2. 延べ面積 1,000m² 以上の増改築に該当する。

3. 延べ面積の1/2以上の増改築に該当する。

4. 延べ面積 1,000m² 以上または1/2以上のいずれの増改築にも該当する。

【7】正解3

1&2. 延べ面積の1/2以上の増改築に該当しないため、従前の規定が適用される。

3. 「主要構造部である壁について行う過半の修繕又は模様替え」に該当するため、消防用設備等を改正後の基準に適合させなければならない。

4. 劇場及び遊技場は、いずれも特定防火対象物である。特定防火対象物は、増改築や修繕・模様替えにかかわらず、消防用設備等の技術上の基準が改正されるごとに消防用設備等を基準に適合させなければならない。設問では、消防用設備等を改正後の基準に適合させなければならない増改築、修繕・模様替えに該当するものを選ぶよう求めている。また、4の内容は「過半の修繕又は模様替え」に該当しない。

【8】正解3

大規模の修繕及び模様替えは、当該防火対象物の主要構造部である壁について行う過半の修繕又は模様替えとする。

7. 既存防火対象物の用途変更の特例

■ 1. 特例の適用

◎法第17条1項の防火対象物の用途が変更されたことにより、用途が変更された後の防火対象物における消防用設備等が、これに係る消防用設備等の技術上の基準に関する規定に適合しないこととなるときは、特例として用途変更後の消防用設備等は、技術上の基準に関する規定を適用しない。

　この場合においては、用途が変更される前の防火対象物における消防用設備等の技術上の基準に関する規定を適用する（法第17条の3　1項）。

　▷解説：この特例が適用される場合は、用途が変更される前の消防用設備等の技術上の基準に従って、消防用設備等を設置し、及び維持することになる。

■ 2. 特例が適用されない場合

◎法第17条の3　1項の特例規定は、消防用設備等で次の各号に該当するものについては、適用しない（法第17条の3　2項）。

①法第17条1項の防火対象物の用途が変更された際、用途が変更される前の防火対象物における消防用設備等が、すでに技術上の基準に適合していないことにより法第17条1項の規定に違反しているとき。

②法第17条1項の防火対象物の用途の変更の後に、一定規模以上の増築、改築又は大規模の修繕若しくは模様替えに係る工事に着手したとき。

　▷解説：大規模の修繕若しくは模様替えは、当該防火対象物の主要構造部である壁について行う過半（1／2以上）の修繕又は模様替えとする（令第34条の3）。

③法第17条1項の消防用設備等の技術上の基準に関する規定に適合しているとき。

　▷解説：この場合、将来にわたり消防用設備等を技術上の基準（用途変更後の基準）に従って設置し、及び維持しなければならないことになる。用途変更前の基準は適用されない。

④法第17条1項の防火対象物の用途が変更され、その変更後の用途が特定防火対象物の用途であるとき。

　▷解説：この規定により特例が適用されるのは、変更後の用途が非特定防火対象物の用途に限られることになる。この場合、変更前の用途は問わない。特定防火対象物の用途に変更する場合は、全て特例が適用されず、変更後の用途区分に適合する消防用設備等を設置しなければならない。

▶特例が適用される例

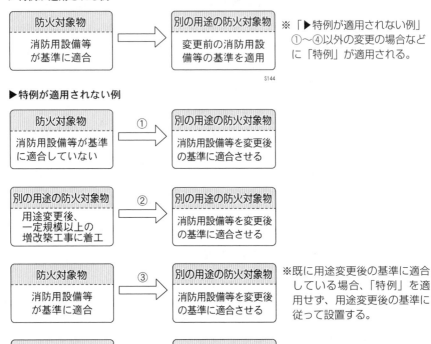

防火対象物
消防用設備等が基準に適合

→

別の用途の防火対象物
変更前の消防用設備等の基準を適用

※「▶特例が適用されない例」①〜④以外の変更の場合などに「特例」が適用される。

S144

▶特例が適用されない例

防火対象物
消防用設備等が基準に適合していない

①→

別の用途の防火対象物
消防用設備等を変更後の基準に適合させる

別の用途の防火対象物
用途変更後、一定規模以上の増改築工事に着工

②→

別の用途の防火対象物
消防用設備等を変更後の基準に適合させる

防火対象物
消防用設備等が基準に適合

③→

別の用途の防火対象物
消防用設備等を変更後の基準に適合させる

※既に用途変更後の基準に適合している場合、「特例」を適用せず、用途変更後の基準に従って設置する。

防火対象物
消防用設備等が基準に適合

④→

特定防火対象物
消防用設備等を変更後の基準に適合させる

※例：共同住宅 ⇒ 旅館
　　　事務所 ⇒ 飲食店 など

▶▶過去問題◀◀

【1】防火対象物の用途が変更された場合の消防用設備等の技術上の基準の適用について、消防法令上、正しいものは次のうちどれか。[★]

□　1．防火対象物の用途が変更された場合は、変更後の用途に適合する消防用設備等を設置しなければならない。

　　2．変更後の用途が特定防火対象物に該当しなければ、すべての消防用設備等を変更しなくてよい。

　　3．変更後の用途が特定防火対象物に該当する場合は、変更後の用途区分に適合する消防用設備等を設置しなければならない。

　　4．用途変更前に設置された消防用設備等が違反していた場合は、変更前の基準に適合するよう措置しなければならない。

【2】防火対象物の用途変更と消防用設備等（消火器、避難器具その他政令で定めるものを除く。）の技術基準の関係について、消防法令上、正しいものは次のうちどれか。

☐ 1．消防用設備等が変更前の用途に係る技術基準に違反していた場合、変更後の用途に係る技術基準に従って設置しなければならない。

　　2．用途が変更された場合、いかなる用途の防火対象物であっても変更後の用途に係る技術基準に従い設置しなければならない。

　　3．用途が変更されて特定防火対象物になった場合、変更前の用途に係る技術基準に従って設置されていれば、変更後の用途基準に従って設置する必要はない。

　　4．用途が変更された後に、主要構造部である壁について過半の修繕を施した場合、変更前の用途に係る技術基準に従って設置されれば、変更後の用途に係る技術基準に従って設置する必要はない。

【3】防火対象物の用途が変更された場合の消防用設備等の技術上の基準の適用について、消防法令上、誤っているものは次のうちどれか。[編]

☐ 1．原則として、用途変更前に設置された消防用設備等はそのままにしておいてよいが、その後、一定規模以上の増改築工事を行う場合は、変更後の用途区分に適合する消防用設備等を設置しなければならない。

　　2．用途変更前に設置された消防用設備等が基準に違反していた場合は、用途変更後の基準に適合する消防用設備等を設置しなければならない。

　　3．変更後の用途が特定防火対象物に該当する場合は、変更後の用途区分に適合する消防用設備等を設置しなければならない。

　　4．用途変更後、設置義務のなくなった消防用設備等については、撤去するなど確実に機能を停止させなければならない。

　　5．用途変更前に設置された適法な消防用設備等については、法令に定める場合を除き、変更する必要はない。

▶▶正解＆解説‥‥‥

【1】正解3

1．特例が設けられているため、変更前の用途に適合する消防用設備等で良い場合がある。

2．変更後の用途が特定防火対象物に該当しなくても、消防用設備等を技術上の基準（用途変更後の基準）に適合するように変更しなければならない場合がある。具体的には、①用途が変更される前の技術上の基準に適合していないとき、②用途変更後に、一定規模以上の増築・改築等の工事に着手しているとき、などである。

4．この場合、用途変更後の基準に適合するよう措置しなければならない。

【2】正解1

1．特例が適用されない例の①に該当。

2．特例が設けられているため、変更前の用途に適合する消防用設備等で良い場合がある。

3．変更後の用途基準に従って設置する。特例が適用されない例の④に該当。

4．変更後の用途基準に従って設置する。特例が適用されない例の②に該当。

【3】正解4

1．特例が適用されない例の②に該当。

2．特例が適用されない例の①に該当。

3．特例が適用されない例の④に該当。

4．不要となった消防用設備等については、消防法令では特に規定されていない。ただし、廃棄物等として法令（廃棄物処理法やリサイクル法）の適用を受ける。

5．特例が適用される内容である。

■1. 定期点検及び報告

◎法第17条１項の**防火対象物**（政令で定めるものを除く）の**関係者**は、当該防火対象物における消防用設備等又は特殊消防用設備等について、総務省令で定めるところにより、**定期に点検**し、その結果を消防長又は消防署長に**報告**しなければならない。

　ただし、当該防火対象物のうち政令で定めるものにあっては、**消防設備士**又は**消防設備点検資格者**に点検させなければならない（法第17条の３の３）。

◎法第17条の３の３の消防用設備等又は特殊消防用設備等について**点検を要しない**防火対象物は、令別表第１（13P参照）の（20）に掲げる防火対象物（総務省令で定める舟車）とする（令第36条１項）。

◎消防設備士又は消防設備点検資格者に点検させなければならない防火対象物は、次に掲げる防火対象物とする（令第36条２項）。

　①特定防火対象物で、延べ面積が1,000m²以上のもの

　②特定防火対象物以外で、延べ面積が1,000m²以上のもののうち、消防長又は消防署長が火災予防上必要があると認めて指定するもの　　など

◎消防設備点検資格者とは、消防用設備等又は特殊消防用設備等の工事又は整備について５年以上の実務の経験を有する者等で、消防用設備等又は特殊消防用設備等の点検に関し必要な知識及び技能を修得することができる講習であって、登録講習機関の行うものの課程を修了し、登録講習機関が発行する免状の交付を受けている者とする（規則第31条の６　７項）。

■2. 点検及び報告の期間

◎消防用設備等の点検について、その期間は、総合点検で１年ごと、機器点検で６月ごととする（消防庁告示）。

◎防火対象物の関係者は、点検の結果を、**維持台帳に記録**するとともに、次の各号に掲げる防火対象物の区分に従い、当該各号に定める期間ごとに**消防長又は消防署長に報告**しなければならない（規則第31条の６　３項）。

　①特定防火対象物……………………………… １年に１回

　②特定防火対象物以外の防火対象物……… ３年に１回

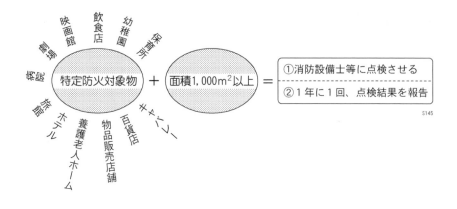

特定防火対象物 ＋ 面積1,000m²以上 ＝

① 消防設備士等に点検させる
② 1年に1回、点検結果を報告

S145

▶▶ 過去問題 ◀◀

【1】消防用設備等の定期点検を消防設備士又は消防設備点検資格者にさせなけれ
ばならない防火対象物として、消防法令上、正しいものは次のうちどれか。ただ
し、消防長又は消防署長が火災予防上必要があると認めて指定するものを除く。

☐　1．すべての防火対象物

　　2．すべての特定防火対象物

　　3．特定防火対象物で、延べ面積が 1,000m² 以上のもの

　　4．特定防火対象物以外の防火対象物で、延べ面積が 2,000m² 以上のもの

【2】消防用設備等の定期点検を消防設備士又は消防設備点検資格者にさせなけれ
ばならない防火対象物として、消防法令上、正しいものは次のうちどれか。ただ
し、消防長又は消防署長が指定するものを除く。

☐　1．ホテルで、延べ面積が500m²のもの

　　2．映画館で、延べ面積が700m²のもの

　　3．キャバレーで、延べ面積が1,000m²のもの

　　4．駐車場で、延べ面積が1,500m²のもの

【3】消防設備士又は消防設備点検資格者に、消防用設備等を定期に点検させ、そ
の結果を消防長又は消防署長に報告しなければならない防火対象物として、消防
法令上、正しいものは次のうちどれか。

☐　1．すべての高層建築物

　　2．キャバレーで、延べ面積が500m²のもの

　　3．病院で、延べ面積が1,000m²のもの

　　4．すべての旅館

【4】消防用設備等は定期的に点検し、その結果を一定期間ごとに消防長又は消防署長に報告しなければならないが、防火対象物の用途と報告の期間の組合せとして、消防法令上、正しいものを２つ答えなさい。[編]

□　1．保育所　　　　……3年に1回
　　2．幼稚園　　　　……3年に1回
　　3．劇場　　　　　……6ヶ月に1回
　　4．物品販売店舗　……1年に1回
　　5．養護老人ホーム……1年に1回
　　6．小学校　　　　……1年に1回
　　7．百貨店　　　　……6か月に1回
　　8．駐車場　　　　……1年に1回

【5】消防用設備等の定期点検を消防設備士又は消防設備点検資格者にさせなければならない特定防火対象物の最小の延べ面積として、消防法令に定められているものは、次のうちどれか。

□　1．300m²
　　2．500m²
　　3．1,000m²
　　4．2,000m²

【6】消防用設備等の定期点検を消防設備士又は消防設備点検資格者にさせなければならない防火対象物として、消防法令上、正しいものを３つ選びなさい。ただし、いずれの防火対象物も消防長又は消防署長の指定を受けていないものとする。

[編]

□　1．映画館で、延べ面積が700m²のもの
　　2．集会場で、延べ面積が1,000m²のもの
　　3．共同住宅で、延べ面積が2,000m²のもの
　　4．飲食店で、延べ面積が1,000m²のもの
　　5．飲食店で、延べ面積が300m²のもの
　　6．百貨店で、延べ面積が1,000m²のもの
　　7．旅館で、延べ面積が500m²のもの
　　8．ホテルで、延べ面積が500m²のもの
　　9．診療所で、延べ面積が500m²のもの
　　10．小学校で、延べ面積が1,000m²のもの
　　11．幼稚園で、延べ面積が800m²のもの
　　12．映画スタジオで、延べ面積が3,000m²のもの

【7】消防用設備等の定期点検及び報告に関する記述について、消防法令上、誤っているものは次のうちどれか。ただし、総務省令で定める舟車を除く。[★]

- □ 1．消防法第17条に基づいて設置された消防用設備等は、定期に点検をしなければならない。
- 2．特定防火対象物以外の防火対象物にあっては、点検を行った結果を維持台帳に記録し、消防長又は消防署長に報告を求められたときに報告すればよい。
- 3．特定防火対象物の関係者は、点検の結果を消防長又は消防署長に報告しなければならない。
- 4．延べ面積が1,000m²以上の特定防火対象物の消防用設備等にあっては、消防設備士又は消防設備点検資格者に点検をさせなければならない。

【8】消防用設備等の点検及び報告に関する記述として、消防法令上、正しいものは次のうちどれか。

- □ 1．消防用設備等の点検結果については、消防長又は消防署長から報告を求められたときに報告すればよい。
- 2．店舗に任意に設置された消防用設備等であっても一定期間ごとに点検し、その結果を報告しなければならない。
- 3．延べ面積が1,000m²以上の病院に設置された法令上設置義務のある消防用設備等の点検は、消防設備士又は消防設備点検資格者に行わせなければならない。
- 4．点検を行った消防設備士は、消防用設備等の点検結果について消防長又は消防署長に報告しなければならない。

【9】消防法第17条の3の3に基づく消防用設備等の点検及び報告について、消防法令上、誤っているものは次のうちどれか。ただし、規則第31条の6第4項の規定に基づく、消防庁長官が定める事由により点検等の期間を延長する措置は考慮しないものとする。

- □ 1．特定防火対象物の関係者は、点検を行った結果を1年に1回、都道府県知事に報告しなければならない。
- 2．政令別表第1（20）項に掲げる舟車は、防火対象物であるが点検を行う義務はない。
- 3．防火対象物の関係者は、点検を行った結果を維持台帳に記録しておかなければならない。
- 4．延べ面積が1,000m²以上の特定防火対象物の関係者は、消防設備士等の有資格者に消防用設備等の点検をさせなければならない。

【10】消防法第17条の3の3に基づく消防用設備等の定期点検及び報告について、消防法令上、誤っているものは次のうちどれか。

☐ 1．定期点検の結果は、防火対象物の関係者が消防長又は消防署長に報告する。

2．防火対象物の関係者が、自ら消防用設備等の定期点検を行う防火対象物もある。

3．戸建て一般住宅に設置された消火器は、点検報告の対象とはならない。

4．延べ面積1,000m²以上の特定防火対象物の消防用設備等の定期点検は、消防設備士の免状の交付を受けている者のみができる。

▶▶正解＆解説……………………………………………………………………………………

【1】正解3

【2】正解3

1．ホテル、旅館、宿泊所は、令別表第1（5）イに該当し、特定防火対象物である。ただし、延べ面積が1,000m²未満であるため、点検する者の資格を問わない。

2．映画館、劇場、演芸場は、令別表第1（1）イに該当し、特定防火対象物である。ただし、延べ面積が1,000m²未満であるため、点検する者の資格を問わない。

3．キャバレー、ナイトクラブ、その他これらに類するものは、令別表第1（2）イに該当し、特定防火対象物である。延べ面積が1,000m²以上であるため、消防設備士又は消防設備点検資格者に定期点検をさせなければならない。

4．駐車場、自動車車庫は、令別表第1（13）イに該当し、特定防火対象物以外の防火対象物である。延べ面積が1,000m²以上であるが、設問により「消防長又は消防署長が指定するものを除く」としてあるため、点検する者の資格を問わない。

【3】正解3

3．病院、診療所、助産所は、令別表第1（6）イに該当し、特定防火対象物である。延べ面積が1,000m²以上であるため、消防設備士又は消防設備点検資格者に定期点検をさせなければならない。

【4】正解4＆5

定期点検の結果について、特定防火対象物は1年に1回、特定防火対象物以外の防火対象物は3年に1回、それぞれ報告しなければならない。

特定防火対象物…保育所、幼稚園、劇場、物品販売店舗、養護老人ホーム、百貨店
特定防火対象物以外の防火対象物…小学校、駐車場

【5】正解3

【6】正解2＆4＆6

特定防火対象物で、延べ面積が1,000m²以上のものは、消防設備士又は消防設備点検資格者に定期点検をさせなければならない。

【7】正解2

1. 法第17条の3の3では、定期点検及び報告の対象を「当該防火対象物における消防用設備等」としている。このため、設問では「消防法第17条に基づいて設置された消防用設備等」という表現になっている。なお、任意に設置された消防用設備等については、一定期間ごとの点検及び結果報告に関する規定は適用されない。

2. 特定防火対象物以外の防火対象物にあっては、消防用設備等を定期に点検し、点検の結果を維持台帳に記録するとともに、3年に1回、消防長又は消防署長に点検の結果を報告しなければならない。

【8】正解3

1. 消防用設備等の点検結果については、1年に1回又は3年に1回、消防長又は消防署長に報告しなければならない。

2. 任意に設置された消防用設備等については、一定期間ごとの点検及び結果報告に関する規定は適用されない。

4. 消防用設備等の点検結果について、消防長又は消防署長に報告しなければならないのは、防火対象物の関係者であり、点検を行った消防設備士ではない。

【9】正解1

1. 特定防火対象物の関係者は、点検を行った結果を1年に1回、〔消防長又は消防署長〕に報告しなければならない。

> （規則第31条の6　4項（要約））
> 新型インフルエンザ等その他消防庁長官が定める事由により、点検及び報告が困難であるときは、消防庁長官が定める期間ごとに点検及び報告をするものとする。

【10】正解4

4. 消防設備士の免状の交付を受けている者の他、消防設備点検資格者も定期点検を行うことができる。

9. 防火対象物点検資格者

◎一定の防火対象物のうち政令で定めるものの管理について権原を有する者は、定期に、**防火対象物点検資格者**に、当該防火対象物における防火管理上必要な業務、消防の用に供する設備、消防用水又は消火活動上必要な施設の設置及び維持その他火災の予防上必要な事項（点検対象事項）が点検基準に適合しているかどうかを点検させ、その結果を消防長又は消防署長に報告しなければならない。ただし、第17条の3の3の規定（消防用設備等の点検及び報告）による点検及び報告の対象となる事項については、この限りでない（法第8条の2の2）。

　▷解説：一定の防火対象物とは、特定防火対象物で、収容人数ごとに細かく規定されている。

◎法第8条の2の2　1項の規定による点検は、1年に1回行うものとする。

◎**防火対象物点検資格者**は、次の各号（①及び②以外は省略）のいずれかに該当する者で、防火対象物の点検に関し必要な知識及び技能を修得することができる講習であって、登録講習機関の行うものの課程を修了し、当該登録講習機関が発行する防火対象物の点検に関し必要な知識及び技能を修得したことを証する書類（免状）の交付を受けている者とする（規則第4条の2の4　4項）。

①消防設備士で、消防用設備等又は特殊消防用設備等の工事、整備又は点検について3年以上の実務の経験を有する者

②消防設備点検資格者で、消防用設備等又は特殊消防用設備等の点検について3年以上の実務の経験を有する者

▶▶過去問題◀◀

【1】防火対象物点検資格者についての次の記述のうち、文中の（　）に当てはまるものとして、消防法令上、正しいものはどれか。

　「消防設備士が防火対象物点検資格者になる条件の一つとして、消防用設備等の工事、整備又は点検について（　）年以上の実務経験が必要である。」

☐　1．1
　　2．2
　　3．3
　　4．4

▶▶正解＆解説‥‥‥‥‥‥‥‥‥‥‥‥‥‥‥‥‥‥‥‥‥‥‥‥‥‥‥‥‥‥‥‥‥‥‥‥

【1】正解3

10. 消防用設備等の届出及び検査

■1. 消防用設備等の設置後の措置

◎法第17条１項の防火対象物のうち特定防火対象物その他の政令で定めるものの関係者は、同項の政令で定める技術上の基準に従って設置しなければならない消防用設備等を設置したときは、総務省令で定めるところにより、その旨を消防長又は消防署長に届け出て、検査を受けなければならない（法第17条の３の２）。

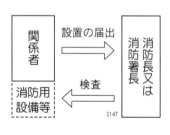

◎ただし、消防用設備等のうち、次に掲げるものは、設置しても検査を受けなくてもよい設備とする。

> 簡易消火用具（水バケツ、水槽、乾燥砂、膨張ひる石・膨張真珠岩）
> 非常警報器具（警鐘、携帯用拡声器、手動式サイレン）

■2. 届出及び検査が必要な防火対象物

◎法第17条の３の２の政令で定める防火対象物は、次に掲げる防火対象物とする（令第35条）。

※いずれも一部で、詳細は省略。「令別表第１」13P参照。

１．次に掲げる特定防火対象物

> カラオケボックス、旅館、病院、診療所（入院施設 有）、助産所（入所施設 有）老人短期入所施設・養護老人ホームなど
>
> (2) ニ、(5) イ、(6) イ①～③、(6) ロ、(6) ハの一部、(16) イの一部、(16の2) の一部、(16の3) の一部

２．次に掲げる特定防火対象物で、延べ面積が **300m² 以上**のもの

> 劇場・演芸場、キャバレー、ナイトクラブ、ダンスホール、飲食店、百貨店、診療所・助産所（無床）、保育所、幼稚園・特別支援学校、蒸気浴場など
>
> (1)、(2) イ～ハ、(3)、(4)、(6) イ④、(6) ハ及びニ、(9) イ、(16) イの一部、(16の2) の一部、(16の3) の一部

３．次に掲げる防火対象物で、延べ面積が **300m² 以上**のもののうち、消防長又は消防署長が火災予防上必要があると認めて**指定するもの**

> 共同住宅、小中学校、図書館、美術館、公衆浴場、車両の停車場、神社、工場など
>
> (5) ロ、(7)、(8)、(9) ロ、(10) ～ (15) まで、(16) ロ、(17) 及び (18)

4．特定防火対象物の用途に供される部分が避難階以外の階（１階及び２階を除く）に存する防火対象物で、当該避難階以外の階から避難階（通常は１階）又は地上に直通する階段が２（当該階段が屋外に設けられ、又は総務省令で定める避難上有効な構造を有する場合にあっては、１）以上設けられていないもの

■３．特定１階段等防火対象物

◎令第35条１項４号は、特定１階段等防火対象物と呼ばれており、極めて難解な表現となっている。

◎特定１階段等防火対象物を解りやすく定義すると、「地階又は３階以上の部分に特定用途部分があり、かつ、１階に通じる避難に使用する階段が**屋内に１つしか**ない防火対象物」となる。

◎「避難階以外の階」は１階と２階を除くものとする（令第４条の２の２　１項２号）。

【特定１階段等防火対象物】

■４．届出及び検査

◎法第17条の３の２の規定による検査を受けようとする防火対象物の関係者は、当該防火対象物における消防用設備等又は特殊消防用設備等の設置に係る工事が完了した場合において、その旨を工事が完了した日から**４日以内**に消防長又は消防署長に別記様式第１号の２の３の届出書（省略）に次に掲げる書類（省略）を添えて届け出なければならない。

【1】 設備等技術基準に従って設置しなければならない消防用設備等（簡易消火用具及び非常警報器具を除く。）を設置した場合、消防長又は消防署長に届け出て、検査を受けなければならない防火対象物として、消防法令上、正しいものを2つ答えなさい。ただし、特定1階段等防火対象物でないものとする。[編]

- ☐ 1．入所施設を有しない助産所で、延べ面積が 250m^2 のもの
  - 2．集会場で、延べ面積が 250m^2 のもの
  - 3．教会で、延べ面積が 250m^2 のもの
  - 4．カラオケボックスで、延べ面積が 250m^2 のもの
  - 5．ナイトクラブで、延べ面積が 500m^2 のもの

【2】 消防設備等の検査を行わなければならない防火対象物として、消防法令上、適切なものは次のうちどれか。ただし、消防長又は消防署長が指定するものを除く。

- ☐ 1．延べ面積1,000m^{2}の中学校
  - 2．延べ面積500m^{2}のダンスホール
  - 3．延べ面積500m^{2}の美術館
  - 4．延べ面積1,000m^{2}の共同住宅

【3】 消防用設備等を設備等技術基準に従って設置した場合、消防法令上、消防機関の検査を受けなくてもよい防火対象物は次のうちどれか。ただし、防火対象物はすべて平家建で、非常警報器具及び簡易消火用具は設置されていないものとする。

- ☐ 1．延べ面積200m^{2}の老人短期入所施設
  - 2．延べ面積350m^{2}の診療所
  - 3．延べ面積250m^{2}の特別支援学校
  - 4．延べ面積500m^{2}の演芸場

【4】消防用設備等（簡易消火用具及び非常警報器具を除く。）を設置したときの届出及び検査について、消防法令上、誤っているものは次のうちどれか。

☐　1．特定防火対象物以外の防火対象物に設置した消防用設備等であっても、消防長又は消防署長へ届け出て検査を受けなければならない場合がある。

　　2．消防用設備等を設置したときに、届け出て検査を受けるのは、当該防火対象物の関係者である。

　　3．延べ面積が300m²以上の特定防火対象物に消防法第17条に基づき設置した消防用設備等については、消防長又は消防署長へ届け出て検査を受けなければならない。

　　4．消防用設備等を設置したときに届け出て検査を受けるのは、当該防火対象物の工事を行った工事責任者である。

【5】設置義務のある消防用設備等（簡易消火用具及び非常警報器具を除く。）を設置したときの届出及び検査に関する記述について、消防法令上、正しいものは次のうちどれか。

☐　1．特定防火対象物に消防用設備等を設置したとき、消防設備士は消防長又は消防署長に届け出て検査を受けなければならない。

　　2．延べ面積が300m²以上の防火対象物に消防用設備等を設置したとき、消防設備士は消防長又は消防署長に届け出て検査を受けなければならない。

　　3．特定防火対象物以外の防火対象物であっても延べ面積が300m²以上あり、かつ、消防長又は消防署長から火災予防上必要があると認めて指定された場合は、届け出て検査を受けなければならない。

　　4．特定防火対象物に消防用設備等を設置したとき、防火対象物の関係者は市町村長等に届け出て検査を受けなければならない。

【6】消防用設備等の設置届に基づく検査について、消防法令上、誤っているものを2つ答えなさい。[編]

☐ 1．特定防火対象物で延べ面積が300m²以上ある場合は、検査を受けなければならない。

2．特定防火対象物以外の防火対象物で延べ面積が300m²以上のもののうち、消防長又は消防署長が火災予防上必要があると認めて指定する場合は、検査を受けなければならない。

3．消防用設備等のうち簡易消火用具及び非常警報器具は、検査の対象から除かれている。

4．検査を受けなければならない特定防火対象物の関係者は、消防用設備等の設置に係る工事が完了した日から10日以内に消防長又は消防署長に届け出なければならない。

5．特定防火対象物以外のものについては、延べ面積に関係なく届け出て検査を受ける必要はない。

【7】消防用設備等を設備等技術基準に従って設置した場合、消防長又は消防署長に届け出て検査を受けなくてもよい防火対象物として、消防法令上、正しいものは次のうちどれか。ただし、当該防火対象物の避難階は1階であり、階段は屋内にのみ設けられ、総務省令で定める避難上有効な構造を有していないものとする。

☐ 1．地上に直通する階段が1か所ある2階建ての旅館で、延べ面積が100m²のもの

2．地上に直通する階段が1か所ある3階建ての飲食店で、延べ面積が150m²のもの

3．地上に直通する階段が2か所ある4階建ての入院施設のある診療所で、延べ面積が200m²のもの

4．地上に直通する階段が2か所ある5階建ての作業場で、延べ面積が250m²のもの

【1】正解4＆5

1＆2＆5．入所施設を有しない助産所、集会場及びナイトクラブは、延べ面積が300m² 以上のものが対象となる。

3．教会は、延べ面積が300m² 以上で消防署長等の指定があるものが対象となる。

4．カラオケボックスは、延べ面積に関係なく対象となる。

【2】正解2

1＆3＆4．中学校、美術館及び共同住宅は、延べ面積が300m²以上で消防署長等の指定があるものが対象となる。

2．ダンスホールは、延べ面積が300m²以上のものが対象となる。

【3】正解3

1．老人短期入所施設は、延べ面積にかかわらず消防用設備等の検査が必要となる。

2．診療所は、入院設備の有無で基準が異なってくるが、延べ面積が350m²であるため、いずれであっても消防用設備等の検査が必要となる。

3．延べ面積が300m² 以上ではないため、消防用設備等の検査が不要となる。

4．延べ面積が300m² 以上であるため、消防用設備等の検査が必要となる。

【4】正解4

1．例えば、令別表第1において、（5）ロの寄宿舎、下宿、共同住宅は特定防火対象物ではないが、延べ面積が300m² 以上で、消防署長又は消防署長が必要があると認めて指定した場合、消防用設備等を設置したときは、その旨を消防署長又は消防署長へ届け出て検査を受けなければならない。

3．特定防火対象物については、延べ面積にかかわらず、全てが届出・検査の対象になるものと、延べ面積が300m² 以上の場合に届出・検査の対象となるものがある。

例えば、カラオケボックス（（2）ニ）を営む店舗は、延べ面積が300m² 未満であっても消防用設備等を設置した場合は、届出・検査が必要となる。また、劇場（1）は延べ面積が300m² 以上のところが消防用設備等を設置した場合に、届出・検査が必要となる。

設問にある延べ面積が300m² 以上の特定防火対象物では、全てのところで届出・検査が必要となる。

4．消防用設備等を設置したときに届け出て検査を受けるのは、当該防火対象物の関係者である。

【5】正解3

1＆2．「消防設備士」⇒「関係者」。

4．「市町村長等」⇒「消防署長又は消防署長」。

【6】正解4&5

4.「10日以内」⇒「4日以内」。

5. 特定防火対象物以外のものであっても、延べ面積が300m²以上で消防長又は消防署長から指定を受けると、消防用設備等の届出及び検査が必要となる。

【7】正解4

1. この旅館は、特定1階段等防火対象物に該当しない。しかし、旅館は延べ面積に関係なく、消防用設備等の届出及び検査が必要となる。

2. この飲食店は、特定1階段等防火対象物に該当するため、消防用設備等の届出及び検査が必要となる。

3. この診療所は、特定1階段等防火対象物に該当しない。しかし、入院施設がある診療所は延べ面積に関係なく、消防用設備等の届出及び検査が必要となる。

4. この作業場は、特定1階段等防火対象物に該当しない。更に、工場は延べ面積が300m²以上で消防長又は消防署長から指定を受けると、消防用設備等の届出及び検査が必要となる。延べ面積250m²の作業場は届出及び検査が不要となる。

11. 工事整備対象設備等の着工届

◎甲種消防設備士は、法第17条の5（57P参照）の規定に基づく工事をしようとするときは、その工事に着手しようとする日の**10日前**までに、総務省令で定めるところにより、工事整備対象設備等の種類、工事の場所その他必要な事項を消防長又は消防署長に**届け出**なければならない（法第17条の14）。

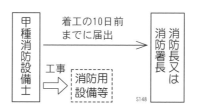

▷解説：「法第17条の5の規定に基づく工事」とは、消防設備士でなければ行ってはならない消防用設備等又は特殊消防用設備等の工事である。また、甲種消防設備士は、消防用設備等の工事又は整備を行うことができるのに対し、乙種消防設備士は消防用設備等の整備のみを行うことができる。従って、工事の着工届出は、必然的に甲種消防設備士が行うことになる。

◎法第17条の14の規定による届出は、別記様式第1号の7の**工事整備対象設備等着工届出書**に、次の各号に掲げる区分に応じて、当該各号に定める書類の写しを添付して行わなければならない（規則第33条の18）。
①消防用設備等………当該消防用設備等の工事の設計に関する図書
②特殊消防用設備等…当該特殊消防用設備等の工事の設計に関する図書、
設備等設置維持計画等　※詳細は省略（編集部）

【1】工事整備対象設備等の着工届に関する次の記述のうち、消防法令上、正しいものの組み合せはどれか。

　　ア．甲種消防設備士のみ届け出の義務がある。

　　イ．工事に着手した日から10日後までに届け出なければならない。

　　ウ．工事整備対象設備等着工届書には、工事の設計に関する図書の写しを添付しなければならない。

□　1．ア、イのみ

　　2．ア、ウのみ

　　3．イ、ウのみ

　　4．ア、イ、ウすべて

【2】工事整備対象設備等の着工届について、消防法令上、正しいものは次のうちどれか。

□　1．防火対象物の関係者が、工事に着手しようとする日の10日前までに都道府県知事に届け出る。

　　2．甲種消防設備士が、工事に着手しようとする日の10日前までに消防長又は消防署長に届け出る。

　　3．甲種消防設備士が、工事に着手しようとする日の7日前までに消防長又は消防署長に届け出る。

　　4．防火対象物の関係者が、工事に着手しようとする日の7日前までに消防長又は消防署長に届け出る。

【3】工事整備対象設備等の工事の届出について、消防法令上、正しいものは次のうちどれか。

□　1．甲種消防設備士は、消防用設備等の工事に着手しようとする場合、消防長又は消防署長に必要な事項について届け出なければならない。

　　2．防火対象物の関係者は、消防用設備等の工事に着手しようとする場合、消防長又は消防署長に必要な事項について届け出なければならない。

　　3．甲種消防設備士は、消防用設備等の工事に着手したときは、遅滞なく消防長又は消防署長に必要な事項について届け出なければならない。

　　4．防火対象物の関係者は、消防用設備等の工事に着手したときは、遅滞なく消防長又は消防署長に必要な事項について届け出なければならない。

【4】工事整備対象設備等の着工届について、消防法令上、正しいものは次のうちどれか。

☐　1．甲種消防設備士は、工事に着手しようとする場合、工事整備対象設備等着工届出書を10日前までに都道府県知事に提出しなければならない。

　　2．特定防火対象物の関係者は、工事に着手しようとする場合、工事整備対象設備等着工届出書を10日前までに都道府県知事に提出しなければならない。

　　3．甲種消防設備士は、工事に着手しようとする場合、工事整備対象設備等着工届出書を10日前までに消防長又は消防署長に提出しなければならない。

　　4．特定防火対象物の関係者は、工事に着手しようとする場合、工事整備対象設備等着工届出書を10日前までに消防長又は消防署長に提出しなければならない。

▶▶正解＆解説……………………………………………………………………………………

【1】正解2

　　イ．工事に着手しようとする日の10日前までに届け出なければならない。

【2】正解2

【3】正解1

　　2～4．甲種消防設備士は、消防用設備等の工事に着手しようとする場合、その工事に着手しようとする日の10日前までに、消防長又は消防署長に必要な事項について届け出なければならない。

【4】正解3

　　1．着工届出書は、消防長又は消防署長に提出しなければならない。

　　2＆4．着工届出書は、甲種消防設備士が消防長又は消防署長に提出する。

12. 消防用設備等の設置命令と維持命令

◎消防長又は消防署長は、法第17条１項の防火対象物における消防用設備等が設備
等技術基準に従って設置され、又は維持されていないと認めるときは、当該防火
対象物の関係者で権原を有する者に対し、当該設備等技術基準に従ってこれを設
置すべきこと、又はその維持のため必要な措置をなすべきことを命ずることがで
きる（法第17条の４）。

▷解説：「関係者で権原を有する者」とは、防火対象物の所有者、管理者、占有者のう
ち、命令の内容を法律上正当に履行できる者である。

■１．罰則

◎次のいずれかに該当する者は、１年以下の懲役又は100万円以下の罰金に処する
（法第41条）。

⑤法第17条の４の規定による命令に違反して消防用設備等を設置しなかった者
（設置命令違反）

消防用設備等の設置命令違反

◎次のいずれかに該当する者は、30万円以下の罰金又は拘留に処する（法第44条）。

⑫法第17条の４の規定による命令に違反して消防用設備等の維持のため必要な措
置をしなかった者（維持命令違反）

消防用設備等の維持命令違反

▷解説：消防用設備等の設置命令違反と維持命令違反を比べると、刑罰は設置命令違
反の方がより重いことになる。

■2．両罰規定

◎法人の代表者又は法人若しくは人の代理人、使用人その他の従業者が、その法人又は人の業務に関し、次の各号に掲げる規定の違反行為をしたときは、行為者を罰するほか、その**法人**に対して当該各号に定める罰金刑を科する（法第45条）。

②法第41条1項5号（消防用設備等の設置命令違反）… 3000万円以下の罰金刑

▷解説：法第45条は、両罰規定と呼ばれているもので、行為者の他に、その法人に対しても罰金刑が科せられる。法第41条1項5号は消防用設備等の設置命令違反であり、この場合、「関係者で権原を有する者」が1年以下の懲役又は100万円以下の罰金に科せられ、更にその法人に3000万円以下の罰金が科せられる。

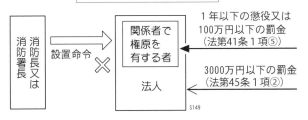

▶▶ 過去問題 ◀◀

【1】消防用設備等の設置維持命令に関する次の記述のうち、文中の（　）に当てはまる語句の組合せとして、消防法令上、正しいものは次のうちどれか。

「（ア）は、防火対象物における消防用設備等が（イ）に従って設置され、又は維持されていないと認めるときは、当該防火対象物の関係者で（ウ）に対し、（イ）に従ってこれを設置すべきこと、又はその維持のため、必要な措置をなすべきことを命ずることができる。」

	（ア）	（イ）	（ウ）
□ 1.	消防長又は消防署長	設備等技術基準	権原を有する者
2.	都道府県知事	設備等設置維持計画	防火管理者
3.	消防長又は消防署長	設備等設置維持計画	権原を有する者
4.	都道府県知事	設備等技術基準	防火管理者

【2】消防用設備等の設置又は維持に関する命令について、消防法令上、正しいものは次のうちどれか。

□　1．消防長又は消防署長は、消防用設備等が技術基準に従って維持されていない場合、防火対象物の関係者で権原を有する者に対して、必要な措置をとることを命ずることができる。

　　2．消防長又は消防署長は、消防用設備等が技術基準に従って設置されていない場合、工事に当たった消防設備士に対して、工事の手直しを命ずることができる。

　　3．設置の命令に違反して消防用設備等を設置しなかった者は、罰金又は拘留に処せられる。

　　4．維持の命令に違反して消防用設備等の維持のため必要な措置をとらなかった者は、懲役又は罰金に処せられる。

【3】消防用設備等が技術上の基準に適合していない場合、必要な措置を行うよう命令を受ける者として、消防法令上、正しいものは次のうちどれか。

□　1．防火対象物の管理者で権原を有する者

　　2．防火対象物の占有者

　　3．防火対象物の消防用設備等を工事した消防設備士

　　4．防火対象物の消防用設備等を点検した消防設備士

【4】消防用設備等の設置及び維持に関する命令についての記述として、消防法令上、誤っているものは次のうちどれか。

□　1．命令は任意に設置した消防用設備等までは及ばない。

　　2．消防用設備等の設置義務がある防火対象物に消防用設備等の一部が設置されていない場合であっても命令の対象となる。

　　3．命令を発することができる者は、消防長又は消防署長である。

　　4．命令の相手方は、防火対象物の関係者であれば当該消防用設備等について権原を有しなくてもよい。

▶▶正解＆解説……………………………………………………………………………………

【1】正解1
【2】正解1
　2．設置命令及び維持命令ともに、命令を受けるのは、防火対象物の関係者で権原を有する者である。
　3．「罰金又は拘留」⇒「懲役又は罰金」。　4．「懲役又は罰金」⇒「罰金又は拘留」。

【3】正解1

命令を受けるのは、防火対象物の関係者で権原を有する者である。防火対象物の関係者とは、防火対象物の所有者、管理者又は占有者をいう。

【4】正解4

1．法令では、「第17条1項の防火対象物における消防用設備等…」としており、消防法令に従って設置された消防用設備等が設置命令と維持命令の対象となる。

4．防火対象物の関係者で、消防用設備等の権原を有する者でなければならない。

■ 13. 消防設備士でなければ行ってはならない工事又は整備

■1. 行ってはならない工事又は整備の一覧

◎消防設備士免状の交付を受けていない者は、消防用設備等又は特殊消防用設備等の工事（設置に係るものに限る）又は整備のうち、次に掲げるものを行ってはならない（法第17条の5・令第36条の2）。

屋内消火栓設備	電源、水源及び配管を除く	工事又は整備
スプリンクラー設備		
水噴霧消火設備		
屋外消火栓設備		
泡消火設備	電源を除く	
不活性ガス消火設備		
ハロゲン化物消火設備		
粉末消火設備		
自動火災報知設備		
ガス漏れ火災警報設備		
消防機関へ通報する火災報知設備		
金属製避難はしご	固定式のものに限る	
救助袋	－	
緩降機	－	
必要とされる防火安全性能を有する消防の用に供する設備等（※1）	消防庁長官が定めるものに限り、電源、水源及び配管を除く	
特殊消防用設備等（※2）		
消火器	－	整備のみ
漏電火災警報器	－	整備のみ

◎消火器は「本体容器・部品の補修・機能調整」、「部品交換」、「消火薬剤の詰め替え」が整備に該当する。

◎令第36条の2では、消防設備士でなければ行ってはならない工事又は整備として具体的に掲げている。これら以外に法令では、「必要とされる防火安全性能を有する消防の用に供する設備等（※1）若しくは特殊消防用設備等（※2）」として、消防庁告示により具体的に掲げている。告示では、対象とする消防用設備等について、「類するもの」としている。

▷解説：消防庁告示は、「消防法施行令第36条の2　1項各号及び2項各号に掲げる消防用設備等に類するものを定める件」。

〔告示により対象とする消防用設備等〕

必要とされる防火安全性能を有する消防の用に供する設備等（※1）	パッケージ型消火設備
	パッケージ型自動消火設備
	共同住宅用スプリンクラー設備
	共同住宅用自動火災報知設備
	住戸用自動火災報知設備
	特定小規模施設用自動火災報知設備
	複合型居住施設用自動火災報知設備
	特定駐車場用泡消火設備
特殊消防用設備等（※2）	ドデカフルオロ－2－メチルペンタン－3－オンを消火剤とする消火設備
	加圧防煙設備
	火災による室内温度上昇速度を感知する感知器を用いた火災報知設備

▶ **パッケージ型消火設備**

人によりホースを延長し、ノズルから消火剤を放射して消火を行う消火設備で、ノズル、ホース、リール又はホース架、消火薬剤貯蔵容器、起動装置、加圧用ガス容器等をひとつの格納箱に収納したものをいう。次の特徴がある。

①屋内消火栓設備の代替設備として使用できる。

②屋内消火栓設備に必要な貯水槽、ポンプ、非常電源及び配管が不要。

③操作方法は、加圧用ガス容器のバルブを全開にする ⇒ ホースを伸ばしてノズルを火元に向けレバーを開く、という手順である。

提供：ヤマトプロテック▶

■2．消防設備士でなくても行える整備の範囲

◎次に掲げる消防用設備等の**軽微な整備**は、消防設備士でなくても行えるものとする（令第36条の2　2項・規則第33条の2の2）。

①屋内消火栓設備の**表示灯の交換**

②屋内消火栓設備又は屋外消火栓設備のホース又はノズル、ヒューズ類、ネジ類等**部品の交換**

③屋内消火栓設備又は屋外消火栓設備の消火栓箱、ホース格納箱等の補修、その他これらに類するもの

▶▶過去問題◀◀

【1】消防設備士でなければ工事又は整備を行うことができない消防用設備等の部分について、消防法令上、正しいものはどれか。

☐　1．スプリンクラー設備の配管部分

　　2．粉末消火設備の貯蔵容器部分

　　3．屋内消火栓設備の水源部分

　　4．泡消火設備の電源部分

【2】工事整備対象設備等着工届出書による届出が必要となる消防用設備等として、消防法令上、正しいものは次のうちどれか。

☐　1．誘導灯

　　2．消防機関へ通報する火災報知設備

　　3．非常警報設備

　　4．漏電火災警報器

【3】消防設備士でなければ工事又は整備を行うことができない消防用設備等の組合せとして、消防法令上、正しいものは次のうちどれか。[編]

☐　1．屋内消火栓設備、不活性ガス消火設備、スプリンクラー設備、動力消防ポンプ設備

　　2．泡消火設備、粉末消火設備、パッケージ型消火設備

　　3．自動火災報知設備、漏電火災警報器、放送設備

　　4．消火器、救助袋、すべり台、緩降機

【4】 消防設備士でなくても行うことができる消防用設備等の整備の範囲として、消防法令上、誤っているものは次のうちどれか。

☐ 1. 給水装置工事主任技術者であるAは、スプリンクラー設備の水源に水を補給するための給水管を交換した。

2. 電気主任技術者であるBは、自動火災報知設備の電源表示ランプを交換した。

3. 電気工事士であるCは、屋内消火栓の表示灯が消えていたので、表示灯配線の異常の有無について検査して、電球を取り替えた。

4. 水道工事業者であるDは、屋外消火栓の水漏れ補修を頼まれ、水漏れの原因となった屋外消火栓開閉弁を新品と交換した。

【5】 消防設備士でなければ工事又は整備を行うことができない消防用設備等として、消防法令上、誤っているものは次のうちどれか。

☐ 1. スプリンクラー設備

2. 泡消火設備

3. 非常警報設備

4. 漏電火災警報器

▶▶正解＆解説⋯⋯⋯⋯⋯⋯⋯⋯⋯⋯⋯⋯⋯⋯⋯⋯⋯⋯⋯⋯⋯⋯⋯⋯⋯⋯⋯⋯⋯⋯

【1】正解2

1＆3．スプリンクラー設備、屋内消火栓設備の［電源・水源・配管］部分は、消防設備士でなければ行ってはならない工事又は整備の対象から除外されている。

4．泡消火設備の［電源］部分は、消防設備士でなければ行ってはならない工事又は整備の対象から除外されている。

【2】正解2

法第17条の14（「11. 工事整備対象設備等の着工届」51P参照）では、法第17条の5の規定に基づく工事をしようとするときは、工事整備対象設備等の着工届出書を届け出るよう規定している。従って、「法第17条の5の規定に基づく工事」であるかどうかが、この問題のポイントとなる。

消防設備士でなければ行ってはならない工事又は整備の一覧によると、「消防機関へ通報する火災報知設備」は含まれている。しかし、誘導灯と非常警報設備は一覧に含まれていない。また、漏電火災警報器は一覧に含まれているが、設置工事ではなく整備のみが対象としてあり、着工届出書による届出は必要ない。

【3】正解2

1．動力消防ポンプ設備は、消防設備士でなければ工事又は整備を行ってはならない消防用設備等の対象外である。

2．パッケージ型消火設備は、告示により対象とする消防用設備等に含まれている。

3．放送設備は対象外である。

4．すべり台は対象外である。

【4】正解4

1．法第17条の5の規定に基づく工事に、「配管」は除くとしている。

2＆3．消防設備士でなくとも行える軽微な整備として、「表示灯の交換」「その他これらに類するもの」がある。電源表示ランプの交換や表示灯の電球の取り替えは、軽微な整備に該当するものと判断する。

4．屋外消火栓設備の開閉弁の交換は、消防設備士でなければできない消防用設備等の工事に該当する。

【5】正解3

3．非常警報設備は、非常ベル、自動式サイレン、放送設備が該当する。自動火災報知設備とともに警報設備に含まれる。しかし、消防設備士でなければ工事又は整備を行うことができない消防用設備等には該当しない。

■1. 消防用設備等の技術上の基準と異なる規定

◎**市町村**は、その地方の気候又は風土の特殊性により、法第17条1項の消防用設備等の技術上の基準に関する政令又はこれに基づく命令の規定のみによっては防火の目的を充分に達し難いと認めるときは、**条例**で、同項の消防用設備等の技術上の基準に関して、当該政令又はこれに基づく命令の規定と**異なる規定を設けること**ができる（法第17条2項）。

▶ ▶過去問題◀ ◀

【1】法令上、その地方の気候又は風土の特殊性により、法に定める消防用設備等の技術上の基準に関する政令又はこれに基づく命令の規定のみによっては防火の目的を充分に達し難いと認めるときは、同項の消防用設備等の技術上の基準に関して、当該政令又はこれに基づく命令の規定と異なる規定を設けることができる。この基準を定めるのは次のうちどれか。

□ 1．消防庁長官の定める基準　　　2．市町村条例
　　3．都道府県知事の定める基準　　4．市町村規則

【2】消防法第17条第2項に規定されている付加条例について、最も適切なものは次のうちどれか。

□ 1．市町村の付加条例によって、消防用設備等の設置及び維持に関する技術上の基準について、政令で定める基準を強化することができる。
　　2．市町村の付加条例によって、消防用設備等の設置及び維持に関する技術上の基準について、政令で定める基準を緩和することができる。
　　3．市町村の付加条例によって、消防法施行令別表第1の防火対象物以外の防火対象物に対して消防用設備等の設置を義務付けることができる。
　　4．市町村の付加条例によって、政令で定める消防用設備等の一部を設置しなくてもよいという特例基準を定めることができる。

▶▶正解＆解説……………………………………………………………………………

【1】正解2
【2】正解1
　1．消防用設備等の技術上の基準について、市町村は政令又はこれに基づく命令の規定と異なる規定を条例として追加することができる。この結果、消防用設備等の技術上の基準はより厳しい内容となる。条例では法令で定める消防用設備等の技術上の基準そのものを緩和することはできない。

15. 消防設備士の免状

■1. 免状の種類

◎消防設備士免状の種類は、甲種消防設備士免状及び乙種消防設備士免状とする（法第17条の６）。

◎甲種消防設備士免状の交付を受けている者（甲種消防設備士）が行うことができる工事又は整備の種類及び乙種消防設備士免状の交付を受けている者（乙種消防設備士）が行うことができる整備の種類は、これらの消防設備士免状の種類に応じて、次に定める（法第17条の６　２項・規則第33条の３）。

免状の種類	消防用設備等又は特殊消防用設備等の種類	甲種消防設備士	乙種消防設備士
特類	特殊消防用設備等	工事又は整備	－
第１類	屋内消火栓設備、スプリンクラー設備、水噴霧消火設備又は屋外消火栓設備	工事又は整備	整備
	〔告示〕パッケージ型消火設備、パッケージ型自動消火設備		
第２類	泡消火設備	工事又は整備	整備
	〔告示〕パッケージ型消火設備、パッケージ型自動消火設備、特定駐車場用泡消火設備		
第３類	不活性ガス消火設備、ハロゲン化物消火設備、粉末消火設備	工事又は整備	整備
	〔告示〕パッケージ型消火設備、パッケージ型自動消火設備		
第４類	自動火災報知設備、ガス漏れ火災警報設備、消防機関へ通報する火災報知設備	工事又は整備	整備
	〔告示〕共同住宅用自動火災報知設備、住戸用自動火災報知設備、特定小規模施設用自動火災報知設備、複合型居住施設用自動火災報知設備		
第５類	金属製避難はしご、救助袋又は緩降機	工事又は整備	整備
第６類	消火器	－	整備
第７類	漏電火災警報器	－	整備

※「特殊消防用設備等」とは、通常の消防用設備等と同等以上の性能を有し、かつ、特殊消防用設備等の設置及び維持に関する計画に従って設置し、維持するものとして、法第17条３項の規定により総務大臣の認定を受けたものをいう。

※〔告示〕とは、「消防設備士が行うことができる必要とされる防火安全性能を有する消防の用に供する設備等の工事又は整備の種類を定める件」で掲げる消防用設備等とする。

※「パッケージ型自動消火設備」とは、火災の発生を感知し、自動的に水又は消火薬剤を圧力により放射して消火を行う固定した消火設備であって、感知部、放出口、作動装置、消火薬剤貯蔵容器、放出導管、受信装置等により構成されるものをいう。「パッケージ型消火設備」は 58P 参照。

■2．消防用設備等に係る工事の区分

◎消防用設備等に係る工事の区分は、次の表に定めるとおりとする（消防庁予防課長通知　消防予第192号）。

	内　容	区分
新設	防火対象物（新築のものを含む）に従前設けられていない消防用設備等を新たに設けることをいう。	工事
増設	防火対象物に設置されている消防用設備等について、その構成機器・装置等の一部を付加することをいう。	工事
移設	防火対象物に設置されている消防用設備等について、その構成機器・装置等の全部又は一部の設置位置を変えることをいう。	工事
取替え	防火対象物に設置されている消防用設備等について、その構成機器・装置等の一部を既設のものと同等の種類、機能・性能等を有するものに交換することをいう。	工事
改造	防火対象物に設置されている消防用設備等について、その構成機器・装置等の一部を付加若しくは交換し、又は取り外して消防用設備等の構成、機能・性能等を変えることをいい、「取替え」に該当するものを除く。	工事
補修	防火対象物に設置されている消防用設備等について、変形、損傷、故障箇所などを元の状態又はこれと同等の構成、機能・性能等を有する状態に修復することをいう。	整備
撤去	防火対象物に設置されている消防用設備等について、その全部を当該防火対象物から取り外すことをいう。	－

◎これらのうち、新設、増設、移設、取替え、改造は、いずれも**「工事」**に該当し、**甲種消防設備士**でなければ行ってはならない。また、補修は**「整備」**に該当し、甲種又は乙種消防設備士でなければ行ってはならない。

◎撤去は、「工事」及び「整備」のいずれにも該当しないものとする。

【1】消防設備士が行うことができる工事又は整備について、消防法令上、誤っているものは次のうちどれか。[★]

□　1．甲種特類消防設備士免状の交付を受けている者は、消防用設備等のすべて及び特殊消防用設備等について、整備を行うことができる。

　　2．甲種第4類消防設備士免状の交付を受けている者は、危険物製造所等に設置する自動的に作動する火災報知設備の工事を行うことができる。

　　3．乙種第1類消防設備士免状の交付を受けている者は、屋外消火栓設備の開閉弁の整備を行うことができる。

　　4．乙種第5類消防設備士免状の交付を受けている者は、緩降機本体及びその取付け具の整備を行うことができる。

【2】消防設備士が行うことができる工事又は整備について、消防法令上、誤っているものは次のうちどれか。

□　1．甲種第1類の消防設備士は、スプリンクラー設備の整備を行うことができる。

　　2．甲種第2類の消防設備士は、泡消火設備の工事を行うことができる。

　　3．甲種第4類の消防設備士は、漏電火災警報器の整備を行うことができる。

　　4．乙種第3類の消防設備士は、粉末消火設備の整備を行うことができる。

【3】消防設備士が行う工事又は整備について、消防法令上、誤っているものは次のうちどれか。

□　1．甲種第5類の消防設備士免状の交付を受けている者は、緩降機及び救助袋の工事を行うことができる。

　　2．乙種第4類の消防設備士免状の交付を受けている者は、ガス漏れ火災警報設備の整備を行うことができる。

　　3．乙種第2類の消防設備士免状の交付を受けている者は、泡消火設備の整備を行うことができる。

　　4．乙種第1類の消防設備士免状の交付を受けている者は、水噴霧消火設備の工事を行うことができる。

【4】消防設備士が行う工事又は整備について、消防法令上、正しいものは次のうちどれか。

☐ 1．甲種第1類の消防設備士は、泡消火設備の整備を行うことができる。
　 2．乙種第5類の消防設備士は、金属製避難はしごの設置工事を行うことができる。
　 3．甲種第4類の消防設備士は、自動火災報知設備の設置工事を行うことができる。
　 4．乙種第6類の消防設備士は、漏電火災警報器の整備を行うことができる。

【5】消防設備士に関する記述として、消防法令上、誤っているものは次のうちどれか。

☐ 1．消防用設備等の移設には、乙種消防設備士の資格を必要とする場合がある。
　 2．消防用設備等の増設には、甲種消防設備士の資格を必要とする場合がある。
　 3．消防用設備等の不良箇所が指定された場合の不良機器の調整、又は部品交換には、乙種消防設備士の資格を必要とする場合がある。
　 4．消防用設備等の新設には、甲種消防設備士の資格を必要とする場合がある。

▶▶正解＆解説………………………………………………………………………………………

【1】正解1
　 1．甲種特類消防設備士免状の交付を受けている者は、特殊消防用設備等について、工事又は整備を行うことができる。

【2】正解3
　 3．漏電火災警報器の整備を行うためには、乙種第7類の資格が必要となる。

【3】正解4
　 4．「水噴霧消火設備の工事」⇒「水噴霧消火設備の整備」。

【4】正解3
　 1．甲種第1類の消防設備士は、屋内消火栓設備、スプリンクラー設備、水噴霧消火設備又は屋外消火栓設備などの工事又は整備を行うことができる。泡消火設備の整備を行うためには、甲種第2類又は乙種第2類の消防設備士の資格が必要となる。
　 2．乙種第5類の消防設備士は、金属製避難はしごの整備を行うことができる。設置工事を行うためには、甲種第5類の資格が必要となる。
　 4．漏電火災警報器の整備を行うためには、乙種第7類の資格が必要となる。

【5】正解1
　 1．消防用設備等の移設は「工事」に該当するため、甲種消防設備士の資格が必要である。

16. 消防設備士免状の取り扱い

■1. 免状の交付資格

◎消防設備士免状は、消防設備士試験に合格した者に対し、**都道府県知事が交付す**る（法第17条の7）。

◎都道府県知事は、次の各号に該当する者に対しては、消防設備士免状の**交付を行わないことができる**（以下、法第17条の7　2項準用）。

①消防設備士免状の**返納**を命ぜられ、その日から起算して**1年**を経過しない者

②この法律又はこの法律に基く**命令の規定に違反**して罰金以上の刑に処せられた者で、その執行を終り、又は執行を受けることがなくなった日から起算して**2年**を経過しない者

■2. 免状に関し必要な事項

◎消防設備士免状の書換、再交付その他消防設備士免状に関し必要な事項は、政令で定める（法第17条の7　2項準用）。

◎免状には、次に掲げる事項を記載するものとする（令第36条の4）。

①免状の交付年月日及び交付番号

②氏名及び生年月日

③本籍地の属する都道府県

④免状の種類

⑤過去10年以内に撮影した写真

◎免状の交付を受けている者は、免状の記載事項に変更を生じたときは、遅滞なく当該免状を交付した都道府県知事又は居住地若しくは勤務地を管轄する都道府県知事にその**書換え**を申請しなければならない（令第36条の5）。

▷解説：法令では、「直ちに」「すみやかに」「遅滞なく」という用語がよく使われる。これらは、判例により即時性の最も強いものが「直ちに」であり、次いで「すみやかに」、さらに「遅滞なく」の順に弱まっているとされる。「遅滞なく」は正当な又は合理的な理由による遅れは許容されるもの、と解されている。

◎免状の交付を受けている者は、免状を**亡失**し、滅失し、汚損し、又は破損した場合には、当該免状の**交付又は書換え**をした都道府県知事にその**再交付**を申請することができる（令第36条の6）。

▷用語：亡失：失いなくすこと。また、うせてなくなること。

滅失：物がその物としての物理的存在を失うこと。

汚損：物が汚れたり傷んだりすること。

破損：物が壊れたり、傷ついたりすること。

◎免状を亡失してその**再交付**を受けた者は、亡失した免状を発見した場合には、これを**10日以内**に免状の再交付をした都道府県知事に提出しなければならない（令第36条の6　2項）。

〔免状の書換えと再交付の違い〕

書換え	区分	再交付
記載事項の変更	申請の理由	亡失、滅失、汚損、破損
①交付した都道府県知事 ②居住地を管轄する都道府県知事 ③勤務地を管轄する都道府県知事	申請先	①交付した都道府県知事 ②書換えをした都道府県知事

■３．消防設備士免状の返納

◎消防設備士がこの法律又はこの法律に基づく命令の規定に違反しているときは、消防設備士免状を交付した**都道府県知事**は、当該消防設備士**免状の返納**を命ずることができる（法第17条の7　2項準用／第13条の2　5項）。

◎次のいずれかに該当する者は、30万円以下の罰金又は拘留に処する（法第44条）。

⑨第13条の2　5項（第17条の7　2項において準用する場合を含む）の規定による命令に違反した者

◎免状返納を命じられた消防設備士は、返納命令により直ちに当該返納命令に係る**資格を喪失**する（消防庁予防課長通知）。

【1】消防設備士免状に関する記述について、消防法令上、正しいものは次のうちどれか。[★]

□　1．消防設備士免状の交付を受けた都道府県以外で業務に従事するときは、業務地を管轄する都道府県知事に免状の書換えを申請しなければならない。

　　2．消防設備士免状の記載事項に変更を生じた場合、当該免状を交付した都道府県知事又は居住地若しくは勤務地を管轄する都道府県知事に免状の書換えを申請しなければならない。

　　3．消防設備士免状を亡失したときは、亡失した日から10日以内に免状の再交付を申請しなければならない。

　　4．消防設備士免状の返納を命ぜられた日から3年を経過しない者については、新たに試験に合格しても免状が交付されないことがある。

【2】消防設備士免状に関して、消防法令上、誤っているものは次のうちどれか。

□　1．消防設備士免状の記載事項に変更を生じたときは、免状を交付した都道府県知事又は居住地若しくは勤務地を管轄する都道府県知事に免状の書換えを申請しなければならない。

　　2．消防設備士免状を亡失したときは、亡失に気付いた日から10日以内に免状を交付した都道府県知事に免状の再交付を申請しなければならない。

　　3．消防設備士免状を汚損又は破損した者は、免状を交付した都道府県知事に免状の再交付を申請することができる。

　　4．消防設備士免状の返納命令に違反した者は、罰金又は拘留に処せられることがある。

【3】 消防設備士免状の書換えについて、消防法令上、正しいものは次のうちどれか。[★]

☐ 1．免状に貼ってある写真が撮影した日から10年を超えた場合は、居住地又は勤務地を管轄する消防長又は消防署長に書換えの申請をしなければならない。

2．居住地に変更が生じた場合は、居住地又は勤務地を管轄する都道府県知事に書換えの申請をしなければならない。

3．氏名に変更が生じた場合は、免状を交付した都道府県知事又は居住地若しくは勤務地を管轄する都道府県知事に書換えの申請をしなければならない。

4．本籍地の属する都道府県に変更が生じた場合は、新たな本籍地を管轄する消防長又は消防署長に書換えの申請をしなければならない。

【4】 消防設備士免状を亡失した場合の再交付申請先として、消防法令上、正しいものは次のうちどれか。

☐ 1．居住地又は勤務地を管轄する都道府県知事

2．居住地又は勤務地を管轄する消防長又は消防署長

3．当該免状の交付又は書換えをした都道府県知事

4．当該免状の交付又は書換えをした消防長又は消防署長

【5】 消防設備士免状を亡失してその再交付を受けた者が、亡失した免状を発見した場合は、これを一定期間以内に免状の再交付をした都道府県知事に提出しなければならないとされているが、その期間として、消防法令上、正しいものは次のうちどれか。

☐ 1．7日以内

2．10日以内

3．14日以内

4．20日以内

【6】消防設備士免状に関する申請とその申請先について、消防法令上、誤っているものの組み合わせは次のうちどれか。

	申請	申請先
1.	書換え	居住地又は勤務地を管轄する都道府県知事
2.	再交付	免状を交付した都道府県知事
3.	書換え	免状を交付した都道府県知事
4.	再交付	居住地又は勤務地を管轄する都道府県知事

【7】消防設備士免状の記載事項について、消防法令に定められていないものは、次のうちどれか。
- 1. 免状の交付年月日及び交付番号
- 2. 氏名及び生年月日
- 3. 現住所
- 4. 過去10年以内に撮影した写真

【8】次の文中の（　）に当てはまる数値及び語句の組合せとして、消防法令に定められているものは次のうちどれか。

「消防設備士免状を亡失してその再交付を受けた者は、亡失した免状を発見した場合には、これを（ア）日以内に免状の再交付をした（イ）に提出しなければならない。」

	（ア）	（イ）
1.	10	都道府県知事
2.	10	消防長又は消防署長
3.	14	都道府県知事
4.	14	消防長又は消防署長

【9】消防設備士免状の返納について、消防法令上、誤っているものは次のうちどれか。
- 1. 返納を命ずるのは、消防長又は消防署長である。
- 2. 返納を命ずることができるのは、消防設備士が消防法令上の規定に違反している場合である。
- 3. 免状の返納命令に従わない場合には、罰則の適用がある。
- 4. 免状の返納命令により、消防設備士の資格を喪失する。

【10】消防設備士が消防法令上の規定に違反しているとき、当該消防設備士の免状の返納を命ずることができる者として、正しいものは次のうちどれか。

☐ 1．消防設備士の免状を交付した都道府県知事
2．消防設備士が違反した場所を管轄する都道府県知事
3．消防設備士の居住地又は勤務地を管轄する都道府県知事
4．消防設備士の本籍地の属する都道府県知事

▶▶正解&解説……………………………………………………………………………………

【1】正解2
1．消防設備士の免状は都道府県知事が交付する。ただし、「業務地」に関する規定はないため、免状は全国で有効である。
2．消防設備士免状の記載事項に変更を生じた場合は、遅滞なく
　　①免状を交付した都道府県知事
　　②居住地を管轄する都道府県知事
　　③勤務地を管轄する都道府県知事
　のいずれかに、その書換えを申請しなければならない。
3．消防設備士免状を亡失した場合、再交付を申請することができる。ただし、再交付の申請には期限が設けられていない。なお、再交付を受けた後に亡失した免状を発見した場合は、これを10日以内に免状の再交付をした都道府県知事に提出しなければならない。
4．都道府県知事は、①免状の返納を命ぜられて1年を経過しない者、②消防法で罰金以上の刑に処せられ2年を経過しない者、については免状を交付しないことができる。

【2】正解2
1．この場合、遅滞なく、いずれかの都道府県知事に免状の書換えを申請しなければならない。
2．消防設備士免状を亡失した場合、再交付を申請することができる。ただし、再交付の申請には期限が設けられていない。なお、再交付を受けた後に亡失した免状を発見した場合は、これを10日以内に免状の再交付をした都道府県知事に提出しなければならない。
3．免状を汚損又は破損した者は、免状の交付又は書換えをした都道府県知事に免状の再交付を申請することができる。
4．法第44条　次のいずれかに該当する者は、30万円以下の罰金又は拘留に処する。
9項　第17条の7　2項の準用規定による免状の返納命令に違反した者（1〜8項省略）。

【3】正解3

  1．免状に貼ってある写真が撮影した日から10年を超えた場合は、免状の記載事項の変更に該当するため、遅滞なく当該免状を交付した都道府県知事又は居住地若しくは勤務地を管轄する都道府県知事にその書換えを申請しなければならない。

  2．居住地の変更は、免状の記載事項の変更に該当しない。従って、免状の書換え申請は必要ない。

  3．氏名の変更は、免状の記載事項の変更に該当する。

  4．本籍地の属する都道府県の変更は、免状の記載事項の変更に該当する。従って、免状を交付した都道府県知事又は居住地若しくは勤務地を管轄する都道府県知事に書換えの申請をしなければならない。

【4】正解3

  免状を亡失した場合は、当該免状の交付又は書換えをした都道府県知事にその再交付を申請する。

【5】正解2

【6】正解4

  4．再交付は、当該免状の交付又は書換えをした都道府県知事に申請する。

【7】正解3

  3．消防設備士免状の記載事項に、現住所は含まれていない。

【8】正解1

  「消防設備士免状を亡失してその再交付を受けた者は、亡失した免状を発見した場合には、これを〈⑦ 10〉日以内に免状の再交付をした〈④ 都道府県知事〉に提出しなければならない。」

【9】正解1

  1．返納を命ずるのは、免状を交付した都道府県知事である。

【10】正解1

17. 消防設備士の講習

■1. 消防設備士の講習

◎消防設備士は、総務省令で定めるところにより、**都道府県知事**（総務大臣が指定する市町村長その他の機関を含む。）が行う工事整備対象設備等の工事又は整備に関する講習（消防設備士の講習）を受けなければならない（法第17条の10）。

◎消防設備士は、**免状の交付を受けた日以後における最初の4月1日から2年以内**に消防設備士の講習を受けなければならない（規則第33条の17　1項）。

◎消防設備士は、消防設備士の講習を受けた日以後における最初の4月1日から5年以内に再び消防設備士の講習を受けなければならない。当該講習を受けた日以降においても同様とする（規則第33条の17　2項）。

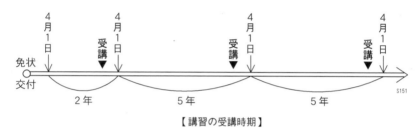

【講習の受講時期】

◎都道府県知事が行う工事整備対象設備等の工事又は整備に関する**講習**について、講習の科目、講習時間その他講習の実施に関し必要な細目は、消防庁長官が定める（規則第33条の17　3項）。

◎この講習の実施細目について、消防庁から各都道府県等に通達が出されている。通達によると、**消防設備士免状の種類**及び**指定区分**に従い、講習を「特殊消防用設備等」、「消火設備」、「警報設備」及び「避難設備・消火器」の4種類に区分し実施することが定められている。

【1】都道府県知事（総務大臣が指定する市町村長その他の機関を含む。）が行う工事整備対象設備等の工事又は整備に関する講習について、消防法令上、誤っているものは次のうちどれか。

□ 1. 消防設備士免状の交付を受けた日から5年以内ごとに受講しなければならない。

2. 工事整備対象設備等の工事又は整備に従事していない消防設備士も受講しなければならない。

3. 消防設備士免状の種類及び指定区分等に応じて行われる。

4. 定められた期間内に受講しなければ、消防設備士免状の返納を命ぜられることがある。

【2】都道府県知事（総務大臣が指定する市町村長その他の機関を含む。）が行う工事整備対象設備等の工事又は整備に関する講習の制度について、消防法令上、正しいものは次のうちどれか。

□ 1. 消防設備士は、その業務に従事することになった日以降における最初の4月1日から5年以内ごとに講習を受けなければならない。

2. 消防設備士は、免状の交付を受けた日以降における最初の4月1日から5年以内ごとに講習を受けなければならない。

3. 消防設備士は、その業務に従事することになった日以降における最初の4月1日から2年以内に講習を受け、その後、前回の講習を受けた日以降における最初の4月1日から5年以内ごとに講習を受けなければならない。

4. 消防設備士は、免状の交付を受けた日以降における最初の4月1日から2年以内に講習を受け、その後、前回の講習を受けた日以降における最初の4月1日から5年以内ごとに講習を受けなければならない。

【3】工事整備対象設備等の工事又は整備に関する講習の実施者として、消防法令上、正しいものは次のうちどれか。[★]

□ 1. 都道府県知事

2. 総務大臣

3. 消防長又は消防署長

4. 消防庁長官

【4】 都道府県知事（総務大臣が指定する市町村長その他の機関を含む。）が行う工事整備対象設備等の工事又は整備に関する講習の受講時期について、消防法令で定められているものは、次のうちどれか。[★]［編］

□　1．免状の交付を受けた日以降における最初の4月1日から1年以内、その後、前回の講習を受けた日以降における最初の4月1日から3年以内ごと
　　2．免状の交付を受けた日から2年以内、その後、前回の講習を受けた日から5年以内ごと
　　3．免状の交付を受けた日以降における最初の4月1日から2年以内、その後、前回の講習を受けた日以降における最初の4月1日から5年以内ごと
　　4．免状の交付を受けた日から3年以内ごと
　　5．免状の交付を受けた日から5年以内ごと

【5】 工事整備対象設備等の工事又は整備に関する講習についての次の記述のうち、文中の（　）に当てはまる語句の組合せとして、消防法令上、正しいものは次のうちどれか。

　　「消防設備士は、（ア）日以降における最初の4月1日から（イ）以内に講習を受けなければならない。」

	（ア）	（イ）
□　1．	工事整備対象設備等の工事又は整備に従事することとなった	2年
2．	免状の交付を受けた	5年
3．	工事整備対象設備等の工事又は整備に従事することとなった	5年
4．	免状の交付を受けた	2年

【1】正解1

1．1回目の講習は、免状交付日以降における最初の4月1日から2年以内に受講しなければならない。

2．この講習は、消防設備士免状の交付を受けている全ての者が対象となる。

3．この講習の実施細目について、消防庁から各都道府県等に通達が出されている。通達によると、消防設備士免状の種類及び指定区分に従い、講習を「特殊消防用設備等」、「消火設備」、「警報設備」及び「避難設備・消火器」の4種類に区分し実施することが定められている。

4．この講習の未受講は、「この法律又はこの法律に基づく命令の規定に違反」していることに該当するため、免状の返納を命じられることがある。「16．消防設備士免状の取り扱い ■3．消防設備士免状の返納」68P 参照。

【2】正解4

4．講習は、免状の交付を受けた日→最初の4月1日から2年以内に受講（1回目）→受講日以降の最初の4月1日から5年以内に受講（2回目以降）、というスケジュールになっている。

【3】正解1

【4】正解3

【5】正解4

「消防設備士は、〈⑦ 免状の交付を受けた〉日以降における最初の4月1日から〈④ 2年〉以内に講習を受けなければならない。」

◎消防設備士は、その業務を**誠実に**行い、工事整備対象設備等の質の向上に努めなければならない（法第17条の12）。

◎消防設備士は、その業務に従事するときは、消防設備士**免状を携帯**していなければならない（法第17条の13）。

◎甲種消防設備士は、工事整備対象設備等の工事をしようとするときは、その**工事に着手**しようとする日の10日前までに、総務省令で定めるところにより、工事整備対象設備等の種類、工事の場所その他必要な事項を消防長又は消防署長に届け出なければならない（法第17条の14）。

S152

【4つの義務（～しなければならない）】

▶▶過去問題◀◀

【1】消防設備士の義務について、消防法令上、誤っているものは次のうちどれか。

[★]

☐　1．消防用設備等が設備等技術基準に違反して設置又は維持されている場合、消防設備士は消防長又は消防署長に届け出なければならない。

　　2．消防設備士は、その業務に従事する場合、消防設備士免状を携帯していなければならない。

　　3．消防設備士は、業務を誠実に行い工事整備対象設備等の質の向上に努めなければならない。

　　4．消防設備士は、都道府県知事（総務大臣が指定する市町村長その他の機関を含む。）が行う工事整備対象設備等の工事又は整備に関する講習を受けなければならない。

▶▶正解＆解説‥‥

【1】正解1

1．消防法令にこのような規定はない。

■1. 防火管理者を定めなければならない防火対象物

◎次に掲げる防火対象物の管理について権原を有する者は、政令で定める資格を有する者のうちから防火管理者を定め、政令で定めるところにより、当該防火対象物について消防計画の作成等の業務を行わせなければならない（法第8条1項）。

①学校、病院、工場、事業場、興行場、百貨店（延べ面積が1,000m²以上の大規模な小売店舗を含む）（令第1条の2　1項）。

②複合用途防火対象物…防火対象物が2以上の用途に供されており、かつ、その用途のいずれかが令別表第1（13P参照）の（1）から（15）までに供されている防火対象物をいう（令第1条の2　2項）。

③その他多数の者が出入し、勤務し、又は居住するもので、令別表第1に掲げる防火対象物のうち、次に掲げるもの。ただし、同表の（16の3）及び（18）から（20）までに掲げるものを除く（令第1条の2　3項）。

イ．老人短期入所施設、養護老人ホーム、特別養護老人ホーム、救護施設、乳児院、障害児入所施設、障害者支援施設などで、収容人員が10人以上のもの
　　※「令別表第1」の（6）ロなどの防火対象物が該当。詳細は省略。

ロ．特定防火対象物（前項のイを除く）で、収容人員が30人以上のもの

ハ．非特定防火対象物で、収容人員が50人以上のもの
　　※「非特定防火対象物」とは、「特定防火対象物以外の防火対象物」を指す。

【防火管理者の選定】

④新築の工事中の建築物で、収容人員が50人以上のもののうち、地階を除く階数が11以上で、かつ、延べ面積が10,000m²以上である建築物など。

◎防火管理者の資格については、防火管理に関する講習の課程を修了した者とする（令第3条）。

■2．防火管理者を必要としない防火対象物

◎令第１条の２では、防火管理者を定めなければならない防火対象物を個別に掲げている。しかし、次に掲げる防火対象物は除外されている。

　①準地下街（令別表第１の（16の３））

　②延長50m以上のアーケード（同（18））

　③市町村長の指定する山林（同（19））

　④総務省令で定める舟車（同（20））

■3．防火管理者の業務

◎当該防火対象物の管理について権原を有する者は、防火管理者を定め、次に掲げる業務を行わせなければならない（法第８条１項）。

　①消防計画の作成

　②消防計画に基づく消火、通報及び避難の訓練の実施

　③消防の用に供する設備、消防用水又は消火活動上必要な施設の点検及び整備

　④火気の使用又は取扱いに関する監督

　⑤避難又は防火上必要な構造及び設備の維持管理並びに収容人員の管理

　⑥その他防火管理上必要な業務

■4．防火管理者の責務

◎防火管理者は、防火対象物についての防火管理に係る消防計画を作成し、所轄消防長又は消防署長に届け出なければならない（令第３条の２　１項〜４項）。

◎防火管理者は、前項の消防計画に基づいて、当該防火対象物について消火、通報及び避難の訓練の実施、消防の用に供する設備、消防用水又は消火活動上必要な施設の点検及び整備、火気の使用又は取扱いに関する監督、避難又は防火上必要な構造及び設備の維持管理並びに収容人員の管理その他防火管理上必要な業務を行わなければならない。

◎防火管理者は、防火管理上必要な業務を行うときは、必要に応じて当該防火対象物の管理について権原を有する者の指示を求め、誠実にその職務を遂行しなければならない。

◎防火管理者は、消防の用に供する設備、消防用水若しくは消火活動上必要な施設の点検及び整備又は火気の使用若しくは取扱いに関する監督を行うときは、火元責任者その他の防火管理の業務に従事する者に対し、必要な指示を与えなければならない。

■5．統括防火管理者

◎高層建築物（高さ31m超の建築物）その他政令で定める防火対象物で、その管理について権原が分かれている場合、それぞれの管理について権原を有する者は、防火対象物の全体について防火管理上必要な業務を統括する防火管理者（**統括防火管理者**）を協議して定め、その者に当該防火対象物の全体について防火管理上必要な業務を行わせなければならない（法第8条の2）。

◎**地下街**でその管理について権原が分かれているもののうち、消防長若しくは消防署長が指定するものの管理について権原を有する者は、同様に統括防火管理者を定め、全体について防火管理上必要な業務を行わせなければならない。

◎政令で定める防火対象物は、次に掲げる防火対象物とする（令第3条の3）。

①老人短期入所施設、養護老人ホーム、**特別養護老人ホーム**、救護施設、乳児院、障害児入所施設、障害者支援施設、及びこれらの用途を含む複合用途防火対象物のうち、地階を除く階数が3以上で、かつ、収容人員が10人以上のもの

②**特定防火対象物**（①を除く。）、及び特定用途を含む複合用途防火対象物（①を除く。）のうち、地階を除く階数が3以上で、かつ、収容人員が30人以上のもの

③特定用途を含まない**複合用途防火対象物**のうち、地階を除く階数が5以上で、かつ、収容人員が50人以上のもの

④**準地下街**

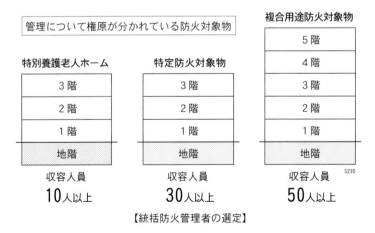

【統括防火管理者の選定】

【1】次の消防法施行令別表第1に掲げる防火対象物のうち、消防法令上、防火管理者を定めなければならないものは次のうちどれか。

☐　1．診療所で、収容人員が20人のもの

　　2．美術館で、収容人員が30人のもの

　　3．教会で、収容人員が40人のもの

　　4．事務所で、収容人員が50人のもの

【2】次の消防法施行令別表第1に掲げる防火対象物のうち、消防法令上、防火管理者を定めなくてもよいものを、次のうちから2つ答えなさい。[編]

☐　1．老人短期入所施設で、収容人員が10人のもの

　　2．飲食店で、収容人員が20人のもの

　　3．旅館で、収容人員が30人のもの

　　4．物品販売店舗で、収容人員が30人のもの

　　5．カラオケボックスで、収容人員が30人のもの

　　6．共同住宅で、収容人員が45人のもの

　　7．事務所で、収容人員が50人のもの

【3】防火管理に関する次の記述の文中の（　）に当てはまる語句の組合せとして、消防法令上、正しいものは次のうちどれか。

　　「（ア）は消防の用に供する設備、消防用水若しくは消火活動上必要な施設の（イ）及び整備又は火気の使用若しくは取扱いに関する監督を行うときは、火元責任者その他の防火管理の業務に従事する者に対し、必要な指示を与えなければならない。」

	（ア）	（イ）
☐　1．	防火管理者	工事
2．	管理について権原を有する者	工事
3．	管理について権原を有する者	点検
4．	防火管理者	点検

【4】 次の管理について権原が分かれている防火対象物のうち、統括防火管理者を定めなければならないものとして、消防法令上、誤っているものはどれか。ただし、防火対象物は、高層建築物（高さ31mを超える建築物）ではないものとする。

☐ 1．地階を除く階数が3の特別養護老人ホームで、収容人員が60人のもの

2．地階を除く階数が5の事務所で、収容人員が60人のもの

3．2階をカラオケボックスとして使用する地階を除く階数が3の複合用途防火対象物で、収容人員が50人のもの

4．地階を除く階数が5の病院で、収容人員が70人のもの

【5】 次のアからウまでの管理について権原が分かれている防火対象物のうち、統括防火管理者を定めなければならないものとして、消防法令上、正しいものの組合せは次のうちどれか。ただし、防火対象物は、高層建築物（高さ31mを超える建築物）ではないものとする。

ア．地階を除く階数が5の作業場で、収容人員が80人のもの

イ．地階を除く階数が4の病院で、収容人員が40人のもの

ウ．地階を除く階数が3の特別養護老人ホームで、収容人員が20人のもの

☐ 1．ア、イのみ

2．ア、ウのみ

3．イ、ウのみ

4．ア、イ、ウすべて

▶▶正解＆解説………………………………………………………………………………………………

【1】正解4

1．診療所は、特定防火対象物に該当するため、収容人員が30人以上の場合に防火管理者を定めなければならない。

2～4．美術館、教会、事務所は、いずれも非特定防火対象物に該当するため、収容人員が50人以上の場合に防火管理者を定めなければならない。

【2】正解2＆6

1．老人短期入所施設で収容人員が10人以上の防火対象物は、防火管理者を定めなければならない。

2．飲食店は、特定防火対象物に該当するため、収容人員が30人以上の場合に防火管理者を定めなければならない。20人では防火管理者を定めなくてもよい。

3＆4＆5．旅館・物品販売店舗・カラオケボックスは特定防火対象物に該当するため、収容人員が30人以上の場合に防火管理者を定めなければならない。

6．共同住宅は、非特定防火対象物に該当するため、収容人員が50人以上の場合に防火管理者を定めなければならない。45人では防火管理者を定めなくてもよい。

7．事務所は、非特定防火対象物に該当するため、収容人員が50人以上の場合に防火管理者を定めなければならない。

【3】正解4

【4】正解2

1．この場合、階数が3以上で、収容人員が10人以上であるため、統括防火管理者を定めなければならない。

2．この場合、特定防火対象物ではなく、更に複合用途防火対象物でもないため、統括防火管理者を定めなくてもよい。

3．この場合、特定用途を含む複合用途防火対象物であり、収容人員が30人以上であるため、統括防火管理者を定めなければならない。

4．この場合、特定防火対象物であり、階数が3以上で収容人員が30人以上であるため、統括防火管理者を定めなければならない。

【5】正解3

ア．この場合、特定防火対象物ではなく、更に複合用途防火対象物でもないため、統括防火管理者を定めなくてもよい。

イ．この場合、特定防火対象物であり、階数が3以上で収容人員が30人以上であるため、統括防火管理者を定めなければならない。

ウ．この場合、階数が3以上で、収容人員が10人以上であるため、統括防火管理者を定めなければならない。

20. 検定制度

■1. 検定対象機械器具等

◎検定制度は、消防の用に供する機械器具等が、一定の形状、構造、材質、成分及び性能を有しているかどうか、あらかじめ検定を行い、火災の予防若しくは警戒、消火又は人命の救助等に際し、機械器具等に重大な支障が生じないようにするためのものである（法第21条の2　1項）。

◎消防の用に供する機械器具等において、形状、構造、材質、成分及び性能を以下、「形状等」という。

◎消防の用に供する機械器具等のうち、次に掲げるものを検定が必要な機械器具等（**検定対象機械器具等**）とする（令第37条）。

①消火器
②消火器用消火薬剤（二酸化炭素を除く）
③泡消火薬剤（水溶性液体用のものを除く）
④火災報知設備の感知器または発信機
⑤火災報知設備又はガス漏れ火災警報設備に使用する中継器
⑥火災報知設備又はガス漏れ火災警報設備に使用する受信機
⑦住宅用防災警報器
⑧閉鎖型スプリンクラーヘッド
⑨スプリンクラー設備、水噴霧消火設備又は泡消火設備に使用する流水検知装置
⑩スプリンクラー設備等に使用する一斉開放弁
⑪金属製避難はしご
⑫緩降機

■2. 検定の方法（型式承認⇒型式適合検定）

◎検定は、「型式承認」⇒「型式適合検定」の順に行われる。

◎「型式承認」とは、検定対象機械器具等の型式に係る形状等が総務省令で定める検定対象機械器具等に係る技術上の規格（規格省令）に適合している旨の承認をいう（法第21条の2　2項他）。

①型式承認では、日本消防検定協会または総務大臣の登録を受けた検定機関が規格に適合しているか試験を行い、その試験結果は申請者を介して総務大臣に添付する。

②**総務大臣**は、添付された試験結果をもとに審査し、規格に適合しているときは、当該型式について型式承認をする。

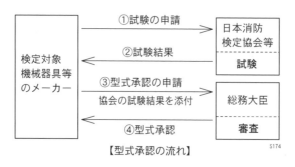

【型式承認の流れ】

◎「**型式適合検定**」とは、検定対象機械器具等の形状等が型式承認を受けた検定対象機械器具等の型式に係る形状等に適合しているかどうかについて、日本消防検定協会または総務大臣の登録を受けた検定機関が、総務省令で定める方法により行う検定をいう（法第21条の2　3項他）。

◎日本消防検定協会または総務大臣の登録を受けた検定機関は、型式適合検定に合格した検定対象機械器具等に、総務省令で定めるところにより、型式は型式承認を受けたものであり、かつ、型式適合検定に合格したものである旨の表示（**検定合格証**）を付さなければならない（法第21条の9）。

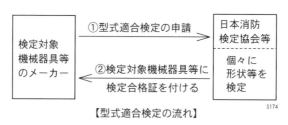

【型式適合検定の流れ】

◎検定対象機械器具等は、法第21条の9の規定による表示（**検定合格証**）が付されているものでなければ、販売し、又は販売の目的で陳列してはならない。また、検定対象機械器具等のうち消防の用に供する機械器具又は設備は、**検定合格証**が付されているものでなければ、その設置、変更又は修理の請負に係る工事に使用してはならない（法第21条の2　4項）。

▲検定合格証の例

【1】消防の用に供する機械器具等の検定に関する次の記述のうち、消防法令上、正しいものの組合せはどれか。

　ア．検定対象機械器具等は、型式承認を受けたものであり、かつ、型式適合検定に合格したものである旨の表示が付されているものでなければ、販売の目的で陳列してはならない。

　イ．検定対象機械器具等は、型式承認を受けたものであり、かつ、型式適合検定に合格したものである旨の表示が付されているものでなければ、販売してはならない。

　ウ．検定対象機械器具等のうち消防の用に供する機械器具又は設備は、型式承認を受けたものであり、かつ、型式適合検定に合格したものである旨の表示が付されているものでなければ、その設置の請負に係る工事に使用してはならない。

□　1．ア、イのみ
　　2．ア、ウのみ
　　3．イ、ウのみ
　　4．ア、イ、ウすべて

【2】消防の用に供する機械器具等の検定について、消防法令上、正しいものは次のうちどれか。

□　1．型式承認とは、検定対象機械器具等の型式に係る形状等が総務省令で定める検定対象機械器具等に係る技術上の規格に適合している旨の承認をいう。

　　2．検定対象機械器具等は、型式承認を受けたものである旨の表示が付されているものであれば、販売の目的で陳列することができる。

　　3．型式適合検定とは、型式承認を受けていない検定対象機械器具等の形状等が型式に係る形状等に適合しているかどうかについて総務省令で定める方法により行う検定をいう。

　　4．検定対象機械器具等のうち消防の用に供する機械器具又は設備は、型式承認を受けたものである旨の表示が付されているものであれば、その設置、変更又は修理の請負に係る工事に使用することができる。

【3】消防の用に供する機械器具等の検定に係る表示に関する次の記述のうち、文中の（　）に当てはまる語句として、消防法令上、正しいものは次のうちどれか。

「検定対象機械器具等は、型式承認を受けたものであり、かつ、（　）の表示が付されているものでなければ、販売の目的で陳列してはならない。」

☐　1．技術上の規格に適合するものである旨

　　2．設備等技術基準に適合するものである旨

　　3．型式適合検定に合格したものである旨

　　4．性能評価を受けたものである旨

▶▶正解＆解説‥‥‥‥‥‥‥‥‥‥‥‥‥‥‥‥‥‥‥‥‥‥‥‥‥‥‥‥‥‥‥‥‥‥‥

【1】正解4

【2】正解1

　　2＆4．「型式承認を受けたものである旨の表示」⇒「型式承認を受けたものであり、かつ、型式適合検定に合格したものである旨の表示」。

　　3．型式適合検定は、あらかじめ型式承認を受けた検定対象機械器具等が検定の対象となる。

【3】正解3

第2章　消防関係法令（第1類の内容）

2章

1. 水系消火設備の非常電源

◎次に掲げる水系消火設備には、**非常電源**を設置すること。

> 屋内消火栓設備（令第11条3項1号ヘ　他）
> スプリンクラー設備（令第12条2項7号）
> 水噴霧消火設備（令第14条1項6号）
> 屋外消火栓設備（令第19条3項6号）

◎水系消火設備の非常電源は、次に掲げるものとする。

> 非常電源専用受電設備
> 自家発電設備
> 蓄電池設備
> 燃料電池設備

> ▷**法令**：規則第12条1項4号、規則第14条1項6の2号、規則第16条3項2号、規則
> 第22条1項6号。
> ▷**参考**：水系消火設備の非常電源として主に使われているのは、非常電源専用受電設備
> と自家発電設備である。

◎**特定防火対象物**で延べ面積が**1,000m²以上**のものにあっては、自家発電設備、
蓄電池設備又は燃料電池設備を非常電源として使用し、**非常電源専用受電設備**は
使用しないこと。

◎ただし、**小規模特定用途複合防火対象物**は、延べ面積が1,000m²以上のものであ
っても、非常電源専用受電設備を非常電源として使用することができる。

> ▷**解説**：小規模特定用途複合防火対象物は、特定用途がある複合用途防火対象物（(16)
> 項イ）で、特定用途の床面積の合計が防火対象物全体の延べ面積の10分の1以
> 下であり、かつ、特定用途部分が300m²未満のもの。

〔防火対象物ごとの非常電源設置のまとめ〕

	非常電源専用受電設備	自家発電設備	蓄電池設備	燃料電池設備
一般の防火対象物	○	○	○	○
特定防火対象物＆ 延べ面積1,000m²以上	×	○	○	○
小規模特定用途複合防火対象物＆ 延べ面積1,000m²以上	○	○	○	○

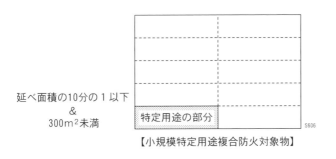

延べ面積の10分の1以下
&
300m²未満

特定用途の部分

【小規模特定用途複合防火対象物】

■ 1. 用語解説

▶非常電源専用受電設備

◎非常電源専用受電設備は、自家発電設備、蓄電池設備、燃料電池設備などを使用せず、電力会社から受電する電源を非常電源とみなして運用する方式である。受電設備を非常電源専用受電設備の基準に適合させることで、消防設備の非常電源として使用できる。

◎専用受電設備は「電力会社の電源に信頼性があること」を前提にしている。日本国内では停電がほとんど発生せず、これを防災電源として活用できる仕組みである。ただし、地震や落雷による瞬時電圧低下や、一時的な停電はゼロではなく、万が一停電発生中に火災が起きた場合、消防用設備への電源供給も断たれてしまうというリスクを内包している。

▶キュービクル式受電設備

◎発電所から変電所を通して送られてくる6,600Vの電気を100Vや200Vに降圧する受電設備を収めた金属製の箱を指す。キュービクル式受電設備は、屋上や駐車場の隅に設置されていることが多い。

◎以前は、電気室や変電室と呼ばれる部屋で変圧していたが、キュービクル式では、安全性を保持して変圧に必要な機器を1つの箱体（キュービック）に収めたことから、このように呼ばれている。

▶キュービクル式非常電源専用受電設備

◎非常電源専用受電設備は、キュービクル式のものと、それ以外のものがある。法令も、それぞれ分けて規定されている。

◎キュービクル式のものは、非常電源専用の受電設備（電力需給用計器用変成器及び主遮断装置並びにこれらの付属機器をいう）、変電設備（変圧器及びこれの付属装置をいう）、その他の機器及び配線を1つの箱に収納してある。

【1】防火対象物に屋内消火栓設備の非常電源を設置する場合、防火対象物の用途
及び延べ面積と非常電源の種類の組合せとして、消防法令上、誤っているものは
次のうちどれか。[★]

防火対象物		非常電源の種類
用途	延べ面積	
診療所	800m²	燃料電池設備
飲食店	900m²	蓄電池設備
幼稚園	1,000m²	非常電源専用受電設備
倉　庫	3,000m²	自家発電設備

（□ 1. / 2. / 3. / 4.）

【2】防火対象物に設置する消火設備とその非常電源の組合せとして、消防法令上、
誤っているものは次のうちどれか。

防火対象物に設置する消火設備	非常電源
スプリンクラー設備を設置した 延べ面積2,000m²の特別養護老人ホーム	非常電源専用受電設備
屋内消火栓設備を設置した 延べ面積3,000m²の中学校	非常電源専用受電設備
屋内消火栓設備を設置した 延べ面積4,000m²の工場	蓄電池設備
スプリンクラー設備を設置した 延べ面積6,000m²の百貨店	自家発電設備

（□ 1. / 2. / 3. / 4.）

【3】屋内消火栓設備の非常電源として、消防法令上、設置できないものは次のう
ちどれか。
- □ 1. 非常電源専用受電設備
- 2. 自家発電設備
- 3. 蓄電池設備
- 4. キュービクル式受電設備

【4】 消防法令上、スプリンクラー設備の非常電源として、非常電源専用受電設備を設置することができる防火対象物として、正しいものは次のうちどれか。
☐　1．地階を除く階数が11の飲食店で、延べ面積が2,000m²のもの
　　2．地階を除く階数が3の物品販売店舗で、延べ面積が3,000m²のもの
　　3．地階を除く階数が2の特別養護老人ホームで、延べ面積が2,000m²のもの
　　4．地階を除く階数が11の小規模特定用途複合防火対象物で、延べ面積が4,000m²のもの

【5】 防火対象物と屋内消火栓設備の非常電源の組合せとして、消防法令上、不適切なものは次のうちどれか。
☐　1．延べ面積が1,000m²の病院　…　蓄電池設備
　　2．延べ面積が1,500m²の工場　…　非常電源専用受電設備
　　3．延べ面積が1,500m²の集会場…　非常電源専用受電設備
　　4．延べ面積が2,000m²の博物館…　自家発電設備

【6】 消防法令上、屋内消火栓設備の非常電源として、蓄電池設備、自家発電設備及び燃料電池設備以外の設備を設置してはならない防火対象物として、正しいものは次のうちどれか。[★]
☐　1．延べ面積が800m²の病院（政令別表第一（6）項イ(1)）
　　2．延べ面積が1,000m²の幼稚園（政令別表第一（6）項ニ）
　　3．延べ面積が1,200m²の図書館（政令別表第一（8）項）
　　4．延べ面積が2,000m²の教会（政令別表第一（11）項）

【7】 消防法令上、延べ面積 1,000m² の特定防火対象物に設置する屋内消火栓設備の非常電源として、設置することができるものの組合せとして、正しいものはどれか。ただし、小規模特定用途複合防火対象物は除く。
ア．自家発電設備
イ．非常電源専用受電設備
ウ．燃料電池設備
☐　1．ア、イ
　　2．ア、ウ
　　3．イ、ウ
　　4．ア、イ、ウすべて

【1】正解3

　3．延べ面積が1,000m²以上の特定防火対象物は、非常電源として非常電源専用受電設備を設置できない。自家発電設備、蓄電池設備または燃料電池設備から選ばなくてはならない。

【2】正解1

　1．延べ面積が1,000m²以上の特定防火対象物は、屋内消火栓設備又はスプリンクラー設備の非常電源として、非常電源専用受電設備を設置できない。非常電源は、自家発電設備、蓄電池設備または燃料電池設備から選ばなくてはならない。特別養護老人ホームは特定防火対象物である。

　2．中学校は特定ではない防火対象物である。

【3】正解4

　4．非常電源の種類は、非常電源専用受電設備、自家発電設備、蓄電池設備及び燃料電池設備の4種類で、キュービクル式受電設備は含まない。

【4】正解4

　1～3．いずれも特定防火対象物で、延べ面積が1,000m²以上であることから、スプリンクラー設備の非常電源として非常電源専用受電設備を設置できない。

　4．小規模特定用途複合防火対象物は、延べ面積が1,000m²以上であっても、スプリンクラー設備の非常電源として非常電源専用受電設備を設置できる。

　　なお、いずれの防火対象物もスプリンクラー設備の設置対象となっている。

【5】正解3

　1&4．自家発電設備及び蓄電池設備は、全ての防火対象物に対し、非常電源として設置できる。

　2&3．非常電源専用受電設備は、延べ面積が1,000m²以上である特定防火対象物に対し、非常電源として設置することができない。2の工場は特定ではない防火対象物であり、3の集会場は特定防火対象物である。

【6】正解2

　蓄電池設備、自家発電設備及び燃料電池設備以外の非常電源の設備は、非常電源専用受電設備となる。延べ面積が1,000m²以上である特定防火対象物は、非常電源として非常電源専用受電設備を設置できない。病院と幼稚園は、特定防火対象物に該当する。

【7】正解2

　イ．非常電源専用受電設備は、延べ面積が1,000m²以上である特定防火対象物に対し、非常電源として設置することができない。

2 屋内消火栓設備

■ 1. 設置が必要な防火対象物

■ 1. 種類ごとの基準

◎屋内消火栓設備の設置が必要な防火対象物は、次の3つに区分される。「…」後は、令別表第1の該当する項を表している（令第11条1項）。

▶設置が必要な防火対象物〔1〕

一般の防火対象物	延べ面積
劇場、映画館、公会堂、集会場…（1）項	500m²以上
キャバレー、遊技場、料理店、飲食店、百貨店、マーケット、旅館、病院、養護老人ホーム、幼稚園、小学校、図書館、浴場 …（2）項～（10）項 工場…（12）項 倉庫…（14）項	700m²以上
神社、寺院、教会…（11）項 事務所、銀行、裁判所等…（15）項	1,000m²以上
地下街…（16の2）項	150m²以上

▷解説：複合用途防火対象物は、各用途ごとに延べ面積を算出する。

▶設置が必要な防火対象物〔2〕

地階・無窓階・4階以上の階の防火対象物	床面積
劇場、映画館、公会堂、集会場…（1）項	100m²以上
キャバレー、遊技場、料理店、飲食店、百貨店、マーケット、旅館、病院、養護老人ホーム、幼稚園、小学校、図書館、浴場 …（2）項～（10）項 工場…（12）項 倉庫…（14）項	150m²以上
神社、寺院、教会…（11）項 事務所…（15）項	200m²以上

▶設置が必要な防火対象物〔3〕

指定可燃物（可燃性液体を除く）を指定数量の750倍以上貯蔵し、又は取り扱うもの

▷解説：指定可燃物は、火災が発生した場合にその拡大が速やかであり、又は消火の活動が著しく困難となるものとして、法令で指定されている。例えば、綿花類は指定数量が200kgとなっている。

■２．耐火構造と内装制限による倍数

◎延べ面積及び床面積の基準値は、次に該当する防火対象物にあっては２倍又は３倍の数値とする（令第11条２項）。

 ①主要構造部を耐火構造とし、内装制限とした防火対象物…**３倍**

 ②主要構造部を耐火構造とし、内装制限としなかった防火対象物…**２倍**

 ③主要構造部を準耐火構造とし、内装制限とした防火対象物…**２倍**

◎**内装制限**とは、壁及び天井（天井のない場合は屋根）の室内に面する部分の仕上げを、**難燃材料**ですることをいう。

 ▷解説：防火材料は、不燃材料、準不燃材料、難燃材料に区分される。これらのうち、最も燃えにくいのが不燃材料であり、最も燃えやすいのが難燃材料である。また、準不燃材料には不燃材料を含み、難燃材料には準不燃材料を含む。

  例えば、仕上げを不燃材料または準不燃材料でした場合であっても、「難燃材料」でしたものと見なされる。

◎ただし、（6）項の病院、診療所（４名以上の入院施設）、養護老人ホーム、乳児院、障害児入所施設（介助がなければ避難できない者が入所）等は、延べ面積の基準値を２倍した数値（1,400m^2）または３倍した数値（2,100m^2）と、1,000m^2 に「防火上有効な措置が講じられた構造を有する部分」の床面積の合計を加えた数値のうち、**いずれか小さい数値**とする。

 ▷解説：「防火上有効な措置が講じられた構造を有する部分」とは、手術室、分娩室、内視鏡検査室、レントゲン室等が該当する。

◎例えば、３倍の数値（2,100m^2）が適用される病院で、延べ面積が 1,200m^2 である場合（手術室等は 100m^2 とする）、「いずれか小さい数値」は 1,100m^2（1,000m^2 ＋ 100m^2）となり、屋内消火栓設備の設置が必要となる。

■３．設備の設置が必要ない防火対象物

◎次に掲げる防火対象物は、屋内消火栓設備の設置が必要ない。

> 自動車車庫、駐車場…（13）項イ
> 飛行機又は回転翼航空機の格納庫…（13）項ロ
> 準地下街…（16の3）項
> 重要文化財…（17）項
> 延長50m以上のアーケード…（18）項

■ 4. 設備を設置しないことができる他の消火設備

◎防火対象物又はその部分に、次に掲げる消火設備を設置したときは、当該設備の
有効範囲内の部分について屋内消火栓設備を設置しないことができる。

スプリンクラー設備	水噴霧消火設備
泡消火設備	不活性ガス消火設備
ハロゲン化物消火設備	粉末消火設備
屋外消火栓設備	動力消防ポンプ設備

▶▶過去問題◀◀

【1】屋内消火栓設備を設置しなければならない防火対象物として、消防法令上、
正しいものは次のうちどれか。ただし、当該防火対象物は次のア〜エの条件を満
たすものとする。[★]

ア．平屋建である。

イ．主要構造部は耐火構造である。

ウ．壁及び天井の室内に面する部分の仕上げは、難燃材料としている。

エ．無窓階ではない。

□ 　1．延べ面積 1,400m^2 の劇場

　　2．延べ面積 2,800m^2 の事務所

　　3．危険物の規制に関する政令別表第四に掲げる数量の500倍の綿花類を貯蔵
している延べ面積 2,000m^2 の倉庫

　　4．延べ面積 2,200m^2 のマーケット

【2】屋内消火栓設備を設置しなければならない防火対象物として、消防法令上、
正しいものは次のうちどれか。ただし、当該防火対象物は次のア〜エの条件を満
たすものとする。

ア．地上3階建である。

イ．主要構造部は耐火構造である。

ウ．壁及び天井の室内に面する部分の仕上げは、難燃材料としている。

エ．無窓階に該当しない。

□ 　1．延べ面積 1,200m^2 の養護老人ホーム

　　2．延べ面積 1,500m^2 の飲食店

　　3．延べ面積 2,000m^2 のマーケット

　　4．延べ面積 2,500m^2 の銀行

【3】 屋内消火栓設備を設置しなくてもよい防火対象物として、消防法令上、誤っているものは次のうちどれか。ただし、防火対象物は平屋建で地階、無窓階はないものとする。また、主要構造部は耐火構造で、壁及び天井の室内に面する部分の仕上げは難燃材料とする。

☐　1．延べ面積が2,200m^{2}の倉庫
　　2．スプリンクラー設備を設置した防火対象物で、その有効範囲内の部分
　　3．延べ面積が2,200m^{2}の回転翼航空機格納庫
　　4．延べ面積が2,200m^{2}の車庫

【4】 屋内消火栓設備の設置に関する次の記述のうち、文中の（　）に当てはまる語句の組合せとして、消防法令上、正しいものはどれか。[★]

　「事務所ビル（施行令別表第1（15）項に該当）で延べ面積が（ア）以上の場合は、屋内消火栓設備を設置しなければならないが、主要構造を（イ）とし、かつ、壁及び天井の室内に面する部分の仕上げを（ウ）でした場合は、延べ面積の数値を3倍とすることができる。」

	（ア）	（イ）	（ウ）
☐　1．	1,000m^2	準耐火構造	不燃材料
2．	700m^2	耐火構造	難燃材料
3．	1,000m^2	耐火構造	難燃材料
4．	700m^2	準耐火構造	不燃材料

【5】 消防法令上、屋内消火栓設備を設置しなければならない防火対象物は、次のうちどれか。ただし、防火対象物の全ての階は、地階又は無窓階ではない。また、主要構造部は耐火構造で、壁及び天井の室内に面する部分の仕上げは不燃材料とする。

☐　1．事務所で延べ面積2,200m^2、階数が2のもの
　　2．集会場で延べ面積1,500m^2、平屋建のもの
　　3．旅館で延べ面積2,000m^2、階数が2のもの
　　4．1階が映画館（床面積1,200m^2）、2階が物品販売店舗（床面積1,200m^2）の建築物で、延べ面積2,400m^2、階数が2のもの

【6】消防法令上、屋内消火栓設備を設置しなければならない防火対象物は、次のうちどれか。ただし、防火対象物は平屋建とし、主要構造部は耐火構造であるが、内装制限はなく無窓階にも該当しない。

□　1．延べ面積が500m²の集会場

　　2．延べ面積が1,000m²の銀行

　　3．危険物の規制に関する政令別表第4に掲げる綿花類100tを貯蔵している、600m²の倉庫

　　4．延べ面積が1,400m²のマーケット

【7】下図の複合用途防火対象物に対する屋内消火栓設備の設置について、消防法令上、正しいものは次のうちどれか。ただし、防火対象物の主要構造部は耐火構造で、地上階はすべて無窓階以外の階とし、壁及び天井の室内に面する部分は不燃材料で仕上げているものとする。

□　1．地階のみに設置義務有り

　　2．1階のみに設置義務有り

　　3．2、3階に設置義務有り

　　4．すべての階に設置義務無し

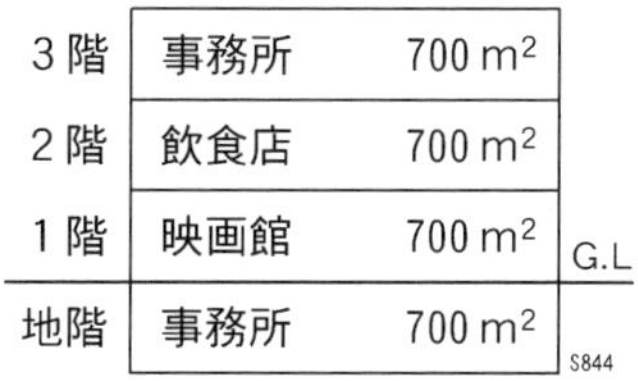

3階	事務所	700 m²
2階	飲食店	700 m²
1階	映画館	700 m²	G.L
地階	事務所	700 m²

S844

▶▶正解＆解説‥‥‥‥‥‥‥‥‥‥‥‥‥‥‥‥‥‥‥‥‥‥‥‥‥‥‥‥‥‥‥‥‥‥‥

【1】正解4

　　条件イ及びウにより、設置の基準面積は3倍の数値とされる。また、平屋建で無窓階ではないため、〔1〕の延べ面積基準が適用される。

　1．劇場　…基準面積［500m²］、3倍面積［1,500m²］

　2．事務所…基準面積［1,000m²］、3倍面積［3,000m²］

　3．倉庫　…基準面積［700m²］、3倍面積［2,100m²］。また、指定数量の750倍以上の指定可燃物を貯蔵、取扱う施設が屋内消火栓設備の設置対象となる。

　4．マーケット…基準面積［700m²］、3倍面積［2,100m²］

【2】正解1

　　条件イ及びウにより、設置の基準面積は3倍の数値とされる。また、3階建で無窓階ではないため、〔1〕の延べ面積基準が適用される。

　1．養護老人ホームは、基準面積を3倍とした［2,100m²］と［1,000m²＋手術室等の面積］のうち、いずれか「小さい」数値が適用される。養護老人ホームは、一般に手術室等はないものと考えられるため、「小さい」数値は1,000m²となり、延べ面積1,200m²の養護老人ホームは、屋内消火栓設備の設置が必要となる。

　2．飲食店…基準面積［700m²］、3倍面積［2,100m²］

　3．マーケット　…基準面積［700m²］、3倍面積［2,100m²］

　4．（15）項は、「前各号に該当しない事業場」となっており、事務所、銀行、裁判所等が該当する。銀行…基準面積［1,000m²］、3倍面積［3,000m²］

【3】正解1

　　設問の条件により、設置の基準面積は3倍の数値とされる。また、平屋建で無窓階ではないため、〔1〕の延べ面積基準が適用される。

　1．倉庫…基準面積［700m²］、3倍面積［2,100m²］。

　2．スプリンクラー設備等の消火設備を設置したときは、その有効範囲の部分について屋内消火栓設備を設置しないことができる。

　3＆4．回転翼航空機格納庫及び車庫は、そもそも屋内消火栓設備の設置が必要ない。

【4】正解3

　　「事務所ビル（施行令別表第1（15）項に該当）で延べ面積が〈㋐ 1,000m²〉以上の場合は、屋内消火栓設備を設置しなければならないが、主要構造を〈㋑ 耐火構造〉とし、かつ、壁及び天井の室内に面する部分の仕上げを〈㋒ 難燃材料〉でした場合は、延べ面積の数値を3倍とすることができる。」

【5】正解2

　　設問の内容により、設置の基準面積は3倍の数値とされる（不燃材料には難燃材料を含む）。また、平屋建で無窓階ではないため、〔1〕の延べ面積基準が適用される。

　1．事務所…基準面積［1,000m^2］、3倍面積［3,000m^2］
　2．集会場…基準面積［500m^2］、3倍面積［1,500m^2］
　3．旅館　…基準面積［700m^2］、3倍面積［2,100m^2］
　4．複合用途防火対象物の場合は、各用途ごとにまとめて判断する。それぞれが階ごとに異なっているため、床面積が延べ面積となる。
　　映画館…基準面積［500m^2］、3倍面積［1,500m^2］
　　物品販売店舗…基準面積［700m^2］、3倍面積［2,100m^2］

【6】正解4

　　設問の条件により、設置の基準面積は2倍の数値とされる。また、平屋建で無窓階ではないため、〔1〕の延べ面積基準が適用される。

　1．集会場…基準面積［500m^2］、2倍面積［1,000m^2］
　2．銀行…基準面積［1,000m^2］、2倍面積［2,000m^2］
　3．綿花類100tは、指定数量の倍数が100,000kg／200kg＝500倍となる。750倍に達しないため、屋内消火栓設備を設置しなくてもよい。
　4．マーケット…基準面積［700m^2］、2倍面積［1,400m^2］

【7】正解1

　　［一般の防火対象物］と［地階・無窓階・4階以上の階の防火対象物］を対象とした基準に分けて考える。

［一般の防火対象物］を対象とした基準

　　複合用途防火対象物は、各用途ごとに延べ面積を算出する。事務所は地階と3階にあり、延べ面積は1,400m^{2}となる。一方、「①主要構造部を耐火構造とし、内装制限とした防火対象物」に該当するため、延べ面積の基準は3倍の「3,000m^{2}以上」となる。このため、地階と3階にある事務所は、屋内消火栓設備の設置義務がない。

　　また、飲食店の延べ面積の基準は3倍の「2,100m^{2}以上」となる。映画館の延べ面積の基準は3倍の「1,500m^{2}以上」となる。従って、飲食店と映画館は、屋内消火栓設備の設置義務がない。

［地階・無窓階・4階以上の階の防火対象物］を対象とした基準

　　地階の事務所は、床面積の基準が3倍の「600m^{2}以上」となる。このため、屋内消火栓設備の設置義務がある。

2. 1号消火栓と2号消火栓

◎屋内消火栓は、1号消火栓、2号消火栓、広範囲型2号消火栓などがある。

> ▷ **1号消火栓**…古くから用いられているもので、放水量が最も多く消火能力が高い。操作には2人以上が必要。
>
> ▷ **2号消火栓**…操作性を高めるため、また、水量の低減を図るなどにより、1人で容易に操作ができるようにしたものである。夜間は勤務する人が少ない旅館や病院などで、効果が期待される。
>
> ▷ **広範囲型2号消火栓**…2号消火栓と比較して広範囲に放水することができるようにしたものである。ただし、1号消火栓と比較すると放水量が少ないため、工場や倉庫などには設置できない。

> ▷ **参考**：1号消火栓及び2号消火栓は、法令による名称ではない。令第11条3項1号による屋内消火栓を1号で規定していることから1号消火栓、同2号による屋内消火栓を2号で規定していることから2号消火栓と、それぞれ呼称している。

◎次に掲げる防火対象物は、1号消火栓を設置しなければならない（令第11条3項1号）。ただし、次に掲げる防火対象物以外のものは、いずれの消火栓も設置できる。

〔1号消火栓のみを設置する防火対象物〕

> 工場、作業場…（12）項
> 倉庫…（14）項
> 指定可燃物（可燃性液体を除く）を指定数量の750倍以上貯蔵し、又は取り扱うもの

◎屋内消火栓は、防火対象物の階ごとに、その階の各部分から一のホース接続口までの水平距離が消火栓の種類ごとに、次に掲げる値となるように設けること（令第11条3項1号他）。

> 1号消火栓　　　　…25m以下
> 広範囲型2号消火栓…25m以下
> 2号消火栓　　　　…15m以下

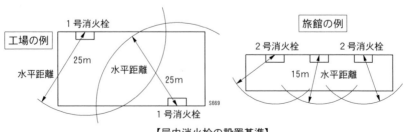

【屋内消火栓の設置基準】

◎屋内消火栓設備の**消防用ホースの長さ**は、ホース接続口からの水平距離が、次に掲げる値の範囲内の当該階の各部分に有効に放水することができる長さとすること。

> | | |
> |---|---|
> | １号消火栓 | …25mの範囲 |
> | 広範囲型２号消火栓 | …25mの範囲 |
> | ２号消火栓 | …15mの範囲 |

◎易操作性１号消火栓、２号消火栓及び広範囲型２号消火栓の消防用ホースの構造は、**一人で操作**することができるものとして、次に定める基準に適合するものとすること（令第11条３項２号他）。

> 1. **保形ホース**であること。
> 2. 延長及び格納の操作が容易にできるものとして、消防庁長官が定める基準に適合するように収納されていること。

▷解説：易操作性１号消火栓は、２号消火栓と同様に１人でも操作を行えるように操作性を向上させた消火栓である。
　　　：保形ホースは、断面が円形に保たれるように補強したホースである。

▶▶過去問題◀◀

【1】 ２号消火栓（消防法施行令第11条３項第２号イ）は、防火対象物の階ごとに、その階の各部分から一のホース接続口までの水平距離が基準以下となるように定められている。この水平距離の基準として、消防法令上、正しいものは次のうちどれか。

☐ 1．10m
　　2．15m
　　3．25m
　　4．40m

【2】 屋内消火栓設備のうち、政令第11条３項第２号イの基準に定める２号消火栓を設置することができる防火対象物又はその部分として、消防法令上、正しいものは次のうちどれか。[★]

☐ 1．倉庫
　　2．作業場
　　3．指定可燃物貯蔵所
　　4．物品販売店舗と共同住宅の複合用途防火対象物

【3】　２号消火栓（消防法施行令第11条３項第２号イ）の技術上の基準について、消防法令上、最も不適切なものは次のうちどれか。

☐　１．消防用ホースの全長は、15m以内の防火対象物の各部分を有効に放水できる長さとする。

　　２．平ホース又は保形ホースを使用すること。

　　３．消防用ホースの延長及び収納の操作が１人でもできること。

　　４．水源の水量は、消火栓の設置個数が最も多い階の設置個数が５である場合、2.4m^{3}となる。

▶▶正解＆解説‥‥‥‥‥‥‥‥‥‥‥‥‥‥‥‥‥‥‥‥‥‥‥‥‥‥‥‥‥‥‥‥‥‥

【１】正解２

【２】正解４

　１＆２．いずれも屋内消火栓設備のうち、１号消火栓を設置しなくてはならない。

　３．そもそも指定可燃物貯蔵所で屋内消火栓設備を設置しなければならないのは、指定可燃物を指定数量の750倍以上貯蔵するところである。従って、指定可燃物貯蔵所は指定数量の750倍以上貯蔵しているものと判断する。

　４．工場・作業場／倉庫／指定可燃物貯蔵所以外の防火対象物には、１号消火栓または２号消火栓を設置することができる。

【３】正解２

　２．２号消火栓（易操作性１号消火栓及び広範囲型２号消火栓を含む）は、保形ホースを使用すること。平ホースは使用できない。

　４．水源水量は、次のとおり（次項参照）。

　　　１号消火栓…5.2m^3、広範囲型２号消火栓…3.2m^3、２号消火栓…2.4m^3

■1．放水圧力と放水量

◎屋内消火栓設備は、いずれの階においても、当該階のすべての屋内消火栓（設置個数が2を超えるときは、2個の屋内消火栓とする）を同時に使用した場合に、消火栓の**放水圧力**及び**放水量**が次に示す値の性能を有すること（令第11条3項）。

◎加圧送水装置には、当該屋内消火栓設備のノズルの先端における放水圧力が0.7MPaを超えないための措置を講じること（規則第12条1項7号ホ）。

◎ポンプの**吐出量**は、屋内消火栓の設置個数が最も多い階における当該設置個数 n（設置個数が2を超えるときは、2とする）に次に示す値を乗じて得た量以上の量とすること（規則第12条7号ハ他）。

消火栓の種類	放水圧力	放水量	ポンプ吐出量
1号消火栓 易操作性1号消火栓	0.17MPa以上 0.7MPa以下	130L/min 以上	(150L/min) × n
2号消火栓	0.25MPa以上 0.7MPa以下	60L/min 以上	(70L/min) × n
広範囲型2号消火栓	0.17MPa以上 0.7MPa以下	80L/min 以上	(90L/min) × n

▷解説：n は、屋内消火栓の設置個数が最も多い階における当該設置個数を表す。ただし、当該設置個数が2を超えるときは、2とする。従って、屋内消火栓の設置個数が1のとき $n=1$、設置個数が2のとき $n=2$、設置個数が3のとき $n=2$ となる。

■2．水源水量

◎屋内消火栓の水源は、その水量が消火栓の設置個数が最も多い階における当該設置個数 n（設置個数が2を超えるときは、2とする）に次に掲げる数値を乗じて得た量以上の量となるように設けること（令第11条3項1号ハ　他）。

消火栓の種類	計算式	設置個数が1の例	設置個数が2の例
1号消火栓	$Q = 2.6\text{m}^3 \times n$	$Q = 2.6\text{m}^3$	$Q = 5.2\text{m}^3$
広範囲型2号消火栓	$Q = 1.6\text{m}^3 \times n$	$Q = 1.6\text{m}^3$	$Q = 3.2\text{m}^3$
2号消火栓	$Q = 1.2\text{m}^3 \times n$	$Q = 1.2\text{m}^3$	$Q = 2.4\text{m}^3$

▷解説：Q は水源の水量を表す。

◎水源水量は、消火栓を有効に20分間放水できる量が必要となる。例えば、1号消火栓が1個の場合と2個の場合は、次のとおりとなる。

1号消火栓1個	放水量×20分×1＝130L/min×20分×1＝2,600L＝2.6m³
1号消火栓2個	放水量×20分×2＝130L/min×20分×2＝5,200L＝5.2m³

▶▶過去問題◀◀

【1】 平屋建工場に屋内消火栓を7個設置する場合、最小限必要な水源水量として、消防法令上、正しいものは次のうちどれか。

□ 1．5.2m³

2．7.8m³

3．13.0m³

4．16.0m³

【2】 倉庫に屋内消火栓設備を設置する場合、最小限必要となる水源の水量として消防法令上、正しいものは次のうちどれか。ただし、屋内消火栓が最も多い階の設置個数は4とする。

□ 1．3.2m³

2．5.2m³

3．6.4m³

4．10.4m³

【3】 小学校に屋内消火栓設備を設置する場合、消火栓の種類と最小限必要な水源水量の組合せとして、消防法令上、正しいものは次のうちどれか。ただし、屋内消火栓の設置個数が最も多い階における屋内消火栓の当該設置個数は3とする。

		1号消火栓	2号消火栓
□	1．	4.2m³	3.2m³
	2．	4.8m³	2.8m³
	3．	5.2m³	2.4m³
	4．	5.8m³	2.2m³

【1】 正解1

工場、作業場、倉庫は、1号消火栓を設置しなければならない。

1号消火栓における最低限必要な水源の水量（Q）は、次の式で表される。

$Q = 2.6\text{m}^3 \times n$ 　　　nは消火栓の数。

ただし、nが2を超える場合は2とする。設問では1号消火栓を7個設置するため、$n=2$とする。

【2】 正解2

工場、作業場、倉庫は、1号消火栓を設置しなければならない。

1号消火栓における最低限必要な水源の水量（Q）は、次の式で表される。

$Q = 2.6\text{m}^3 \times n$ 　　　nは消火栓の数。

ただし、nが2を超える場合は2とする。設問では最も多い階の設置個数が4であるため、$n=2$とする。

【3】 正解3

5.2m^3、2.4m^3は覚えておく必要がある。

1．設置が必要な防火対象物

◎屋外消火栓設備は建物の周囲に設置され、建築物の1階及び2階部分の火災の消火を目的としたもので、外部から放水することにより隣接建物への延焼防止上、有効な設備である。

◎屋外消火栓設備は屋内消火栓設備と同様に人が操作して使用するもので、構成は屋内消火栓設備に準じる。

◎屋外消火栓設備を設置しなければならない建築物は、次に掲げるものとする（令第19条1項）。

建築物の種類	1階及び2階の床面積の合計
耐火建築物	9,000m²以上
準耐火建築物	6,000m²以上
その他の建築物（一般木造）	3,000m²以上

▷参考：地階及び3階以上の床面積は、規制の対象外とする。

◎建築物に次に掲げる消火設備を設置したときは、当該設備の有効範囲内の部分について屋外消火栓設備を設置しないことができる（同4項）。

スプリンクラー設備	水噴霧消火設備
泡消火設備	不活性ガス消火設備
ハロゲン化物消火設備	粉末消火設備
動力消防ポンプ設備	

2. 設備の基準

▶配置等

◎屋外消火栓は、建築物の各部分から一のホース接続口までの水平距離が40m以下となるように設けること（令第19条3項1号）。

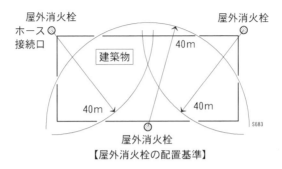

【屋外消火栓の配置基準】

◎屋外消火栓設備の消防用ホースの長さは、当該屋外消火栓設備のホース接続口からの**水平距離が40m**の範囲内の当該建築物の各部分に有効に放水することができる長さとすること（同2号）。

▶水源水量

◎屋外消火栓の水源は、次に掲げる計算式で算出した量以上の量となるように設けること（同3号）。

計算式	設置個数が2の例
$Q = 7\,\mathrm{m}^3 \times n$	14m³

▷解説：Qは水源の水量を表す。
　　　：nは、屋外消火栓の設置個数を表す。ただし、当該設置個数が2を超えるときは、2とする。

▶放水圧力と放水量

◎屋外消火栓設備は、すべての屋外消火栓（設置個数が2を超えるときは、2個の屋外消火栓とする）を同時に使用した場合に、それぞれのノズルの先端において、**放水圧力**及び**放水量**が次に示す値の性能を有すること（同4号）。

◎ポンプの吐出量は、屋外消火栓の設置個数n（当該設置個数が2を超えるときは、2とする）に400L/minを乗じて得た量以上の量とすること（規則第22条1項10号ハ）。

放水圧力	放水量	ポンプ吐出量
0.25MPa以上 0.6MPa以下	350L/min 以上	（400L/min）× n

109

◎加圧送水装置には、当該屋外消火栓設備のノズルの先端における放水圧力が0.6MPaを超えないための措置を講じること（規則第22条10号ニ）。

▶▶過去問題◀◀

【1】屋外消火栓設備の設置に関する次の記述のうち、文中の（　）に当てはまる語句の組合せとして、消防法令上、正しいものは次のうちどれか。[★]

「屋外消火栓設備の消防用ホースの長さは、当該屋外消火栓設備のホース接続口からの（A）が（B）mの範囲内の当該建築物の各部分に有効に放水することができる長さとすること。」

	（A）	（B）
□ 1.	水平距離	25
2.	水平距離	40
3.	歩行距離	25
4.	歩行距離	40

【2】地上2階建の倉庫に屋外消火栓を4個設置する場合、最低限必要とされる水源の水量として、消防法令上、正しいものは次のうちどれか。[★]

□ 1. 10m³
2. 14m³
3. 20m³
4. 28m³

▶▶正解&解説‥‥‥‥‥‥‥‥‥‥‥‥‥‥‥‥‥‥‥‥‥‥‥‥‥‥‥‥‥‥‥‥‥

【1】正解2

「屋外消火栓設備の消防用ホースの長さは、当該屋外消火栓設備のホース接続口からの〈Ⓐ 水平距離〉が〈Ⓑ 40〉mの範囲内の当該建築物の各部分に有効に放水することができる長さとすること。」

【2】正解2

1. 設置が必要な防火対象物

◎スプリンクラー設備の設置基準は複雑になっており、暗記しなければならない部分が多くなっている。そのため、設置基準の要点をまとめた（令第12条１項）。

▶要点１　面積にかかわらず設置が必要な特定防火対象物

◇地階を除く階数が**11以上の特定防火対象物**（全階に設置する）	
◇病院（内科・整形外科等）で病床を有するもの（令別表第１（６）項イ①）	注
◇診療所（内科・整形外科等）で４名以上の入院施設を有するもの（（６）項イ②）	
◇老人短期入所施設、養護老人ホーム、特別養護老人ホーム、乳児院 （（６）項ロ①及び③）	
◇救護施設、障害児入所施設、障害者支援施設（（６）項ロ②、④及び⑤） （介助がなければ避難できない者を主として入所させるもの以外のものは、延べ面積が275m²以上に限る）	

注：火災発生時の延焼を抑制する機能を備える構造を有するもの以外のものとする。

▶要点２　面積に応じて設置が必要な特定防火対象物

◇百貨店、マーケット、物品販売店舗、「要点１」以外の病院・診療所で、床面積の合計が3,000m²以上のもの（平屋建以外）
◇劇場、公会堂、遊技場、飲食店、旅館、ホテル、無床診療所、助産施設、幼稚園、蒸気浴場で、床面積の合計が6,000m²以上のもの（平屋建以外）
◇地階、無窓階又は４階以上10階以下の階において、キャバレー、遊技場、カラオケボックス、百貨店、物品販売店舗がある階で、その床面積が1,000m²以上のもの
◇４階以上10階以下の階において、劇場、映画館、飲食店、旅館、ホテル、病院等、蒸気浴場のある階で、その床面積が1,500m²以上のもの
◇地階又は無窓階において、劇場、映画館、飲食店、旅館、ホテル、病院等、蒸気浴場のある階で、その床面積が1,000m²以上のもの
◇地下街で延べ面積が1,000m²以上のもの
◇準地下街で延べ面積が1,000m²以上、かつ、特定用途部分の床面積が500m²以上のもの
◇劇場、映画館、公会堂、集会場で、**舞台部**の床面積が、地階、無窓階又は４階以上の階にあるものは300m²以上、その他の階（１階〜３階）にあるものは500m²以上のもの ▷解説：舞台部の床面積が基準以上の場合は、舞台部にスプリンクラー設備を設置する必要がある。

▶**要点3　面積に応じて設置が必要な特定の複合用途防火対象物**
◎特定用途部分がある複合用途防火対象物（(16) 項イ）は、他の防火対象物とは
　別に設置基準が定められている。

◇特定用途がある複合用途防火対象物で、特定部分の床面積の合計が3,000m²以上で
　ある防火対象物の各階のうち、特定部分が存する階
　▷**解説**：各階にある特定部分の床面積の合計が基準（3,000m²）以上の場合、特定部
　　　　分がある階にスプリンクラー設備を設置しなくてはならない。特定部分の床
　　　　面積が狭くても、特定部分がある階には全て設備を設置することになる。

◇特定用途がある複合用途防火対象物において、各階のうち特定部分が存する階で、特
　定部分の床面積の合計が、地階又は無窓階にあっては1,000m²以上のもの
　▷**解説**：地階又は無窓階の各階ごとに、特定部分の床面積が基準（1,000m²）以上の
　　　　場合、その階にスプリンクラー設備を設置しなくてはならない。

◇特定用途がある複合用途防火対象物において、各階のうち特定部分が存する階で、特
　定部分の床面積の合計が、4階以上10階以下の階にあっては1,500m²（遊技場、カ
　ラオケボックス、百貨店、マーケットが存する階にあっては1,000m²）以上のもの
　▷**解説**：4階以上10階以下の各階ごとに、特定部分の床面積が基準（用途に応じて
　　　　1,000m²又は1,500m²）以上の場合、その階にスプリンクラー設備を設置し
　　　　なくてはならない。

▶**要点4　特定用途ではない防火対象物に設置**

◇防火対象物の11階以上の階
　▷**解説**：特定用途以外の防火対象物では、10階以下の階である場合、その階にスプリ
　　　　ンクラー設備を設置しなくてもよい。

◇倉庫のうち、天井の高さが10mを超え、かつ、延べ面積が700m²以上の**ラック式倉
庫**
　▷**用語**：ラック式倉庫は、棚又はこれに類するものを設け、昇降機により収納物の搬
　　　　送を行う装置を備えた倉庫をいう。
　▷**解説**：面積の700m²は屋内消火栓設備と同様に、主要構造部と内装制限により、数
　　　　値を2倍又は3倍とする規定が適用される（令第12条4項）。

◇**指定可燃物**（可燃性液体類を除く）を指定数量の1000倍以上貯蔵し、又は取り扱う
もの

◆スプリンクラー設備の設置が必要な防火対象物のまとめ

令別表第一　　防火対象物は一部を省略　　アミ部分は特定防火対象物

項		防火対象物	一般　m²	地階・無窓階 m²	4階以上10階以下の階　m²	11階以上
(1)	イ	劇場、映画館、演芸場	6,000（平屋建以外）（舞台部※1）	1,000（舞台部※2）	1,500（舞台部※2）	全部
	ロ	公会堂、集会場				
(2)	イ	キャバレー、ナイトクラブ	6,000（平屋建以外）	1,000	1,000	全部
	ロ	遊技場、ダンスホール				
	ハ	性風俗営業店舗				
	ニ	カラオケボックス				
(3)	イ	待合、料理店	6,000（平屋建以外）	1,000	1,500	全部
	ロ	飲食店				
(4)		百貨店、マーケット、物品販売店舗	3,000（平屋建以外）	1,000	1,000	全部
(5)	イ	旅館、ホテル、宿泊所	6,000（平屋建以外）	1,000	1,500	全部
	ロ	寄宿舎、下宿、共同住宅	－	－	－	11階以上の階
(6)	イ	①病院　内科、整形外科　病床有②診療所　内科、整形外科　病床有	全部	1,000	1,500	全部
		③病院・診療所（①②以外）	3,000（平屋建以外）			
		④無床診療所・無床助産所	6,000（平屋建以外）			
	ロ	①老人短期入所施設、養護老人ホーム②救護施設　③乳児院④障害児入所施設⑤障害者支援施設	全部			
	ハ	老人デイサービスセンター更生施設、助産施設、保育所、こども園	6,000（平屋建以外）			
	ニ	幼稚園、特別支援学校				
(7)		小学校、中学校、高校、大学	－	－	－	11階以上の階
(8)		図書館、博物館、美術館				
(9)	イ	蒸気浴場、熱気浴場	6,000（平屋建以外）	1,000	1,500	全部
	ロ	イ以外の公衆浴場	－	－	－	11階以上の階
(10)		車両の停車場、航空機の発着場				
(11)		神社、寺院、教会				
(12)	イ	工場、作業場				
	ロ	映画スタジオ、テレビスタジオ				
(13)	イ	自動車車庫、駐車場				
	ロ	飛行機、回転翼航空機の格納庫				
(14)		倉庫	（ラック式）			
(15)		前項以外の事業場　事務所等	－			
(16)	イ	特定用途がある複合用途防火対象物	3,000　※3	※4	※5	全部
	ロ	イ以外の複合用途防火対象物	－	－	－	11階以上の階
(16の2)		地下街	1,000　※6			－
(16の3)		準地下街	1,000（500）　※7			

※1：舞台部床面積が500m²以上の場合は、延べ面積に関係なく舞台部に設置。

※2：舞台部床面積が300m²以上の場合は、階の床面積に関係なく舞台部に設置。

※3：特定用途部分の床面積の合計が3,000m²以上の場合に、特定部分の存する階に設置。

※4：特定用途部分の床面積の合計が1,000m²以上となる階に設置。

※5：特定用途部分の床面積の合計が1,500m²以上となる階に設置（一部は1,000m²以上）。

※6：延べ面積1,000m²以上　　※7：延べ面積1,000m²以上で、かつ、特定用途部分の床面積が500m²以上

【1】 消防法令上、延べ面積にかかわらずスプリンクラー設備を設置しなければならない防火対象物として、正しいものの組合せは次のうちどれか。[★]

ア．地階を除く階数が11のホテル

イ．地階を除く階数が3の映画館

ウ．老人短期入所施設（火災発生時の延焼を抑制する機能を備える構造を有するものを除く）

☐　1．ア、イのみ

　　2．ア、ウのみ

　　3．イ、ウのみ

　　4．ア、イ、ウのすべて

【2】 消防法令上、スプリンクラー設備を設置しなければならない防火対象物は、次のうちどれか。ただし、いずれの防火対象物も地階又は無窓階ではないものとし、規則第13条で定めるスプリンクラー設備を設置することを要しない階の部分等を考慮しないものとする。[★]

☐　1．物品販売店舗で、延べ面積が3,000m^{2}の平屋建のもの

　　2．飲食店で、建築面積1,000m^2、延べ面積3,000m^2、階数が3のもの

　　3．飲食店と共同住宅からなる特定防火対象物で、建築面積200m^2、延べ面積2,000m^2、階数が11のもの

　　4．物品販売店舗と共同住宅からなる特定防火対象物で、建築面積300m^2、延べ面積3,000m^2、階数が10のもの

【3】 劇場の舞台部で、消防法令上、スプリンクラー設備の設置義務がないのは次のうちどれか。

☐　1．無窓階にある床面積が300m^{2}の舞台部

　　2．3階にある床面積が300m^{2}の舞台部

　　3．4階にある床面積が350m^{2}の舞台部

　　4．5階にある床面積が400m^{2}の舞台部

【4】 消防法令上、スプリンクラー設備の設置を必要としないものは、次のうちどれか。

□ 1．公会堂の2階にある舞台部で、床面積が300m²のもの

2．5階建の旅館で、床面積の合計が6,000m²のもの

3．3階建の複合用途防火対象物で、百貨店として使われる部分の床面積の合計が3,000m²のもので、百貨店の存する階

4．天井までの高さが12mのラック式倉庫で、延べ面積が3,000m²のもの

【5】 消防法令上、スプリンクラー設備を設置しなければならない防火対象物は、次のうちどれか。ただし、規則第13条で定めるスプリンクラー設備を要しないことができる階の部分等に該当しないものとする。

□ 1．劇場の2階にある舞台部で、舞台の床面積が300m²のもの。ただし、無窓階ではないものとする。

2．階が3の百貨店で、延べ面積が4,000m²のもの。ただし、地階又は無窓階はないものとする。

3．天井までの高さが9mのラック式倉庫で、延べ面積が6,000m²のもの。

4．地下街で、延べ面積700m²のもの。

【6】 1階から3階がマーケット（床面積の合計が2,400m²）、4階がキャバレー（床面積800m²）、5階から7階が事務所である複合用途防火対象物におけるスプリンクラー設備の設置義務として、消防法令上、正しいものは次のうちどれか。

□ 1．建物全体に、スプリンクラー設備の設置義務がある。

2．1階から3階のみに、スプリンクラー設備の設置義務がある。

3．1階から4階のみに、スプリンクラー設備の設置義務がある。

4．4階のみに、スプリンクラー設備の設置義務がある。

【7】 消防法令上、床面積に応じてスプリンクラー設備の設置義務がない防火対象物は、次のうちどれか。

□ 1．平屋建の養護老人ホーム

2．地階を除く階が2の、患者を入院させるための施設を有しない診療所

3．地階を除く階数が11のホテル

4．平屋建の乳児院

【8】 スプリンクラー設備を設置しなければならない防火対象物として、消防法令上、誤っているものは次のうちどれか。ただし、地階及び無窓階並びに規定に定めるスプリンクラー設備の設置を要しない構造及び階の部分等については、考慮しないものとする。

☐ 1. 階数が3の、老人短期入所施設で、床面積の合計が3,000m²のもの
   2. 階数が3の、入所施設を有する助産所で、床面積の合計が3,000m²のもの
   3. 階数が2の、8人の患者を入院させるための施設を有する内科の診療所で、床面積の合計が250m²のもの
   4. 階数が2の、入院させるための施設を有しない皮膚科の診療所で、床面積の合計が250m²のもの

▶▶正解＆解説……………………………………………………………………………

【1】 正解2
   ア. 地階を除く階数が11以上の特定防火対象物は、延べ面積にかかわらず各階にスプリンクラー設備を設置する。
   イ. 地階を除く階数が3の映画館は、床面積の合計が6,000m²以上のものにスプリンクラー設備を設置する。
   ウ. 老人短期入所施設、養護老人ホーム、特別養護老人ホーム、乳児院は、延べ面積にかかわらず各階にスプリンクラー設備を設置する。

【2】 正解3
   1. 物品販売店舗で平屋建のものは、スプリンクラー設備の設置義務が生じない。
   2. 飲食店で階数が3のものは、床面積の合計が6,000m²以上のものにスプリンクラー設備を設置する。建築面積は「建物を真上から見たときの面積」である。
   3. 階数が11以上の特定防火対象物には、全ての階にスプリンクラー設備を設置する。
   4. 特定用途を含む複合用途防火対象物は、特定用途を含む階ごとに特定部分の床面積に応じてスプリンクラー設備を設置する。設問の条件では、スプリンクラー設備を設置しなければならないかどうかを特定できない。

【3】 正解2
   1. 無窓階や地階にある舞台部は、床面積が300m²以上となると、スプリンクラー設備の設置義務が生じる。
   2. 1階～3階にある舞台部は、床面積が500m²以上となると、スプリンクラー設備の設置義務が生じる。
   3＆4. 4階以上の階にある舞台部は、床面積が300m²以上となると、スプリンクラー設備の設置義務が生じる。

【4】 正解1
   1. 公会堂などの舞台部は、1～3階の場合、舞台部の床面積が500m²以上となると、スプリンクラー設備の設置が必要となる。

2．旅館（平屋建以外）などは、床面積の合計が6,000m²以上となると、スプリンクラー設備の設置が必要となる。

3．特定用途がある複合用途防火対象物は、特定部分（百貨店）の床面積の合計が3,000m²以上となると、特定部分（百貨店）が存する階に、スプリンクラー設備の設置が必要となる。

4．天井の高さが10mを超えるラック式倉庫は、延べ面積が700m²以上となると、スプリンクラー設備の設置が必要となる。

【5】正解2

1．舞台部で、1階から3階にあるものは、床面積が500m²以上となると、スプリンクラー設備の設置が必要となる。

2．百貨店は、延べ面積が3,000m²以上になると、スプリンクラー設備の設置が必要となる。

3．ラック式倉庫は、天井の高さが10mを超え、かつ、延べ面積が700m²以上になると、スプリンクラー設備の設置が必要となる。

4．地下街は、延べ面積が1,000m²以上になると、スプリンクラー設備の設置が必要となる。

【6】正解3

設問の複合用途防火対象物は、特定部分の床面積の合計が、マーケット 2,400m² ＋ キャバレー 800m² ＝ 3,200m²となる。合計が3,000m²以上となることから、特定部分が存する階（1〜3階及び4階）にスプリンクラー設備の設置義務が生じる。

【7】正解2

1＆4．養護老人ホーム及び乳児院は、「床面積にかかわらず」スプリンクラー設備の設置が必要な防火対象物となる。

2．患者を入院させるための施設を有しない診療所を「無床診療所」という。平屋建以外の無床診療所は、床面積の合計が6,000m²以上となるため、「床面積に応じて」スプリンクラー設備が必要な防火対象物となる。

3．地階を除く階数が11以上のホテル（防火対象物）は、床面積にかかわらずスプリンクラー設備の設置（全階）が必要な防火対象物となる。

【8】正解4

1．老人短期入所施設は、令別表第一（6）項ロに該当する。床面積の合計にかかわらず、スプリンクラー設備の設置が必要となる。

2．入所施設を有する助産所は、同（6）項イ③に該当する。床面積の合計が3,000m²以上の場合にスプリンクラー設備の設置が必要となる。

3．入院施設（8人）を有する診療所（内科）は、同（6）項イ②に該当する。床面積の合計にかかわらず、スプリンクラー設備の設置が必要となる。

4．無床診療所は、同（6）項イ④に該当する。床面積の合計が6,000m²以上の場合にスプリンクラー設備の設置が必要となる。

2. 閉鎖型ヘッドの性能

◎スプリンクラーヘッドは、次のように分類される。

> 閉鎖型ヘッド…放水口が感熱体によって閉止されている。火熱により一定温度に達すると、感度部（感熱体）が破壊又は変形して放水口を開放する。
> 開放型ヘッド…感熱体がなく、放水口が開放している。劇場の舞台部に設置する。
> 放水型ヘッド…放水口を備えているもの。高天井部分に設置する。

◎これらのヘッドのうち**閉鎖型ヘッド**は、感度種別及び有効散水半径に関する種別が、規則第13の２等に規定されている（詳細は省略）。

◎一般の防火対象物に設ける閉鎖型ヘッドを**標準型ヘッド**という。

◎標準型ヘッドは、感度種別が１種又は２種に分かれている。１種の方が感度が良い。更に、有効散水半径が2.3m又は2.6m以上であるものを設けることとなっている。

〔標準型ヘッドの仕様区分〕

有効散水半径	感度種別	
	1種	2種
2.3m	○	○*
2.6m以上	○	×

◎しかし、感度種別が２種で有効散水半径が2.6m以上の標準型ヘッドは設置ができない。また、感度種別が２種で有効散水半径が2.3mのヘッド（＊）は、従来規定されていた閉鎖型ヘッドに相当する。

◎**高感度型ヘッド**とは、火災を早期に感知し、かつ、広範囲に散水することができるもので、閉鎖型ヘッドのうち標準型ヘッドで感度種別が**１種**であり、かつ、有効散水半径が**2.6m以上**であるものをいう（規則第13の２　２項）。

◎**小区画型ヘッド**は、宿泊室等（宿泊室、病室、居間、寝室等）の部分に設置する。また、**側壁型ヘッド**は、宿泊室等及び廊下、通路等の部分に設置する。

◎**小区画型ヘッド及び側壁型ヘッド**は、感度種別が１種のものを設置する（規則第13条の3）。

◎**ラック式倉庫**に設けるスプリンクラーヘッドは、有効散水半径が2.3mであって、ヘッドの呼びが20の標準型ヘッドとする（規則第13条の5　3項）。

【1】 次の文中の （　）内に当てはまる適切な語句の組合せとして、消防法令上、正しいものはどれか。

「高感度型ヘッドとは、火災を早期に感知し、かつ、広範囲に散水することができるもので、閉鎖型スプリンクラーヘッドのうち（ア）ヘッドで感度種別が（イ）であり、かつ、有効散水半径が（ウ）以上であるものをいう。」

	（ア）	（イ）	（ウ）
□ 1.	側壁型	2種	2.6m
2.	標準型	1種	2.6m
3.	標準型	2種	2.3m
4.	標準型	1種	2.3m

▶▶正解＆解説‥‥‥‥‥‥‥‥‥‥‥‥‥‥‥‥‥‥‥‥‥‥‥‥‥‥‥‥‥‥‥‥

【1】 正解2

「高感度型ヘッドとは、火災を早期に感知し、かつ、広範囲に散水することができるもので、閉鎖型スプリンクラーヘッドのうち〈ア　標準型〉ヘッドで感度種別が〈イ　1種〉であり、かつ、有効散水半径が〈ウ　2.6m〉以上であるものをいう。」

3. 閉鎖型ヘッドの水平距離 まとめ

◎閉鎖型スプリンクラーヘッドは、天井又は天井裏の各部分から一のスプリンクラーヘッドのまでの水平距離が、次の表で定める水平距離以下となるように設けること（規則第13条の5 5項他）。

〔一のヘッドまでの水平距離 まとめ〕（高感度型ヘッドは省略）

ヘッドの種別	防火対象物又はその部分		一のヘッドまでの水平距離
標準型ヘッド	一般の防火対象物	耐火建築物以外	2.1m 以下
		耐火建築物	2.3m 以下
	ラック式倉庫	ラック等を設けた部分	2.5m 以下
		その他の部分	2.1m 以下
	地下街 準地下街	厨房等火気取扱等の部分	1.7m 以下
		その他の部分	2.1m 以下（2.3m 以下）
	指定可燃物（可燃性液体を除く）		1.7m 以下
小区画型ヘッド	宿泊室等の部分		2.6m以下で 1ヘッド13m²以下
側壁型ヘッド	宿泊室等及び廊下、通路等の部分		水平方向 1.8m 以内 前方 3.6m 以内

注：カッコ内は、準地下街で主要構造部が耐火構造である場合の数値。

◎スプリンクラーヘッドは、防火対象物又はその部分に応じて水平距離が規定されており、防火対象物が有効に包含（ほうがん）されるように設置しなくてはならない。

◎例えば、図で示す水平距離 L でスプリンクラーヘッドを正方形に設置する場合、ヘッドに要求される有効散水半径 R とは、次の関係がある。

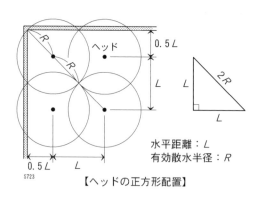

水平距離：L
有効散水半径：R

【ヘッドの正方形配置】

底辺 L・高さ L・斜辺 R の直角三角形について考える。三平方の定理により、次の等式が成り立つ。

$$L^2 + L^2 = 4R^2 \quad \Rightarrow \quad L^2 = 2R^2 \quad \Rightarrow \quad L = R \times \sqrt{2}$$

水平距離 $L = 3$ m で設置する場合、有効散水半径 $R = 3$ m／1.41…＝ 2.12… m となる。有効散水半径が 2.1m と 2.3m のヘッドがある場合、2.1m のものは使えなくなる。2.1m のヘッドを使いたい場合は、もう少し水平距離を短くする必要がある。

▶▶ 過去問題 ◀◀

【1】防火対象物の部分と天井の各部分から一のスプリンクラーヘッドまでの最大水平距離の組合せとして、消防法令上、誤っているものは次のうちどれか。ただし、小区画型ヘッドと高感度型ヘッドは、設置しないものとする。

		防火対象物の部分	一のスプリンクラーヘッドまでの最大水平距離
☐	1.	劇場の舞台部	1.7 m
	2.	耐火建築物の百貨店の売場	2.5 m
	3.	地下街の厨房の部分	1.7 m
	4.	耐火建築物のホテルの客室	2.3 m

▶▶正解＆解説⋯⋯⋯⋯⋯⋯⋯⋯⋯⋯⋯⋯⋯⋯⋯⋯⋯⋯⋯⋯⋯⋯⋯⋯⋯⋯⋯⋯⋯⋯⋯⋯⋯⋯

【1】正解2

1．劇場の舞台部は、**開放型スプリンクラーヘッド**を設ける。舞台部の各部分から一のスプリンクラーヘッドまでの最大水平距離は、1.7mとなっている。「6．開放型ヘッドの設置基準」128P参照。

2＆4．一般の防火対象物で耐火建築物である場合は、最大水平距離が2.3mとなっている。

4. 標準型ヘッドの設置基準

◎スプリンクラーヘッドの設置及び維持に関する技術上の基準は、閉鎖型スプリンクラーヘッドのうち**標準型ヘッド**については、次のとおりとする（規則第13条の2　4項1号）。

イ．スプリンクラーヘッドは、当該ヘッドの取付け面から0.4m以上突き出したはり等によって区画された部分ごとに設けること。ただし、当該はり等の相互間の中心距離が1.8m以下である場合にあっては、この限りでない。

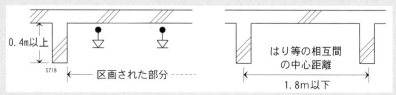

ロ．給排気用ダクト、棚等（ダクト等）でその幅又は奥行が1.2mを超えるものがある場合には、当該ダクト等の下面にもスプリンクラーヘッドを設けること。

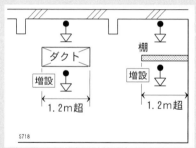

ハ．スプリンクラーヘッドのデフレクターと当該ヘッドの取付け面との距離は、0.3m以下であること。

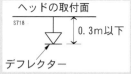

ニ．スプリンクラーヘッドは、当該ヘッドの軸心が当該ヘッドの取付け面に対して直角となるように設けること。

ホ．スプリンクラーヘッドのデフレクターから下方0.45m以内で、かつ、水平方向
0.3m以内には、何も設けられ、又は置かれていないこと。ただし、易燃性の可燃
物を収容する部分は、デフレクターから下方0.9m以内の空間とする。

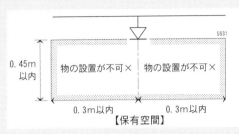

【保有空間】

ヘ．開口部に設けるスプリンクラーヘッドは、当該開口部の上枠より0.15m以内の
高さの壁面に設けること。

◎閉鎖型スプリンクラーヘッドは**感熱及び散水**を、開放型スプリンクラーヘッドは
散水を妨げないような位置に取り付けること（以下、（一社）日本消火装置工業会
スプリンクラー設備　設計・工事基準書）。

◎閉鎖型スプリンクラーヘッドは、取付け面に直
角に取付けなければならない。なお、合掌屋根
の嶺（みね）に取付ける場合は床面に**平行**に取付けるこ
と。

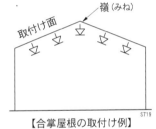

【合掌屋根の取付け例】

▶▶過去問題◀◀

【1】閉鎖型スプリンクラーヘッドのうち標準型ヘッドの取り付けについて、消防
法令上、誤っているものは次のうちどれか。

☐ 　1．スプリンクラーヘッドを取り付ける天井面等からデフレクターまでの距離
が、30cm以下となるように取り付けられていること。

2．スプリンクラーヘッドは、感熱及び散水が妨げられないように取り付けら
れていること。

3．スプリンクラーヘッドは、ヘッドの軸心がヘッドの取付面に対して直角と
なるように取り付けられていること。

4．合掌屋根の屋根裏の頂部には、スプリンクラーヘッドのデフレクターが各
傾斜と平行となるように2列に取り付けられていること。

【2】百貨店に閉鎖型スプリンクラーヘッドの標準型ヘッドを取り付ける場合の技術上の基準について、消防法令上、正しいものは次のうちどれか。[編]

□ 1．スプリンクラーヘッドは、当該ヘッドの取付け面から0.6m以上突き出したはり等によって区画された部分ごとに設けること。ただし、当該はり等の相互間の中心距離が1.8m以下である場合にあっては、この限りでない。

  2．給排気用ダクト、棚等でその幅又は奥行が1.2mを超えるものがある場合には、当該ダクト等の下面にもスプリンクラーヘッドを設けること。

  3．スプリンクラーヘッドのデフレクターと当該ヘッドの取付け面との距離は、0.4m以下であること。

  4．スプリンクラーヘッドのデフレクターから下方0.5m以内で、かつ、水平方向0.3m以内には、何も設けられ、又は置かれていないこと。

  5．開口部に設けるスプリンクラーヘッドは、当該開口部の上枠より0.2m以内の高さの壁面に設けること。

▶▶正解＆解説……………………………………………………………………………………

【1】正解4
  4．合掌屋根の屋根裏の頂部には、スプリンクラーヘッドのデフレクターが［床面］に平行となるように取り付けられていること。

【2】正解2
  1．「0.6m以上突き出したはり等」⇒「0.4m以上突き出したはり等]。
  3．「取付け面との距離は、0.4m以下」⇒「取付け面との距離は、0.3m以下」。
  4．「デフレクターから下方0.5m以内」⇒「デフレクターから下方0.45m以内」。
  5．「0.2m以内の高さの壁面」⇒「0.15m以内の高さの壁面」。

5．小区画型ヘッド＆側壁型ヘッドの設置基準

▶小区画型ヘッド

◎小区画型ヘッドは、共同住宅等の居室における火災の消火を有効に行う目的のものとして基準化されている。

◎小区画型ヘッドは、次に定めるところにより、設けなければならない（規則第13条の3　2項）。

> 1．スプリンクラーヘッドは、旅館、ホテル、宿泊所、共同住宅、病院、養護老人ホーム、幼稚園等の防火対象物又はこれらを含む複合用途の防火対象物の部分で、宿泊室、病室その他これらに類する部分（**宿泊室等**）に設けること。
> 「宿泊室等」には、宿泊室、病室、談話室、娯楽室、居間、寝室、教養室、休憩室、面会室、休養室等が該当する。
> 2．スプリンクラーヘッドは、**天井の室内に面する部分**に設けること。
> 3．スプリンクラーヘッドは、天井の各部分から一のスプリンクラーヘッドまでの水平距離が**2.6m以下**で、かつ、一のスプリンクラーヘッドにより防護される部分の面積が**13m²以下**となるように設けること。

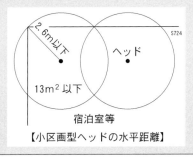

【小区画型ヘッドの水平距離】

◎小区画型ヘッドは、標準型ヘッドの設置基準による規定の例により設けなければならない。

> イ．スプリンクラーヘッドは、当該ヘッドの取付け面から0.4m以上突き出したはり等によって区画された部分ごとに設けること。
> ロ．給排気用ダクト、棚等（ダクト等）でその幅又は奥行が1.2mを超えるものがある場合には、当該ダクト等の下面にもスプリンクラーヘッドを設けること。
> ハ．スプリンクラーヘッドのデフレクターと当該ヘッドの取付け面との距離は、**0.3m以下**であること。
> ニ．スプリンクラーヘッドは、当該ヘッドの軸心が当該ヘッドの取付け面に対して直角となるように設けること。

ホ．スプリンクラーヘッドのデフレクターから下方0.45m以内で、かつ、水平方向
0.3m以内には、何も設けられ、又は置かれていないこと。ただし、易燃性の可燃
物を収容する部分は、デフレクターから下方0.9m以内の空間とする。
ヘ．開口部に設けるスプリンクラーヘッドは、当該開口部の上枠より0.15m以内の
高さの壁面に設けること。

▶側壁型ヘッド

◎側壁型ヘッドは、次に定めるところにより、設けなければならない（規則第13条
の3 3項）。

1．スプリンクラーヘッドは、旅館、ホテル、宿泊所、共同住宅、病院、養護老人ホ
ーム、幼稚園等の防火対象物又はこれらを含む複合用途の防火対象物の部分で、宿
泊室等及び廊下、通路その他これらに類する部分に設けること。
2．スプリンクラーヘッドは、防火対象物の壁の室内に面する部分に設けること。
3．スプリンクラーヘッドは、床面の各部分が一のスプリンクラーヘッドにより**防護
される床面の部分**（スプリンクラーヘッドを取り付ける面の水平方向の両側にそれ
ぞれ1.8m以内、かつ、前方3.6m以内となる範囲を水平投影した床面の部分をいう）
に包含されるように設けること。

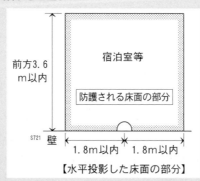

4．スプリンクラーヘッドは、当該ヘッドを取り付ける面から0.15m以内となるよ
うに設けること。
5．スプリンクラーヘッドのデフレクターは、天井面から0.15m以内となるように
設けること。
6．スプリンクラーヘッドのデフレクターから下方0.45m以内で、かつ、水平方向
0.45m以内には、何も設けられ、又は置かれていないこと。

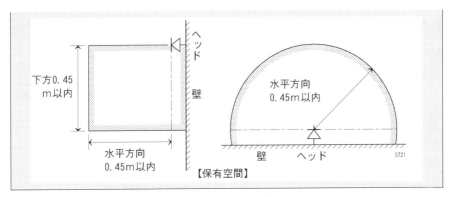
【保有空間】

◎側壁型ヘッドは、標準型ヘッドの設置基準（一部除く）による規定の例により設けなければならない。

> ロ．給排気用ダクト、棚等（ダクト等）でその幅又は奥行が1.2mを超えるものがある場合には、当該ダクト等の下面にもスプリンクラーヘッドを設けること。
> ニ．スプリンクラーヘッドは、当該ヘッドの軸心が当該ヘッドの取付け面に対して直角となるように設けること。
> ホ．スプリンクラーヘッドのデフレクターから下方0.45m以内で、かつ、水平方向0.3m以内には、何も設けられ、又は置かれていないこと。ただし、易燃性の可燃物を収容する部分は、デフレクターから下方0.9m以内の空間とする。
> ヘ．開口部に設けるスプリンクラーヘッドは、当該開口部の上枠より0.15m以内の高さの壁面に設けること。

```
▶▶過去問題◀◀
```

【1】閉鎖型スプリンクラーヘッドの小区画ヘッドについて、消防法令上、誤っているものは次のうちどれか。

☐　1．小区画型ヘッドは、ホテルの宿泊室等に設ける。
　　2．小区画型ヘッドは、天井の各部分から一のスプリンクラーヘッドまでの水平距離が2.9m以下で、かつ、一のスプリンクラーヘッドにより防護される部分の面積が15m²以下となるように設けること。
　　3．小区画型ヘッドは、デフレクターと当該ヘッドの取付け面との距離が、0.3m以下であること。
　　4．小区画型ヘッドは、天井の室内に面する部分に設けること。

▶▶正解＆解説⋯⋯⋯⋯⋯⋯⋯⋯⋯⋯⋯⋯⋯⋯⋯⋯⋯⋯⋯⋯⋯⋯⋯⋯⋯⋯⋯⋯⋯⋯⋯⋯
【1】正解2
　　2．「2.9m以下」⇒「2.6m以下」。　「15m²以下」⇒「13m²以下」。

6. 開放型ヘッドの設置基準

◎舞台部に設けるスプリンクラーヘッドは、**開放型**のものとする。

◎舞台部の開放型ヘッドは、天井又は小屋裏の各部分から一のスプリンクラーヘッドまでの水平距離が、**1.7m以下**となるように設けること（令第12条2項2号）。

〔一のヘッドまでの水平距離〕

ヘッドの種別	防火対象物又はその部分	一のヘッドまでの水平距離
開放型ヘッド	舞台部	1.7m 以下

◎開放型ヘッドは、舞台部の天井又は小屋裏の室内に面する部分、及びすのこ又は渡りの下面の部分に、次の規定の例により設けること（規則第13条の2　4項2号）。

> ニ．スプリンクラーヘッドは、当該ヘッドの軸心が当該ヘッドの取付け面に対して直角となるように設けること。
>
> ホ．スプリンクラーヘッドのデフレクターから**下方0.45m以内**で、かつ、水平方向0.3m以内には、何も設けられ、又は置かれていないこと。ただし、易燃性の可燃物を収容する部分は、デフレクターから下方0.9m以内の空間とする。

◎ただし、開放型ヘッドですのこ又は渡りの上部の部分に可燃物が設けられていない場合は、当該天井又は小屋裏の室内に面する部分には、スプリンクラーヘッドを設けないことができる。

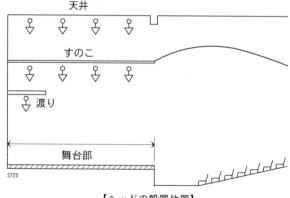

【ヘッドの設置位置】

▷解説：劇場の舞台上から天井を見上げると、簀の子状になっているのがわかる。これ
　　　　は、滑車やワイヤーなどを通したり、バトンや道具を吊り下げたりするための
　　　　もので、作品にあわせて様々な場所から吊り物が出来るように、簀の子状にし
　　　　てある。こうした天井を「簀の子」と呼ぶ。
　　　：「渡り」は、舞台や客席の上部及び天井に設置された、作業用の通路のことを
　　　　いう。キャットウォークともいう。

▶▶過去問題◀◀

【1】劇場の舞台部に設ける開放型スプリンクラーヘッドについて、消防法令上、
　天井又は小屋裏の各部分から一のスプリンクラーヘッドまでの水平距離の数値と
　して、正しいものは次のうちどれか。[★]

☐　1．1.7m以下
　　2．2.1m以下
　　3．2.3m以下
　　4．2.6m以下

【2】劇場にスプリンクラーヘッドを取り付ける場合の技術上の基準について、消
　防法令上、誤っているものは次のうちどれか。

☐　1．スプリンクラーヘッドは、舞台部に設けるものにあっては、開放型である
　　　こと。
　　2．閉鎖型スプリンクラーヘッドのうち標準型ヘッドのデフレクターと当該ヘ
　　　ッドの取付け面との距離は、0.3m以下であること。
　　3．閉鎖型スプリンクラーヘッドのうち標準型ヘッドは、当該ヘッドの取付け
　　　面から0.4m以上突き出したはり等によって区画された部分ごとに設けるこ
　　　と。ただし、当該はり等の相互間の中心距離が1.8m以下である場合にあって
　　　は、この限りでない。
　　4．開放型ヘッドは、デフレクターから下方0.4m以内で、かつ、水平方向0.3m
　　　以内には、何も設けられ、又は置かれていないこと。

▶▶正解＆解説‥‥‥‥‥‥‥‥‥‥‥‥‥‥‥‥‥‥‥‥‥‥‥‥‥‥‥‥‥‥‥‥‥‥‥‥
【1】正解1
【2】正解4
　　2＆3．劇場の舞台部は開放型ヘッドを設けるが、劇場のその他の部分は一般の防火対
　　象物に用いる閉鎖型の標準型ヘッドを用いる。
　　4．「下方0.4m以内」⇒「下方0.45m以内」。

7. スプリンクラーヘッドの放水性能

◎閉鎖型スプリンクラーヘッド及び開放型スプリンクラーヘッドは、ヘッドを同時に使用した場合、次に掲げる放水圧力以上及び放水量以上の性能を有すること（規則第13条の6　2項）。

〔スプリンクラーヘッドの放水性能〕

ヘッドの種別等		放水圧力	放水量
閉鎖型スプリンクラーヘッド	標準型ヘッド	0.1MPa以上	80L/min以上 （ラック式倉庫：114L/min以上）
	小区画型ヘッド	0.1MPa以上	50L/min以上
	側壁型ヘッド	0.1MPa以上	80L/min以上
開放型スプリンクラーヘッド		0.1MPa以上	80L/min以上

注：特定施設水道連結型スプリンクラー設備は除く。

▶▶過去問題◀◀

【1】　スプリンクラーヘッドの種別と放水量の組み合わせとして、消防法令上、誤っているものは次のうちどれか。ただし、特定施設水道連結型スプリンクラー設備は除くものとする。

	ヘッドの種別	放水量
□　1.	標準型ヘッド（ラック式倉庫を除く）	80L/min以上
2.	標準型ヘッド（ラック式倉庫）	114L/min以上
3.	小区画型ヘッド	50L/min以上
4.	側壁型ヘッド	75L/min以上

▶▶正解＆解説‥‥‥‥‥‥‥‥‥‥‥‥‥‥‥‥‥‥‥‥‥‥‥‥‥‥‥‥‥‥‥‥‥‥‥

【1】正解4

　　4. 側壁型ヘッドの放水量は、［80L/min以上］。

8. 放水型ヘッド等の放水部の性能

◎以下の内容は、「放水型ヘッド等の細目基準」より。

▶第2　用語の意義

◎この告示において、次の各号に掲げる用語の意義は、それぞれ当該各号に定めるところによる。

2．放水型ヘッド等…感知部及び放水部により構成されるものをいう。
　▷解説：感知部は、火災を感知するための部分であって、放水部と一体となっているもの又は放水部と分離しているものをいう。
　　　　放水部は、加圧された水を放水するための部分をいう。

3．固定式ヘッド…放水型ヘッド等の放水部のうち、当該ヘッド等の放水範囲が固定されているものをいう。

4．可動式ヘッド…放水型ヘッド等の放水部のうち、当該ヘッド等の放水部を制御し、放水範囲を変えることができるものをいう。

5．放水範囲…一の放水型ヘッド等の放水部により放水することができる範囲をいう。

6．有効放水範囲…放水範囲のうち、所要の散水量（単位時間当たりに散水される水量をいう）を放水することができる範囲をいう。

▶第3　放水型ヘッド等の構造及び性能

◎放水型ヘッド等の放水部の性能は、次によること。
　加圧された水を次に掲げる有効放水範囲内に有効に放水することができること。

◎固定式ヘッドの有効放水範囲

◇小型ヘッドにあっては、当該ヘッドの使用圧力の範囲内において放水した場合に、1分間当たりの放水量を$5L/m^2$で除して得られた範囲内で、かつ、$1 m^2$当たりの散水量が $1.2L/min$ 以上となる範囲とすること。
　▷解説：小型ヘッドは、指定可燃物を貯蔵し又は取り扱う部分以外の部分に使用するものをいう。

◇大型ヘッドにあっては、当該ヘッドの使用圧力の範囲内において放水した場合に、1分間当たりの放水量を $10L/m^2$ で除して得られた範囲内で、かつ、$1 m^2$ 当たりの散水量が $2.4L/min$ 以上となる範囲とすること。
　▷解説：大型ヘッドは、指定可燃物を貯蔵し又は取り扱う部分に使用するものをいう。

　▷解説：例えば、1分あたりの放水量が120Lである場合、$5L/m^2$ で除して得られる範囲は、$120L ／ 5L/m^2 = 24m^2$ となる。

◎可動式ヘッドの有効放水範囲

◇放水部を任意の位置に固定した状態で当該ヘッドの使用圧力の範囲内において放水した場合に、1㎡当たりの散水量が小型ヘッドにあっては5L/min以上、大型ヘッドにあっては10L/min以上となる範囲とすること。

◇20㎡以上であること。

▶▶過去問題◀◀

【1】 スプリンクラーヘッドのうち放水型ヘッド等の性能について、消防法令で定められているものは、次のうちどれか。ただし、各ヘッドは消防法令で定められている対象物の各部分に設置するものとする。

☐　1．固定式の小型ヘッドの有効放水範囲は、当該ヘッドの使用圧力の範囲内において放水した場合に、1分間当たりの放水量を10L/㎡で除して得られた範囲内で、かつ、1㎡当たりの散水量が2.4L/min以上となる範囲とすること。

　　2．固定式の大型ヘッドの有効放水範囲は、当該ヘッドの使用圧力の範囲内において放水した場合に、1分間当たりの放水量を15L/㎡で除して得られた範囲内で、かつ、1㎡当たりの散水量が3.6L/min以上となる範囲とすること。

　　3．可動式の小型ヘッドの有効放水範囲は、20㎡以上とし、かつ、1㎡当たりの散水量が5L/min以上となる範囲とすること。

　　4．可動式の大型ヘッドの有効放水範囲は、20㎡以上とし、かつ、1㎡当たりの散水量が20L/min以上となる範囲とすること。

▶▶正解＆解説‥‥‥‥‥‥‥‥‥‥‥‥‥‥‥‥‥‥‥‥‥‥‥‥‥‥‥‥‥‥‥‥‥‥‥‥‥‥

【1】正解3

1．〔1分間当たりの放水量を5L/㎡で除して得られた範囲内〕かつ〔1㎡当たりの散水量が1.2L/min以上となる範囲〕。

2．〔1分間当たりの放水量を10L/㎡で除して得られた範囲内〕かつ〔1㎡当たりの散水量が2.4L/min以上となる範囲〕。

4．〔1㎡当たりの散水量が10L/min以上となる範囲〕。

▶まとめ

	固定式ヘッド		可動式ヘッド	
	小型ヘッド	大型ヘッド	小型ヘッド	大型ヘッド
1㎡当たりの散水量	1.2L/min以上	2.4L/min以上	5L/min以上	10L/min以上

9. 水源水量

◎スプリンクラー設備には、その水源として、防火対象物の用途、構造若しくは規模又はスプリンクラーヘッドの種別に応じ、次に定めるところにより算出した量以上の量となる水量を貯留するための施設を設けること（令第12条2項4号）。

▶標準型ヘッド

◎閉鎖型スプリンクラーヘッドのうち標準型ヘッドを用いる場合の水源水量は、スプリンクラーヘッドの設置個数が同表に定める個数以上であるときにあっては同表に定める個数、スプリンクラーヘッドの設置個数が同表に定める個数に満たないときにあっては設置個数に、それぞれ1.6m³を乗じて得た量とすること（規則第13条の6）。

〔閉鎖型スプリンクラーヘッドのうち標準型ヘッドを用いる場合〕

防火対象物の区分		個数	水源水量の例
百貨店及び百貨店を含む複合用途防火対象物		15 (高12)	24m³ (高19.2m³)
その他のもの	地階を除く階数が10以下のもの	10 (高8)	16m³ (高12.8m³)
	地階を除く階数が11以上のもの	15 (高12)	24m³ (高19.2m³)
地下街、準地下街		15 (高12)	24m³ (高19.2m³)

▷注意：カッコ内の「高」は高感度型ヘッドの場合の数値を表す。

▷解説：この規定により、ほとんどの場合は表の個数以上の標準型ヘッドを取り付けることから、水源水量は次の量に該当することが多い。

$$10 \times 1.6m^3 = 16m^3 \qquad 15 \times 1.6m^3 = 24m^3 \qquad 12 \times 1.6m^3 = 19.2m^3$$

◎例えば、スプリンクラー設備の設置義務がある、地階を除く階数が11のホテルに閉鎖型スプリンクラーヘッドのうち標準型ヘッド（高感度型ヘッドを除く。）を3,000個取り付ける場合、必要となる最小限の水源水量は次のとおりとなる。

$$水源水量 = 15 \times 1.6m^3 = 24m^3$$

▶小区画型ヘッド

◎閉鎖型スプリンクラーヘッドのうち小区画型ヘッドを用いる場合の水源水量は、スプリンクラーヘッドの設置個数が同表に定める個数以上であるときにあっては同表に定める個数、スプリンクラーヘッドの設置個数が同表に定める個数に満たないときにあっては設置個数に、それぞれ1.0m³を乗じて得た量とすること。

〔閉鎖型スプリンクラーヘッドのうち小区画型ヘッドを用いる場合〕

防火対象物の区分	個数	水源水量の例
地階を除く階数が10以下の防火対象物 （病院等で基準面積が1000m²未満のものを除く）	8	8m³
地階を除く階数が11以上の防火対象物	12	12m³

▷解説：この規定により、多くの場合は表の個数以上の小区画型ヘッドを取り付けることから、水源水量は次の量に該当することが多い。
$8 \times 1.0m^3 = 8.0m^3$ $12 \times 1.0m^3 = 12.0m^3$

▶側壁型ヘッド

◎閉鎖型スプリンクラーヘッドのうち側壁型ヘッドを用いる場合の水源水量は、スプリンクラーヘッドの設置個数が同表に定める個数以上であるときにあっては同表に定める個数、スプリンクラーヘッドの設置個数が同表に定める個数に満たないときにあっては設置個数に、それぞれ1.6m³を乗じて得た量とすること。

〔閉鎖型スプリンクラーヘッドのうち側壁型ヘッドを用いる場合〕

防火対象物の区分	個数	水源水量の例
地階を除く階数が10以下の防火対象物	8	12.8m³
地階を除く階数が11以上の防火対象物	12	19.2m³

▷解説：この規定により、多くの場合は表の個数以上の側壁型ヘッドを取り付けることから、水源水量は次の量に該当することが多い。
$8 \times 1.6m^3 = 12.8m^3$ $12 \times 1.6m^3 = 19.2m^3$

【1】 スプリンクラー設備の設置義務がある、地階を除く階が10の百貨店に閉鎖型スプリンクラーヘッドのうち標準型ヘッド（高感度型ヘッドを除く。）を5,000個取り付ける場合、必要となる最小限の水源水量として、消防法令上、正しいものは次のうちどれか。

□　1．16m^3
　　2．24m^3
　　3．32m^3
　　4．40m^3

【2】 側壁型ヘッドを用いたスプリンクラー設備を設置するとき、防火対象物及びヘッドの個数ごとに、必要となる最小限の水源水量として、消防法令上、正しいものは次のうちどれか。[★]

□　1．地階を除く階数が10以下の防火対象物で、水源算出用のヘッドの個数が8個である場合は、6.4m^{3}である。
　　2．地階を除く階数が11以上の防火対象物で、水源算出用のヘッドの個数が12個である場合は、9.0m^{3}である
　　3．地階を除く階数が10以下の防火対象物で、水源算出用のヘッドの個数が8個である場合は、12.8m^{3}である
　　4．地階を除く階数が11以上の防火対象物で、水源算出用のヘッドの個数が12個である場合は、16.0m^{3}である

▶▶正解＆解説‥‥‥‥‥‥‥‥‥‥‥‥‥‥‥‥‥‥‥‥‥‥‥‥‥‥‥‥‥‥‥‥‥‥‥‥‥‥

【1】正解2
　　スプリンクラー設備の設置義務がある百貨店に、標準型ヘッドを5,000個取り付ける場合、個数15を超えているため、水量算出時は個数「15」が適用される。最小限の水源水量＝15×1.6m^3＝24m^3。

【2】正解3
　　側壁型ヘッドの場合、［8個・12個・1.6m^3］がキーワードとなる。
　　2＆4．地階を除く階数が11以上の防火対象物で、水源算出用のヘッドの個数が12個である場合は、19.2m^{3}である。

5 水噴霧消火設備

1．設置が必要な防火対象物

◎水噴霧消火設備はスプリンクラー設備と同様に水を散水して火災を消火する設備である。

◎スプリンクラー設備との違いは、散水される水の粒が細かく、火災時の熱によって急激に蒸発するときに熱を奪うことによる冷却効果と、燃焼面を蒸気で覆うことによって酸素を遮断する窒息効果によって消火する設備である。

◎水噴霧消火設備は、道路、駐車場、指定可燃物を貯蔵し又は取り扱うところに設置する。ただし、法令では「次の表に掲げる防火対象物又はその部分には、水噴霧消火設備、泡消火設備、不活性ガス消火設備、ハロゲン化物消火設備又は粉末消火設備のうち、いずれかを設置するものとする」としている。

◎水噴霧消火設備を設置するものとされている防火対象物は次のとおり。

〔防火対象物の道路の用に供される部分〕

屋上部分の床面積	…600m²以上
屋上以外の部分の床面積	…400m²以上

〔駐車の用に供される部分〕

屋上部分の床面積	…300m²以上
2階以上の階の床面積	…200m²以上
1階の床面積	…500m²以上

昇降機等の機械装置により車両を駐車させる構造で、収容台数が10台以上のもの

〔指定可燃物〕

指定可燃物を指定数量の1,000倍以上貯蔵し、又は取り扱うもの

▷指定可燃物と指定数量の例：綿花類 200kg　　木毛及びかんなくず 400kg

2. 噴霧ヘッド

◎水噴霧消火設備の噴霧ヘッドは、防護対象物の形状、構造、性質、数量又は取扱いの方法に応じ、標準放射量で当該防護対象物の火災を有効に消火することができるように、総務省令で定めるところにより、必要な個数を適当な位置に設けること（令第14条1項）。

▶高圧の電気機器

◎高圧の電気機器がある場所においては、当該電気機器と噴霧ヘッド及び配管との間に電気絶縁を保つための必要な空間を保つこと（令第14条1項3号）。

▶指定可燃物

◎指定可燃物を貯蔵し、又は取り扱う防火対象物に設置する水噴霧消火設備の噴霧ヘッドの個数及び配置は、次の各号に定めるところによらなければならない（規則第16条1項）。

> 1. 防護対象物の**すべての表面**を当該ヘッドの有効防護空間内に包含するように設けること。
> 2. 防火対象物又はその部分の区分に応じ、床面積1m²につき10L/minの割合で計算した水量を標準放射量で放射することができるように設けること。

▷用語：標準放射量…法令で定める水噴霧放射量をいう。

▶道路又は駐車場

◎防火対象物の道路の用に供される部分又は駐車の用に供される部分に設置する水噴霧消火設備の噴霧ヘッドの個数及び配置は、次の各号に定めるところによらなければならない（規則第17条1項）。

> 1. 道路の幅員又は車両の駐車位置を考慮して防護対象物を噴霧ヘッドから放射する水噴霧により有効に包含し、かつ、**車両の周囲の床面**の火災を有効に消火することができるように設けること。
> 2. 床面積1m²につき20L/minの水量を標準放射量で放射することができるように設けること。

【1】 水噴霧消火設備の噴霧ヘッドについて、消防法令上、誤っているものは次の
うちどれか。

☐ 1. 高圧の電気機器がある場所においては、当該電気機器と噴霧ヘッド及び配
管との間に電気絶縁を保つための必要な空間を保つこと。

2. 指定可燃物が貯蔵されている防火対象物に設置する噴霧ヘッドは、防護対
象物のすべての表面を当該ヘッドの有効防護空間内に包含するように設ける
こと。

3. 防火対象物の駐車の用に供される部分に設置する噴霧ヘッドは、防護対象
物を水噴霧により有効に包含し、かつ、車両の周囲の床面の火災を有効に消
火することができるように設けること。

4. 防火対象物の駐車の用に供される部分に設置する噴霧ヘッドは、床面積
1 m^2 につき 10L/min の水量を標準放射量で放射することができるように設
けること。

【2】 消防法令上、防火対象物の駐車の用に供される部分に水噴霧消火設備を設置
する場合、床面積 1 m^2 あたりの最小放水量と最小放水時間の組合せとして、正
しいものはどれか。

	1 m^2 あたり最小放水量 L/min	最小放水時間 min
1.	10	10
2.	15	10
3.	20	20
4.	25	20

▶▶ 正解 & 解説 ⋯⋯⋯⋯⋯⋯⋯⋯⋯⋯⋯⋯⋯⋯⋯⋯⋯⋯⋯⋯⋯⋯⋯⋯⋯⋯⋯⋯

【1】 正解 4

4. 「床面積 1 m^2 につき 10L/min の水量」⇒「床面積 1 m^2 につき 20L/min の水量」。

【2】 正解 3

最小放水時間は、次項参照。

3. 水源水量

▶道路及び駐車場

◎水噴霧消火設備の水源の水量は、次の各号に定める水量で、**20分間放射する**ことができる量以上の量としなければならない（規則第17条3項）。

①**道路**の用に供される部分にあっては、道路区画面積が最大となる部分における当該床面積1m²につき**20L/min**の量の割合で計算した量
②**駐車**の用に供される部分にあっては、当該防火対象物又はその部分の床面積（当該床面積が**50m²**を超える場合にあっては、**50m²**とする。）1m²につき**20L/min**の量の割合で計算した量

▷計算の例：床面積を50m²とすると、1分あたりの水量が50×20L＝1,000Lとなる。20分間放射すると、20,000L＝20m³となる。

▶指定可燃物

◎指定可燃物を貯蔵し、又は取り扱う防火対象物に設置する水噴霧消火設備について、水源の水量は、床面積1m²につき10L/minの割合で計算した量（当該防火対象物又はその部分の床面積が50m²を超える場合にあっては、当該床面積を50m²として計算した量）で、20分間放射することができる量以上の量としなければならない（規則第16条2項）。

```
▶▶ 過去問題 ◀◀
```

【1】防火対象物の駐車の用に供される部分に設置する水噴霧消火設備の水源水量について、次の文中の（　）内に当てはまる数値の組合せとして、消防法令上、正しいものは次のうちどれか。

　「水噴霧消火設備の水源の水量は、当該防火対象物又はその部分の床面積（当該床面積が（ア）m²を超える場合にあっては、（ア）m²とする。）1m²につき（イ）L/minの量の割合で計算した水量で、（ウ）分間放射することができる量以上の量としなければならない。」

	（ア）	（イ）	（ウ）
□ 1．	100	10	10
2．	100	20	10
3．	50	10	20
4．	50	20	20

▶▶正解＆解説‥‥‥‥‥‥‥‥‥‥‥‥‥‥‥‥‥‥‥‥‥‥‥‥‥‥‥‥‥‥‥‥‥‥

【1】正解4

4. 排水設備

◎水噴霧消火設備を防火対象物の道路の用に供される部分、又は駐車の用に供される部分に設置するときは、有効な排水設備を設けること（令第14条2号）。

◎道路の用に供される部分に設ける排水設備は、次の各号に定めるところにより設けなければならない（規則第17条4項）。

> ①道路には、排水溝に向かって有効に排水できる勾配をつけること。
> ②道路の中央又は路端には、排水溝を設けること。
>
>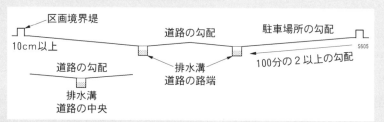
>
> ③排水溝は、長さ40m以内ごとに1個の集水管を設け、消火ピットに連結すること。
> ④消火ピットは、油分離装置付とし、火災危険の少ない場所に設けること。
> ▷用語：ピット（pit）穴、くぼ地。
>
>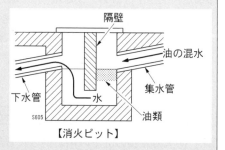
>
> 【消火ピット】
>
> ⑤排水溝及び集水管は、加圧送水装置の最大能力の水量を有効に排水できる大きさ及び勾配を有すること。

◎駐車の用に供される部分に設ける排水設備は、次の各号に定めるところにより設けなければならない。

> ①車両が駐車する場所の床面には、排水溝に向かって100分の2以上の勾配をつけること。
> ②車両が駐車する場所には、車路に接する部分を除き、高さ10cm以上の区画境界堤を設けること。
> ③消火ピットは、油分離装置付とし、火災危険の少ない場所に設けること。
> ④車路の中央又は両側には、排水溝を設けること。
> ⑤排水溝は、長さ40m以内ごとに1個の集水管を設け、消火ピットに連結すること。
> ⑥排水溝及び集水管は、加圧送水装置の最大能力の水量を有効に排水できる大きさ及び勾配を有すること。

▷用語：**排水溝**は、噴霧ヘッドから放射された噴霧水を放射区域外にあふれ出させないた
め、及び放射区域内に水が溜まらないように排水を一箇所に導くための溝をいう。

：**区画境界堤**は、コンクリート等で造られた堤をいい、火災が発生し噴霧水が放射
された場合に、車両から漏出したガソリン等が燃焼したまま水に乗って広がるの
を防ぐ。

：**消火ピット**は、消火水の上にガソリン等の油類が燃焼したまま乗って広がってし
まう場合に備え、消火水等を一箇所に集めるための「ます」をいう。ガソリン等
の油類と水とを分離する油分離装置付きのものとしなければならない。消火でき
ない場合でも、火災の拡大はこの消火ピットで止めることができる。

：**集水管**は、排水溝に入った排水を消火ピットに集める管をいう。

▶▶過去問題◀◀

【1】防火対象物の道路の用に供される部分に設置する水噴霧消火設備の排水設備
の基準について、消防法令上、誤っているものを2つ選びなさい。

[★] [編]

☐　1．道路には、排水溝に向かって有効に排水できる勾配をつけること。

　　2．道路の中央又は路端には、排水溝を設けること。

　　3．排水溝は、長さ50m以内ごとに1個の集水管を設け、消火ピットに連結す
ること。

　　4．排水溝は、長さ40m以内ごとに1個の集水管を設け、消火ピットに連結す
ること。

　　5．消火ピットは、油分離装置付とし、火災危険の少ない場所に設けること。

　　6．排水溝及び集水管は、加圧送水装置の最大能力の1／2の水量を有効に排
水できる大きさ及び勾配を有すること。

【2】防火対象物の駐車の用に供される部分に設置する水噴霧消火設備の排水設備の基準について、消防法令上、誤っているものを2つ選びなさい。

[★] [編]

☐ 1．車両が駐車する場所の床面には、排水溝に向かって1／100以上の勾配をつけること。

2．車両が駐車する場所の床面には、排水溝に向かって2／100以上の勾配をつけること。

3．車両が駐車する場所には、車路に接する部分を除き、高さ10cm以上の区画境界堤を設けること。

4．車路の中央又は両側には、排水溝を設けること。

5．排水溝には、長さ40m以内ごとに1個の集水管を設け、消火ピットに連結すること。

6．排水溝には、長さ50m以内ごとに1個の集水管を設け、消火ピットに連結すること。

7．消火ピットは、油分離装置付とし、火災危険の少ない場所に設けること。

▶▶正解＆解説‥‥‥‥‥‥‥‥‥‥‥‥‥‥‥‥‥‥‥‥‥‥‥‥‥‥‥‥‥‥‥‥‥‥‥‥‥‥

【1】正解3＆6

3．「長さ50m以内ごとに」⇒「長さ40m以内ごとに」。

6．排水溝及び集水管は、加圧送水装置の［最大能力の水量］を有効に排水できる大きさ及び勾配を有すること。

【2】正解1＆6

1．「1／100以上の勾配」⇒「2／100以上の勾配」。

6．「長さ50m以内ごとに」⇒「長さ40m以内ごとに」。

第3章　基礎的知識　機械部分

3
章

1. 流体の性質

◎水の性質は、「高所から低所へと流れ、形を変化する、非圧縮性流体」といえる。

◎水の密度は、温度によって若干変化し、4℃のときに1g/cm^{3}となる。

◎水は圧力を加えると密度が変化するが、その値は小さく、通常は**非圧縮性流体**として扱う。

▶表面張力

◎液体は分子間力により、液体表面では収縮する力が働く。この力を**表面張力**という。表面張力により、液体の表面はできるだけ表面積を小さくする。体積を一定とすれば、球形のものが最も表面積が小さい。

▷用語：分子間力…分子どうしに働く引力。

◎表面張力のため、水滴は植物の葉の上では球状になる。

◎表面張力は、液体の種類によって異なるが、温度によってもわずかに変化する。水銀の表面張力は水と比べると非常に大きい。また、水は温度が低くなると、表面張力が大きくなる。

〔表面張力の値の例〕

物質	水				水銀	メタノール
温度（℃）	0	10	15	20	20	20
表面張力 (mN/m)	75.6	74.2	73.5	72.8	486	22.4

◎液体分子と固体分子との接触面には付着力が働く。この付着力と表面張力により、液体（水）に細い管を垂直に立てると、管内の液面が上昇または下降する。この現象を**毛管現象**という。管内の水は表面が縮まろうとすることで、水が内壁にそって広がる。

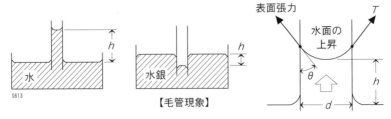

【毛管現象】

◎液面の上昇高さまたは下降高さhは、表面張力の鉛直分力と管内の柱部分の重力が等しくなることから、次のとおりとなる。

$$h = \frac{4T\cos\theta}{\rho g d}$$

ただし、T：表面張力、θ：接触角、ρ：液体の密度、g：重力加速度、d：管内径、である。高さ h は、接触角 θ が小さくなるほど、また、管内径 d が細くなるほど、大きくなる。

◎接触角 θ は、物質により異なり、水とガラスでは約 8〜9°と小さく、管内の液面は上方に引き上げられる。一方、水銀とガラスの接触角は約 140°と大きく、管内の液面は外の液面より低くなる。接触角が 90°以上になると、管内の液面は下降する。

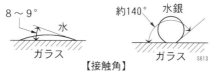

【接触角】

▶せん断応力

◎実在する流体には粘りがある。そのため、流体に力が加わるとその力に抵抗する力が作用する。この性質を**粘性**といい、粘性がある流体のことを粘性流体という。

◎粘性によって生じる力を考えるために、2枚の板に挟まれた流体の流れを想定する。上の板を右向きに動かすと、粘性によって力が働く。板には動きを妨げる向きに力が働くため、左向きの力が作用する。一方、板の下の流体は板に引きずられるため、右向きの力が作用する。

◎板面に平行な方向の力をせん断力といい、単位は N である。また、単位面積あたりのせん断力のことを**せん断応力**といい、単位は Pa である。図中の右向きの力がせん断力となり、その抵抗として上板に生じる単位面積あたりの力がせん断応力となる。

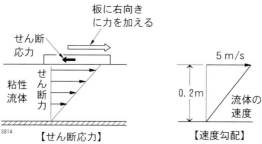

【せん断応力】　【速度勾配】

◎板に作用するせん断応力は、多くの流体で速度勾配に比例し、この比例係数が粘性係数となる。

せん断応力（Pa）＝粘性係数（Pa·s）×速度勾配（1/s）

◎**速度勾配**は、単位長さあたりの速度変化を表したものある。図で 0.2m の距離で速度が 5 m/s 変化する場合、速度勾配は 5 m/s ／ 0.2m ＝ 25（1/s）となる。管内の流体が流れる場合、流速が速くなるほど、また管径が短くなるほど、速度勾配は大きくなる。

◎**粘性係数**は、流体の粘りの度合いを示したもので、「粘度」と呼ばれることもある。粘性係数は流体ごとに異なっているが、一般に温度が高くなるほど小さくなる。

〔粘性係数の例〕

物質	水				サラダ油
温度（℃）	0	20	40	100	20
粘性係数 (Pa·s) ×10⁻³	1.80	1.01	0.66	0.28	60 ～ 80

▶▶ 過去問題 ◀◀

【1】 水（液体）の一般的性質として、誤っているものは次のうちどれか。

□　1．自由表面をもつ。

　　2．小さなせん断力によっても、連続的に限りなく変形する。

　　3．圧縮性流体である。

　　4．引張力に対しては、抵抗しない。

【2】 液体の表面張力の説明について、誤っているものは次のうちどれか。［★］

□　1．液体は分子間力により、液体表面には収縮する力が働いている。

　　2．植物の葉上の水滴が球状となるのは、表面張力のためである。

　　3．水を入れたコップに細い管を垂直に入れると、管内の液面が上昇するのは、付着力と表面張力のためである。

　　4．表面張力は物質によって異なるが、その物質の温度には影響されない。

▶▶正解＆解説‥‥‥‥‥‥‥‥‥‥‥‥‥‥‥‥‥‥‥‥‥‥‥‥‥‥‥‥‥‥‥‥‥‥‥‥‥‥

【1】正解3

　1．自由表面とは、液体が他の混ざらない流体（空気など）との間で接する境界面をいう。重力を受けて静止している液体の自由表面は、重力に垂直で水平な面となる。

　3．気体は圧縮すると体積が変化するが、水（液体）は圧縮してもほとんど変化しない。このため、非圧縮性流体として扱う。

　4．固体は引張荷重を加えると、抵抗して引張応力が生じる。しかし、液体は引っ張りに対して抵抗しない。

【2】正解4

　4．水の表面張力は、温度が低くなると大きくなる。

2. ベルヌーイの定理

◎物質 m 〔kg〕の流体は、その流れの途中において、ある基準面からの高さ z 〔m〕における位置エネルギー mgz 〔J〕や、流速 v 〔m/s〕による運動エネルギー (1/2)mv^2 〔J〕のほかに、圧力 p 〔Pa〕によるエネルギーを保有している。

◎水のような流体では、圧力によっても仕事をすることができ、圧力によるエネルギーは mp/ρ 〔J〕で示される。ここで g は重力加速度 9.8m/s²、ρ は水の密度 1,000kg/m³ である。

◎下図において、断面①及び②を通過するときの流体がもつエネルギーの総和を E_1、E_2 とすると、次のようになる。

$$E_1 = \frac{mv_1^2}{2} + mgz_1 + \frac{mp_1}{\rho} \ \text{〔J〕}$$

$$E_2 = \frac{mv_2^2}{2} + mgz_2 + \frac{mp_2}{\rho} \ \text{〔J〕}$$

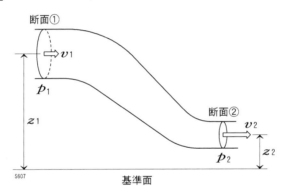

S607   基準面

◎流れの途中で流体の出入りがなく、エネルギーの損失もないとすると、流体がもつエネルギーの総量は保存される。$E_1 = E_2$ となることから、式を次のようにすることができる。

$$\frac{mv_1^2}{2} + mgz_1 + \frac{mp_1}{\rho} = \frac{mv_2^2}{2} + mgz_2 + \frac{mp_2}{\rho} = \text{一定〔J〕} \quad \cdots ①$$

式を物質 m 〔kg〕で割ると、次のようになる。

$$\frac{v_1^2}{2} + gz_1 + \frac{p_1}{\rho} = \frac{v_2^2}{2} + gz_2 + \frac{p_2}{\rho} = \text{一定〔J/kg〕} \quad \cdots ②$$

◎式②は、単位が〔J/kg〕となることから、「定常流では、単位質量あたりの流体がもつエネルギーの総量は、つねに一定である」ことを表しており、これを**ベルヌーイの定理**という。

▷用語：定常流とは、速度や流動の状態が時間の経過にかかわらず変化しない流れ。

▶水頭で表した流体エネルギー

◎水頭とは、流体のエネルギーを水の高さ〔m〕で表したものである。運動エネルギーは速度水頭、位置エネルギーは位置水頭、圧力エネルギーは圧力水頭となる。

◎式②を重力加速度の g で割ると、次のようになる。

$$\frac{v_1^2}{2g} + z_1 + \frac{p_1}{\rho g} = \frac{v_2^2}{2g} + z_2 + \frac{p_2}{\rho g} = He = 一定 〔m〕$$

〔速度水頭〕＋〔位置水頭〕＋〔圧力水頭〕＝〔全水頭〕

◎これらの和は全水頭 He と呼ばれ、ベルヌーイの定理からエネルギー保存の法則が成り立つ。すなわち、水路内の各断面で速度水頭、位置水頭、圧力水頭の値が変化しても、全水頭の値は一定となる。

◎なお、ベルヌーイの定理では粘性による摩擦などのエネルギー損失がない**非圧縮**、**非粘性**の流体を対象としている。

▶▶過去問題◀◀

【1】 次の計算式は、水頭によるベルヌーイの定理を表している。（　）に当てはまる速度水頭として、正しいものは次のうちどれか。ただし、z は位置水頭、$p/\rho g$ は圧力水頭、He は全水頭、v は流速、g は重力加速度を表す。〔★〕

$$(　) + z + \frac{p}{\rho g} = He = 一定$$

☐　1．$\dfrac{gv}{2}$

　　2．$\dfrac{v^2}{2g}$

　　3．$\dfrac{2v^2}{g}$

　　4．$2gv$

▶▶正解＆解説……………………………………………………………………………………

【1】正解2

3. トリチェリーの定理

◎図のように、水槽の水面から深さhの位置に放水口が開いていて、放水口から水が流れ出ている。水の流れ出る速度vは、次のとおりとなる。ただし、重力加速度はgとし、水面の位置は変化しないものとする。

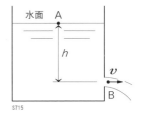

$$v = \sqrt{2gh}$$

◎この計算式は、**トリチェリーの定理**と呼ばれている。

◎この定理は、ベルヌーイの定理による計算式から導くことができる。

〔速度水頭〕＋〔位置水頭〕＋〔圧力水頭〕＝〔全水頭〕

$$\frac{v^2}{2g} + z + \frac{p}{\rho g} = He$$

◎水面のA点は、速度＝0、位置水頭＝h、圧力は大気圧のみとなるため水圧＝0となる。また、放水口のB点は、速度＝v、位置水頭＝0、圧力は大気圧のみとなるため水圧＝0となる。

◎A点とB点の全水頭は等しいことから、次の等式が成り立つ。

$$0 + h + 0 = \frac{v^2}{2g} + 0 + 0$$

この等式から、トリチェリーの定理の式を導くことができる。

▶▶ **過去問題** ◀◀

【1】図のように、水槽の水面より深さHの位置に放水口を設け、水を放水口から放水した。放水口から流れる水の速度vを求める式として、正しいものは次のうちどれか。ただし、重力加速度はgとし、放水に伴う水面の低下及び粘性の影響は考慮しないものとする。

□ 1. $v = \sqrt{gH}$

2. $v = \sqrt{2gH}$

3. $v = gH$

4. $v = 2gH$

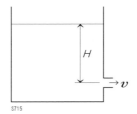

▶▶正解＆解説・・

【1】正解2

4. 流体の摩擦損失水頭

◎水には粘性があり、水路を水が流れるとき、水路との間に表面摩擦や水粒子間の内部摩擦が生じる。この摩擦によって、水の運動エネルギーは一部が熱エネルギーに変わり、損失となる。

◎この損失を水頭で表したものを**摩擦損失水頭** H という。次の式で表される。

$$H = \lambda \, \frac{\ell}{d} \cdot \frac{v^2}{2g}$$

ただし、λ：摩擦係数、ℓ：管長（水路の長さ）、d：管径とする。

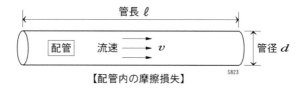

【配管内の摩擦損失】

◎摩擦損失水頭は、［管長］と［流速の２乗］に比例し、［管径］に反比例する。

◎摩擦損失水頭を小さくするには、①管長を短くする、②流速を遅くする、③管径を太くする、という方法がある。

▶▶過去問題◀◀

【1】配管内を流れる液体の摩擦損失水頭に関する記述として、正しいものは次のうちどれか。

- □ 1．管長と管径に反比例する。
- 2．管長と流速の２乗に比例する。
- 3．管径と流速の２乗に比例する。
- 4．管径と流速に反比例する。

【2】配管内を流れる液体の摩擦損失水頭に関する記述として、正しいものは次のうちどれか。

- □ 1．管の長さに反比例する。
- 2．管の内径の２乗に比例する。
- 3．流速の２乗に比例する。
- 4．流体の密度に反比例する。

【3】配管内を流れる液体の摩擦損失水頭に関する記述として、正しいものは次の うちどれか。

□ 1．管径に反比例し、流速の2乗に比例する。
　　 2．管長に反比例し、管径の2乗に比例する。
　　 3．流速に比例し、管径に反比例する。
　　 4．管長に比例し、流速に反比例する。

【4】直管内を水が流れるときの摩擦損失水頭、管長、管径及び速度の関係として、 正しいものは次のうちどれか。

□ 1．摩擦損失水頭は、速度の2乗及び管長に比例し、管径に反比例する。
　　 2．摩擦損失水頭は、管長に比例し、管径及び速度に反比例する。
　　 3．摩擦損失水頭は、管長及び管径に比例し、速度の2乗に反比例する。
　　 4．摩擦損失水頭は、速度の2乗に比例し、管長及び管径に反比例する。

【5】水が内径D、長さLの直管内をある一定の速度で流れる場合の摩擦損失水頭 Hについて、正しいものは次のうちどれか。

□ 1．HはDが大であるほど大である。
　　 2．HはLが大であるほど小である。
　　 3．HはLが大であるほど大である。
　　 4．HはDが大であるほど大であり、かつ、Lが大であるほど大である。

▶▶正解＆解説‥‥‥‥‥‥‥‥‥‥‥‥‥‥‥‥‥‥‥‥‥‥‥‥‥‥‥‥‥‥‥‥‥‥‥‥‥‥
【1】正解2
【2】正解3
【3】正解1
【4】正解1
【5】正解3
　　 3．H（摩擦損失水頭）はL（長さ）が大であるほど大であり、かつ、D（内径）が大 であるほど小である。H（摩擦損失水頭）はL（長さ）に比例し、D（内径）に反比 例する。

5. 流体の入口損失

◎流体が水槽から管路に入るときの損失を入口損失といい、その損失の水頭 H は次の式で表される。

$$H = \zeta \, \frac{v^2}{2g}$$

◎ζ（ジータ）は損失係数で、管路の形状や取り付け方法によって異なる。損失は渦となることから、渦の発生が少ないものほど損失係数が小さくなる。

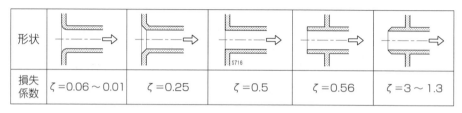

形状					
損失係数	ζ＝0.06〜0.01	ζ＝0.25	ζ＝0.5	ζ＝0.56	ζ＝3〜1.3

【例題】図は屋内消火栓設備の高架水槽における吐出管の接続部の形状を表したものである。管内に入るときの損失水頭の大きいものから順に並べなさい。

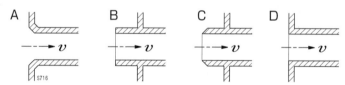

C、B、D、A

152

6. 流量

◎流体の流量Qは、断面積Aを単位時間あたりに通過する［流量の体積］となる。

◎［流量の体積］は、［流体が移動した距離×断面積A］となり、単位時間に移動した距離は流体の速度Vとなることから、流量Qは次の式で表せる。

流量 Q＝速度 V ×断面積 A

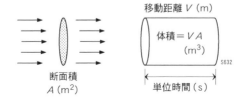

◎流量の単位は、［m³/s］の他、［L/min］がよく使われる。例えば、水道の蛇口を全開したとき、1分間に20L流れる場合、流量は20L/minと表現される。

▶ ▶ 過去問題 ◀ ◀

【1】 流体が管内を速度Vで流れているとき、断面積Aを単位時間に通過する流量Qを表す式として、正しいものは次のうちどれか。［★］

☐ 1. $Q = V^2 A$

2. $Q = \dfrac{A}{V}$

3. $Q = \dfrac{V}{A}$

4. $Q = VA$

【2】 下図のような管の中をXからX′の方向に水が流れている場合、断面AA′における流速V_Aと断面BB′における流速V_Bとの関係として、正しいものは次のうちどれか。なお、断面の内径AA′は、内径BB′の2倍とする。

☐ 1. V_BはV_Aの1／2倍である。

2. V_BとV_Aは同じである。

3. V_BはV_Aの2倍である。

4. V_BはV_Aの4倍である。

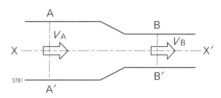

【1】正解4

【2】正解4

断面 AA' を単位時間あたりに通過する水の流量と、断面 BB' を単位時間あたりに通過する水の流量は等しい。従って、次の等式が成り立つ。

流量 $Q = V_A ×$（断面 AA' の面積）$= V_B ×$（断面 BB' の面積）

内径 AA' は、内径 BB' の2倍であることから、断面 AA' の面積は断面 BB' の面積の4倍となる。これを等式に代入すると、次のとおり。

$V_A × 4$倍 $= V_B × 1$倍

V_B は、V_A の4倍となる。

7. 圧力

◎容器内に入れた気体や液体が、容器の底面や側面をその面に垂直に押す単位面積あたりの力を**圧力**という。

◎面に働く力を F 〔N〕、断面積を A 〔m²〕としたとき、圧力 P 〔N/m²〕は次のとおりとなる。

$$圧力 = \frac{面に働く力}{断面積} \qquad P = \frac{F}{A}$$

◎国際単位系による圧力の単位は、パスカル（Pa）を用いる。1 Pa とは、1 m² の面積に1 N の力が働くときの圧力を表す（1 Pa = 1 N/m²）。

◎「密閉された容器中の液体の一部に加えられた圧力は、等しい強さで液体全体に伝えられる」。これを**パスカルの原理**という。

◎図のように、大小2つのピストンの断面積をそれぞれ A_1 〔m²〕、A_2 〔m²〕とし、これに加わる力の大きさをそれぞれ F_1 〔N〕、F_2 〔N〕とする装置を考える。装置内の圧力 P 〔N/m²〕はどこも等しいため、次のとおりとなる。

$$P = \frac{F_1}{A_1} = \frac{F_2}{A_2} \qquad 式を変形する \Rightarrow \quad F_2 = \frac{A_2}{A_1} \times F_1$$

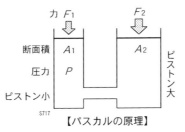

【パスカルの原理】

◎（A_2 / A_1）の比を大きくすると、小さな力 F_1 で大きな力 F_2 を得ることができる。パスカルの原理は油圧装置などに応用されている。

▶ボイル・シャルルの法則

◎一定物質量の気体の体積 V は圧力 P に反比例し、絶対温度 T に比例する。これをボイル・シャルルの法則といい、式で表すと次のとおりとなる。

$$V = \frac{kT}{P} \qquad または \qquad \frac{PV}{T} = k \qquad k：比例定数$$

◎一定物質量の気体の［絶対温度 T_1、圧力 P_1 における体積を V_1］、［絶対温度 T_2、圧力 P_2 のときの体積を V_2］とすると、次の等式が成り立つ。

$$\frac{P_1 V_1}{T_1} = \frac{P_2 V_2}{T_2}$$

▶▶過去問題◀◀

【1】図のように密閉された容器に水を入れ、ピストンAに70N、ピストンBに20N の荷重を加えると互いにつり合った。ピストンAの断面積を35cmとすると、ピストンBの断面積はいくつになるか。

   1．7.5cm^2

   2．10cm^2

   3．15cm^2

   4．25cm^2

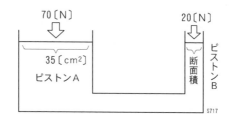

【2】次の記述の名称について、正しいものは次のうちどれか。

   「密閉された容器中の液体の一部に加えられた圧力は、等しい強さで液体全体に伝えられる。」

   1．ドルトンの法則

   2．アルキメデスの原理

   3．パスカルの原理

   4．ベルヌーイの定理

【3】一定質量の気体の圧力を6倍にし、絶対温度を2倍にした場合、ボイル・シャルルの法則によると、その気体の体積は何倍となるか。

   1．$\dfrac{1}{3}$ 倍

   2．$\dfrac{1}{2}$ 倍

   3．2倍

   4．3倍

【1】正解2

ピストンAによる圧力とピストンBによる圧力は等しいため、次の等式が成り立つ。

$$\frac{70N}{ピストンAの断面積} = \frac{20N}{ピストンBの断面積}$$

ピストンBの断面積 $= \frac{20N}{70N} \times$ ピストンAの断面積 $= \frac{2}{7} \times 35cm^2 = 10cm^2$

【2】正解3

1．ドルトンの法則…「混合気体の圧力は、混合気体の各成分の分圧の和に等しくなる」ことを表した法則である。「分圧の法則」と呼ばれることがある。

2．アルキメデスの原理…「物体の一部または全部が流体の中にあるとき、物体には、物体が押しのけた部分の流体の重さに等しい浮力が働く」という原理である。物体の重量より浮力が大きければ、物体は流体に浮きあがる。

4．ベルヌーイの定理…「定常流では、単位質量あたりの流体がもつエネルギーの総量は、つねに一定となる」ことを表した法則である。

【3】正解1

気体の元の状態と変化した状態を、次の等式で表す。

$$\frac{P_1 V_1}{T_1} = \frac{P_2 V_2}{T_2}$$

ここで、$P_2 = 6P_1$、$T_2 = 2T_1$ を式に代入し、P_1 / T_1 でそれぞれ約分する。

$$\frac{P_1 V_1}{T_1} = \frac{6P_1 V_2}{2T_1} \quad \Rightarrow \quad \frac{V_1}{1} = \frac{6V_2}{2} \quad \Rightarrow \quad V_1 = 3V_2 \quad \Rightarrow \quad V_2 = \frac{1}{3}V_1$$

8. 力の三要素とつり合い

■1. 力の三要素

◎野球でボールを投げるとき、ボールの投げ方によって速さや方向が異なってくる。

◎力は、**大きさ、向き、作用点**（力を加える点）の3つの要素が決定しないと、そのはたらきが決まらない。

◎力を表すには、作用点を始点として、力の大きさに比例した長さの矢印を力の向きに引いて表す。作用点を通り、力の向きに引いた直線を力の作用線という。

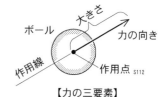

【力の三要素】

■2. 力のつり合い

◎身のまわりにある物体には、いろいろな力がはたらいている。同時に複数の力が物体にはたらいても、物体に加速度が生じないとき、これらの力は**つり合っている**という。

◎机の上に置かれた本には重力がはたらいているが、本は落ちることがない。これは、机の面が面の垂直方向に本を押し上げているためである。この本を押す力を**垂直抗力**という。

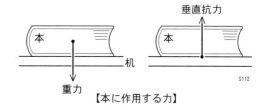

【本に作用する力】

■3. 運動方程式

◎単位時間あたりの速度変化を加速度という。単位は、メートル毎秒毎秒（m/s^2）を用いる。

◎重力加速度は9.8m/s^{2}となっており、1秒あたり速度が9.8m/s 増加することを表している。

◎物体に力を加えると、力の向きに加速度が生じる。力の大きさをF、加速度の大きさをa、物体の質量をmとすると、次の式が成り立つ。

$$F = ma$$

◎この式を運動方程式という。

【1】 図において、200Nの重力を受けている物体とつり
合うための力Fとして、正しいものは次のうちどれか。
なお、ロープと滑車の質量及び摩擦抵抗は無視するも
のとする。

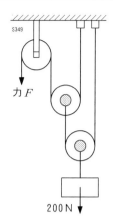

- □ 1. 25N
  - 2. 50N
  - 3. 100N
  - 4. 200N

【2】 図において、1,600Nの重力を受けている物体とつ
り合うための力Fとして、正しいものは次のうちどれ
か。なお、ロープと滑車の質量及び摩擦抵抗は無視す
るものとする。

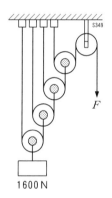

- □ 1. 50N
  - 2. 100N
  - 3. 200N
  - 4. 400N

【3】 図のようにして、質量Mの物体と質量mの物体が定
滑車につながれているとき、物体に生じる加速度aとし
て、正しいものは次のうちどれか。ただし、M＞mとし、
糸の質量及び定滑車の摩擦力はないものとし、重力加速
度をgとする。

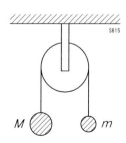

- □ 1. $a = \dfrac{M-m}{M+m} g$　　　2. $a = \dfrac{M+m}{M-m} g$

  3. $a = \dfrac{2Mm}{M+m} g$　　　4. $a = \dfrac{2Mm}{M-m} g$

159

【4】質量が3.0kgの小球に糸を付け、引く力30Nを加えたとき、小球の加速度として、正しいものは次のうちどれか。上向きの加速度を正とし、小球1kgあたりにはたらく重力の大きさは9.8Nとする。ただし、糸の質量及び伸びは考慮しないものとする。

- □ 1. 0.10m/s²
  2. 0.15m/s²
  3. 0.20m/s²
  4. 0.25m/s²

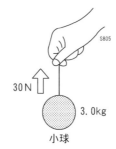

30N

3.0kg

小球

【5】力を表すには「力の大きさ」以外に2つの要素があるが、その要素として正しいものは次のうちどれか。

- □ 1. 力の方向、力の作用点
  2. 力の作用する時間、力により物体が動く距離
  3. 力の方向、力の作用する時間
  4. 力の作用点、力により物体が動く距離

【1】正解2

　　下側の2個の滑車を動滑車、一番上の滑車を定滑車という。一番下の滑車は、下方向に200Nの力が作用していることから、滑車の各ロープには上方向に100Nの力が作用していることになる。下から2番目の滑車は、下方向に100Nの力が作用していることから、滑車の各ロープには上方向に50Nの力が作用していることになる。

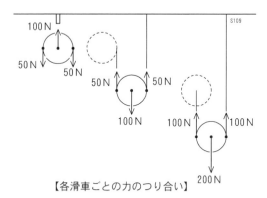

【各滑車ごとの力のつり合い】

　　一番上の定滑車は、つり合っていることから、各ロープには下方向に50Nの力が作用し、定滑車を支えている支柱には上方向に100Nの力が作用している。

【2】正解2

　　一番下の滑車は、下方向に1,600Nの力が作用していることから、滑車の各ロープには上方向に800Nの力が作用していることになる。下から2番目の滑車は、下方向に800Nの力が作用していることから、滑車の各ロープには上方向に400Nの力が作用していることになる。下から3番目の滑車は、下方向に400Nの力が作用していることから、滑車の各ロープには上方向に200Nの力が作用していることになる。下から4番目の滑車は、下方向に200Nの力が作用していることから、滑車の各ロープには上方向に100Nの力が作用していることになる。

【3】 正解1

M と m 間の糸に作用する張力を T とする。

質量 M に作用する力（下向き）は $Mg - T$ となる。また、質量と加速度（下向き）の積は Ma となる。従って、次の運動方程式ができる。

$Mg - T = Ma$

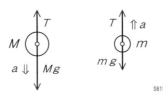

【質量Mとmに作用する力と加速度】

同様にして、質量mに作用する力（上向き）は$T - mg$となる。また、質量と加速度（上向き）の積はmaとなる。従って、次の運動方程式ができる。

$T - mg = ma$

この2つの式を足すと、加速度 a を求めることができる。

$$Ma + ma = Mg - mg \qquad (M + m)\,a = (M - m)\,g \qquad a = \frac{M - m}{M + m}g$$

また、張力 T は次のとおりとなる。[$T - mg = ma$] を変形して、加速度 a を代入する。

$$T = ma + mg = (a + g)\,m = \left(\frac{M - m}{M + m}g + g \right) m = \left(\frac{M - m}{M + m} + 1 \right) mg$$

$$= \left(\frac{M - m}{M + m} + \frac{M + m}{M + m} \right) mg = \frac{2Mm}{M + m}g$$

【4】 正解3

質量3kgの小球には、下向きに重力が働く。重力の大きさは、$3.0\text{kg} \times 9.8\text{m/s}^2 = 29.4\text{N}$ となる。この力は上向きの引く力30Nと相殺されるため、小球には上向きの引く力 $30\text{N} - 29.4\text{N} = 0.6\text{N}$ が作用することになる。

運動方程式 $F = ma$ に $F = 0.6\text{N}$、$m = 3.0\text{kg}$ を代入する。

$0.6\text{N} = 3.0\text{kg} \times a \quad \Rightarrow \quad a = 0.6\text{N} \, / \, 3.0\text{kg} = 0.20\text{m/s}^2$

【5】 正解1

9. はりの種類

◎水平に置かれた棒状の部材を**はり**といい、はりを支えている点を**支点**という。はりに荷重がはたらくと、この荷重とつり合うように、支点にも荷重と反対側の力がはたらく。この力を支点の**反力**という。

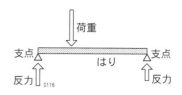

◎支点は回転支点や固定支点などがある。回転支点は、ピンで支えられ、垂直と水平方向の動きは固定されるが、自由に回転する。固定支点は、垂直、水平、回転の動きがすべて固定される。

◎支点の組合せではりを分類すると、次のとおりとなる。

①**両端支持ばり**は、両端を支持したもので、単純はりとも呼ばれる。

②**片持ばり**は、一端を固定し、他端を自由にしたもの。

③**固定はり**は、両端とも固定支持されているもの。

④**張出しばり**は、支点の外側に荷重が加わっているもの。

⑤**連続はり**は、3点以上で支持されているもの。

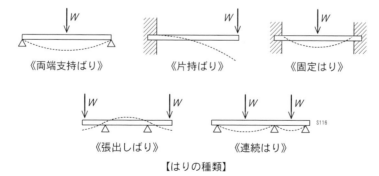

《両端支持ばり》　　《片持ばり》　　《固定はり》

《張出しばり》　　《連続はり》

【はりの種類】

163

10. ベクトル

◎ベクトルは、「向き」と「大きさ」をもつ量のことである。

◎ベクトルの和（加法） $\vec{a} + \vec{b}$

図で示す方法のどれをつかってもよい。

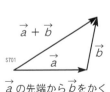

$\vec{a}$ の先端から $\vec{b}$ をかく

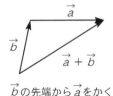

$\vec{b}$ の先端から $\vec{a}$ をかく

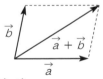

$\vec{a}$、$\vec{b}$ を2辺とする平行四辺形の対角線をかく

▶▶過去問題◀◀

【1】右図において、おもりWと2本のひもOA、OBがつり合っているとき、F_2の値として、正しいものは次のうちどれか。

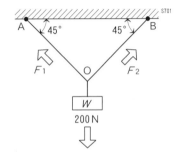

□　1．$F_2 =$ 約100N
　　2．$F_2 =$ 約141N
　　3．$F_2 =$ 約173N
　　4．$F_2 =$ 約200N

▶▶正解＆解説‥‥‥‥‥‥‥‥‥‥‥‥‥‥‥‥‥‥‥‥‥‥‥‥‥‥‥‥‥‥‥‥‥‥‥‥‥

【1】正解2

$\vec{F_1} + \vec{F_2} = -\vec{W}$

三平方の定理により、直角三角形 OBT の底辺 OB を1とすると、斜辺 OT は $\sqrt{2}$ となる。

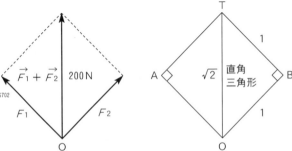

OT：OB ＝ $\sqrt{2}$ ：1 ＝ 200N：F_2

$\sqrt{2} \times F_2 = 200$N　　　$F_2 = 200$N／$\sqrt{2}$ ＝ 200N／1.414… ≒ 141N

11. 力のモーメント

◎二人で野球のバットの細い端と太い端をそれぞれつかみ、互いに逆向きにひねると、太い端を持った人の方がはるかに回しやすい。これは、バットを回そうとする効果が、バットの太さと関係しているためである。

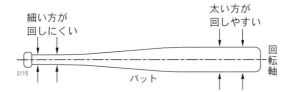

細い方が
回しにくい

太い方が
回しやすい

回
転
軸

バット

◎細長い部材の点 O を回転軸（支点）として、この部材に力 F〔N〕を加えるものとする。点 O から力の作用線までの距離 L〔m〕をうでの長さという。力が部材の回転運動を引き起こす効果を表す量は、力の大きさ F とうでの長さ L の積となる。

$$M = FL$$

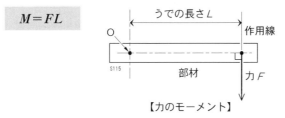

うでの長さ L

O

作用線

部材

力 F

【力のモーメント】

◎ M を力のモーメントといい、単位はニュートン・メートル〔N・m〕を用いる。
◎力のモーメントにおいて、右回り（時計回り）のものと左回り（反時計回り）のものの総和が互いに等しいとき、力のモーメントはつり合っているという。

▶▶ 過去問題 ◀◀

【1】下図のような2箇所に集中荷重がはたらくとき、RA と RB の値として、正しいものは次のうちどれか。ただし、はりの自重は考えないものとする。

☐　1．$RA = 150N$、$RB = 150N$
　　2．$RA = 175N$、$RB = 125N$
　　3．$RA = 200N$、$RB = 100N$
　　4．$RA = 225N$、$RB = 75N$

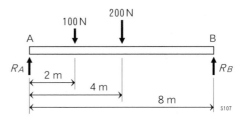

100 N

200 N

A

B

RA

RB

2 m

4 m

8 m

【2】 下図のような2箇所に集中荷重がはたらくとき、両端支持ばりの反力R_A、R_Bの値として、正しいものは次のうちどれか。ただし、はりの自重は考えないものとする。

□ 1. $R_A = 100N$、$R_B = 200N$
 2. $R_A = 200N$、$R_B = 300N$
 3. $R_A = 100N$、$R_B = 300N$
 4. $R_A = 200N$、$R_B = 200N$

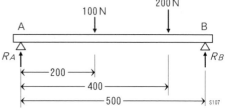

【3】 下図のように両端支持ばりに集中荷重がはたらくとき、はりの反力R_Bの値として、正しいものは次のうちどれか。ただし、はりの自重は考えないものとする。

□ 1. 40N
 2. 80N
 3. 120N
 4. 160N

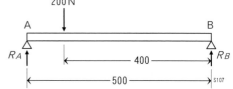

▶▶正解＆解説・・

【1】 正解2

▶ Aを支点とした場合の各モーメントを求める。

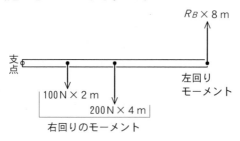

【Aを支点とした場合】

〔左回りのモーメント〕 = $R_B \times 8m$
〔右回りのモーメント〕 = $100N \times 2m + 200N \times 4m = 1000N \cdot m$
これらは等しいことから、次の等式が成り立つ。
$R_B \times 8m = 1000N \cdot m$ ⇒ $R_B = 1000N \cdot m / 8m = 125N$
下向きの荷重と上向きの荷重は等しいことから、次の等式が成り立つ。
$R_A + 125N = 100N + 200N$ ⇒ $R_A = 100N + 200N - 125N = 175N$

▶Bを支点とした場合の各モーメントを求める。どちらを支点としても、答えを導くことができる。

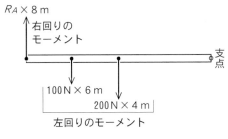

【Bを支点とした場合】

〔右回りのモーメント〕＝ R_A × 8m

〔左回りのモーメント〕＝ 100N × 6m ＋ 200N × 4m ＝ 1400N·m

これらは等しいことから、次の等式が成り立つ。

R_A × 8m ＝ 1400N·m　⇒　R_A ＝ 1400N·m ／8m ＝ 175N

下向きの荷重と上向きの荷重は等しいことから、次の等式が成り立つ。

175N ＋ R_B ＝ 100N ＋ 200N　⇒　R_B ＝ 100N ＋ 200N － 175N ＝ 125N

【2】正解 1

200、400、500 は、長さと判断する。単位が示されていないため、適当な単位を当てはめてみる。cm とすると、200、400、500 は、2m、4m、5m となる。

支点Aに作用する力のモーメント

〔右回り方向〕＝ 100N × 2m ＋ 200N × 4m ＝ 200N·m ＋ 800N·m ＝ 1000N·m

〔左回り方向〕＝ R_B × 5m

これらは等しいことから、次の等式が成り立つ。

R_B × 5m ＝ 1000N·m　⇒　R_B ＝ 1000N·m ／5m ＝ 200N

下向きの荷重と上向きの荷重は等しいことから、次の等式が成り立つ。

R_A ＋ 200N ＝ 100N ＋ 200N　⇒　R_A ＝ 100N ＋ 200N － 200N ＝ 100N

【3】正解 1

400、500 は、長さと判断する。単位が示されていないため、適当な単位を当てはめてみる。cm とすると、400、500 は、4m、5m となる。

支点Aに作用する力のモーメント

〔右回り方向〕＝ 200N × 1m ＝ 200N·m

〔左回り方向〕＝ R_B × 5m

これらは等しいことから、次の等式が成り立つ。

R_B × 5m ＝ 200N·m　⇒　R_B ＝ 200N·m ／5m ＝ 40N

下向きの荷重と上向きの荷重は等しいことから、次の等式が成り立つ。

R_A ＋ 40N ＝ 200N　⇒　R_A ＝ 200N － 40N ＝ 160N

12. 仕事と仕事率

◎物体に力 F 〔N〕を作用させて、力と同じ向きに物体を距離 s 〔m〕だけ変位した
とき、この力は物体に仕事をしたという。

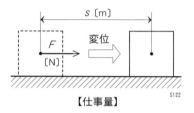

【仕事量】

S122

◎仕事の量 W は、力と変位の距離の積で表される。単位は J（ジュール）を用いる。

$$W = F \times s$$

◎**仕事量**1Jは、1Nの力を加えた点がその方向に距離1mだけ動いたときになさ
れた仕事の量である。

1 J = 1 N·m

◎**仕事率**は、単位時間に行う仕事の割合をいう。仕事量を W 〔J〕、仕事をした時
間を t 〔s〕とすると、仕事率 P は次の式で表される。単位は W（ワット）を用
いる。仕事率は、工率または動力ともいう。

$$P = \frac{W}{t}$$

◎**仕事率**1Wは、時間1秒あたり1Jの仕事をこなす。

1 W = 1 J/s = 1 N·m/s

▶▶過去問題◀◀

【1】仕事率（動力）の説明として、正しいものは次のうちどれか。

☐ 1．1gの物体を水平に1m動かすために要する力をいう。

 2．物体に対する単位時間あたりの仕事をいう。

 3．1gの水を1mの高さに上げるために要する力をいう。

 4．物体にかかる荷重を断面積で除したものをいう。

【2】仕事率（動力）P の説明として、正しいものは次のうちどれか。[★]

☐ 1．P（仕事率）＝ F（力）× t（時間）

 2．P（仕事率）＝ F（力）× s（変位）÷ t（時間）

 3．P（仕事率）＝ F（力）× s（変位）

 4．P（仕事率）＝ s（変位）÷ t（時間）

【3】質量0.5kgの物体が、重力によって2m落下した。このとき、重力が物体にした仕事の値〔J〕として、正しいものは次のうちどれか。ただし、重力加速度を9.8m/s²とし、空気の抵抗は無視する。

☐　1．4.9J　　2．9.8J
　　3．14.7J　　4．19.6J

【4】質量8kgの物体に0.4Nの一定の力を加えて、力の向きに5m移動させた。このときの仕事の量として、正しいものは次のうちどれか。

☐　1．1.5J　　2．2.0J
　　3．8.0J　　4．16.0J

▶▶正解&解説…………………………………………………………………………………

【1】正解2

【2】正解2

【3】正解2

　　加速度の大きさは加えた力の大きさに比例し、物体の質量に反比例する。これは運動の第2法則といわれ、次の式で表される。

　　$F = m \times a$

　　ただし、m は質量〔kg〕、a は加速度〔m/s²〕、F は加えた力〔N〕を表す。

　　例えば、1kgの物体に2m/s²の加速度を生じさせるには、2Nの力を加える必要がある。重力については、例えば質量2kgの物体に9.8m/s²の加速度が生じる場合、重力により物体に加わる力は、2kg × 9.8m/s² = 19.6N となる。

　　仕事の量は、$W = F \times s$ である。ただし、W は仕事量〔J〕、F は加えた力〔N〕、s は変位した距離〔m〕を表す。設問に当てはめると、

　　$W = (0.5kg \times 9.8m/s²) \times 2m = 9.8J$　となる。

　　この問題は、重力による位置エネルギーの公式（下記）を用いても解くことができる。

　　$E = m \times g \times h$

　　ただし、E は位置エネルギー〔J〕、m は質量〔kg〕、g は重力加速度〔m/s²〕、h は高さ〔m〕を表す。

　　〔重力がした仕事の値〕＝〔位置エネルギーの減少分〕

　　〔位置エネルギーの減少分〕＝ 0.5kg × 9.8m/s² × 2m = 9.8J

【4】正解2

　　仕事の量＝力×変位した距離＝ 0.4N × 5m = 2.0J

　　「質量8kg」は関係ない。

13. 力学的エネルギー

◎物体が仕事をする能力をもつとき、この物体はエネルギーをもつという。

◎運動している物体のもつエネルギーを**運動エネルギー** E〔J〕という。物体の質量を m〔kg〕、速度を v〔m/s〕とすると、次の式で表される。

$$E = \frac{1}{2}mv^2$$

◎物体が「ある位置」にあることで物体にたくわえられるエネルギーを**位置エネルギー** E〔J〕という。物体の質量を m〔kg〕、重力加速度を g〔m/s²〕、高さを h〔m〕とすると、次の式で表される。

$$E = mgh$$

◎位置エネルギーと運動エネルギーの和を**力学的エネルギー**といい、一般に重力やばねが仕事をする物体の運動では、常に一定となる。これを力学的エネルギーの保存の法則という。

▶▶過去問題◀◀

【1】エネルギーに関する次の説明文において、文中の（　）に当てはまる語句の組合せとして、正しいものは次のうちどれか。

「高いところから水が流れ落ちる、ばねが戻るなど、物体が位置の違いや形状の変化などでもつエネルギーを（ア）という。

また、運動している物体が他の物体に衝突してその物体を動かすなど、運動する物体がもっているエネルギーを（イ）という。

（ア）及び（イ）をまとめて（ウ）という。」

	（ア）	（イ）	（ウ）
□ 1.	重力エネルギー	衝突エネルギー	物体的エネルギー
2.	位置エネルギー	衝突エネルギー	力学的エネルギー
3.	位置エネルギー	運動エネルギー	力学的エネルギー
4.	重力エネルギー	運動エネルギー	物体的エネルギー

【2】 地上8.5ｍの高さの台の上に、高さ３ｍの円柱のタンクに水をいっぱい満た した。水の質量をm〔kg〕、重力加速度をg〔m/s²〕とし、地面を基準としたと きの水の位置エネルギーEpとして、正しいものは次のうちどれか。ただし、タ ンクの質量は無視するものとする。

☐ 　1 ．$Ep = mg \times 8.5$

　　 2 ．$Ep = mg \times 9.5$

　　 3 ．$Ep = mg \times 10.0$

　　 4 ．$Ep = mg \times 11.5$

▶▶正解＆解説‥‥‥

【1】 正解3

　「高いところから水が流れ落ちる、ばねが戻るなど、物体が位置の違いや形状の変化 などでもつエネルギーを〈⑦ 位置エネルギー〉という。

　また、運動している物体が他の物体に衝突してその物体を動かすなど、運動する物体 がもっているエネルギーを〈① 運動エネルギー〉という。

　〈⑦ 位置エネルギー〉及び〈① 運動エネルギー〉をまとめて〈⑦ 力学的エネルギー〉 という。」

【2】 正解3

　水が満たされている円柱のタンクについて、重 心位置に水の重力が作用しているものと考えるこ とができる。水の位置エネルギー Ep は、次のと おり。

　$Ep = mg \times (8.5m + 1.5m) = mg \times 10.0$

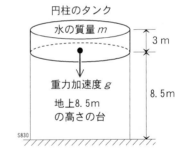

円柱のタンク

水の質量 m

3 m

重力加速度 g

地上8.5ｍ の高さの台

8.5ｍ

S830

14. メートルねじ

◎ねじは、ねじ山に沿い円筒のまわりを一周すると、軸方向にある距離を進む。この距離を**リード**（*L*）という。また、隣り合うねじ山の距離を**ピッチ**（*P*）という。一条ねじであれば、リードとピッチは等しい。

◎ねじには、丸棒の外側にねじ山を切った**おねじ**と、丸い穴の内側にねじ山を切った**めねじ**がある。

◎**メートルねじ**は、ねじの直径及びピッチを mm（ミリメートル）で表したもので、ねじ山の角度は 60° となっている。国内外で広く使われている。

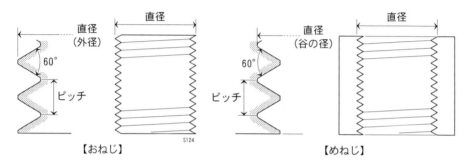

| 【おねじ】 | | 【めねじ】 |

◎メートルねじの呼びは、「M10」のように表す。この場合、M はメートルねじを、10 はねじの直径を mm で表す。ただし、ねじの直径は、おねじが外径、めねじが谷の径で示す。この外径または谷の径をねじの**呼び径**という。

◎**メートル並目ねじ**は、1 つの直径に対してピッチが決まっているため、ピッチの表示は省略する。

◎ただし、**メートル細目ねじ**は、「M10 × 1」「M10 × 1.25」のように、1 つの直径に対して各種のピッチが設定されているため、必ず直径の後にピッチを mm 単位で付記する。

◎**ユニファイねじ**は、メートルねじと同じく、ねじ山の角度は 60° に設定されている。ただし、径とピッチは**インチ**を基準に表示されている。並目ねじと細目ねじがあり、アメリカ、イギリス及びカナダで使われている。ユニファイ並目ねじは記号「UNC」、ユニファイ細目ねじは記号「UNF」で示される。

　▷**解説：ユニファイ**（unify）は「統一する」の意。かつて、欧州を中心にユニファイねじが広く使われていたが、順次メートルねじに切り替えられている。

◎ねじ山のらせん形状とねじ軸線に直角に交わる平面との角度を「**リード角**」という。ねじ 1 回転分の長さを直角三角形の底辺、リードを高さとすると、リード角 *β* は斜辺が作る角度となる。

172

◎また、ねじの谷の幅がねじ山の幅に等しくなるような仮想的な円筒の直径を**有効径**といい、リード角β、リードL、有効径dは次の関係がある。

$$\tan\beta = \frac{L}{\pi d}$$

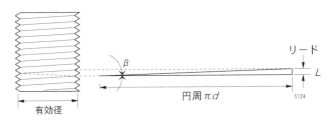

◎1本のねじ山が巻き付いてできたねじを**一条ねじ**という。また、2本のねじ山が巻き付いてできたねじを**二条ねじ**という。一条ねじが広く使われているが、二条ねじは少ない回転数で長い距離を移動させたり、開閉させたりする目的で利用されている。例：万年筆のキャップやカメラレンズのフォーカス用のねじなど。

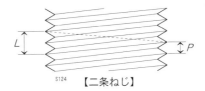

【二条ねじ】

◎メートル細目ねじは、「並目」に比べてピッチが細かく、同じ呼び径のねじを同じ強さで締付けた場合、細目の方が強く締まり、締付け後も並目より緩みにくい。主に精密さを必要とする箇所、微調整が必要な箇所、肉薄で強度が不足する箇所などに使用されている。

【1】 ねじに関する次の記述のうち、文中の（　）に当てはまる語句として、正しいものは次のうちどれか。[★]

「ねじの大きさは、おねじの（　）で表し、これをねじの呼び径という。」

☐　1．ピッチ
　　2．有効径
　　3．谷の径
　　4．外径

【2】 日本産業規格上、[M10]で表されるねじがある。このねじの種類として、正しいものは次のうちどれか。

☐　1．管用テーパねじ
　　2．メートル並目ねじ
　　3．管用平行ねじ
　　4．ユニファイ並目ねじ

【3】 ねじに関する説明として、誤っているものは次のうちどれか。

☐　1．ねじの軸方向を平行に測った際、隣り合うねじ山どうしの長さの間隔をピッチという。
　　2．ねじが1回転するとき、軸方向に進む距離をリードという。
　　3．ねじ山のらせん形状とねじ軸線に直角に交わる平面との角度をリード角という。
　　4．2本のねじ山が巻き付いてできたねじを一条ねじという。

▶▶ 正解&解説 ⋯⋯⋯⋯⋯⋯⋯⋯⋯⋯⋯⋯⋯⋯⋯⋯⋯⋯⋯⋯⋯⋯⋯⋯⋯⋯⋯⋯⋯⋯⋯⋯⋯⋯⋯⋯⋯

【1】 正解4
　　2．有効径は、ねじの谷の幅がねじ山の幅に等しくなるような仮想的な円筒の直径をいう。強度計算や精度の検討に用いる。

【2】 正解2
　　管用ねじは、平行ねじとテーパねじがJISで設定されている。テーパねじは、おねじとめねじがいずれも緩いテーパ状になっており、締め込むと気密性が高まるようになっている。

【3】 正解4
　　4．「一条ねじ」⇒「二条ねじ」。

15. 軸受

◎**軸受**はベアリングともいい、**滑り軸受**と**転がり軸受**とに大別される。また、軸と直角方向の荷重を支える**ラジアル軸受**と、軸方向の荷重を支える**スラスト軸受**に分けることもできる。

◎**滑り軸受**は、荷重を面で支え、滑り摩擦で荷重を支持する。半割メタル、スラストワッシャ、ブシュなどと呼ばれている。

◎**転がり軸受**は、内輪と外輪の間に玉やころ（円柱）を挿入し、転がり摩擦で荷重を支持する。玉軸受⇒ラジアル玉軸受⇒深溝玉軸受、などと順に分類できる。

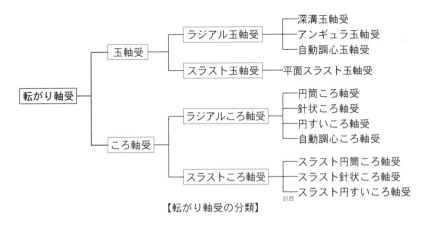

【転がり軸受の分類】

◎深溝玉軸受は、最も一般的な軸受で幅広い分野に使われている。アンギュラ玉軸受は、ラジアル荷重の他に軸方向の荷重も支えることができる。自動調心玉軸受は、内輪が外輪に対してやや傾いて回転できるようになっており、軸心の狂いが自動的に調整される。

▷用語：アンギュラ（angular）は「角度の〜」、ラジアル（radial）は「放射状の〜・半径の〜」、スラスト（thrust）は「強く押すこと」の意味。

◎**ピボット軸受**は、円錐形で先端にわずかに丸みを付けた軸端（ピボット）を、同様な形の凹面で受ける構造となっている。小型で低荷重の場合に適し、時計や計器に広く使われている。つば軸受及びうす軸受とともに、滑り軸受けに分類される。

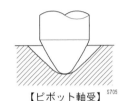

【ピボット軸受】

▷用語：ピボット（pivot）　旋回軸。

◎**つば軸受**は、軸方向の荷重をうけるスラスト軸受のひとつで、つば部分で荷重を受ける。

◎**うす軸受**は、立て軸の軸端を青銅製メタルなどで受ける軸受である。

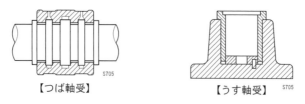

【つば軸受】　S705　　　　　　　　【うす軸受】　S705

〔主な転がり軸受の構造〕

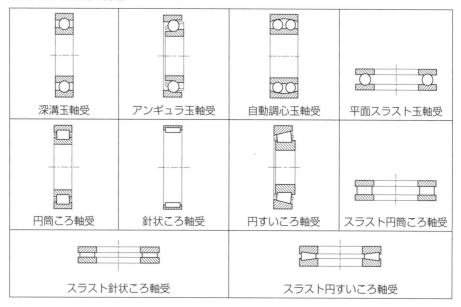

深溝玉軸受	アンギュラ玉軸受	自動調心玉軸受	平面スラスト玉軸受
円筒ころ軸受	針状ころ軸受	円すいころ軸受	スラスト円筒ころ軸受
スラスト針状ころ軸受		スラスト円すいころ軸受	

▶**転がり軸受と滑り軸受の特徴**

転がり軸受	滑り軸受
◇高速回転に強い。	◇衝撃荷重に強い。
◇始動摩擦が小さい。	◇始動摩擦が大きい。
◇騒音及び振動が大きい。	◇騒音及び振動が小さい。
◇構造が複雑である。	◇構造が簡単である。

【1】滑り軸受と転がり軸受を比較したとき、滑り軸受の性質として、正しいものは次のうちどれか。[★]

☐　1．衝撃荷重に弱い。

　　2．一般に高速用の軸受として使用される。

　　3．始動摩擦が大きい。

　　4．構造が複雑で、保守に注意が必要となる。

【2】転がり軸受でないものは次のうちどれか。3つ答えなさい。[★][編]

☐　1．深溝玉軸受

　　2．自動調心玉軸受

　　3．うす軸受

　　4．円すいころ軸受

　　5．つば軸受

　　6．針状ころ軸受

　　7．アンギュラ玉軸受

　　8．ピボット軸受

▶▶正解＆解説 ……………………………………………………………………………………

【1】正解3

　　滑り軸受と転がり軸受の性質が異なってくる原因は、接触部の構造の違いである。滑り軸受は、面接触してこすり合う。一方、転がり軸受は、点接触または線接触して球または円柱が回転する。この違いから、転がり軸受は摩擦が小さくなるが、衝撃荷重に弱くなる。滑り軸受は逆に、摩擦が大きくなるが、衝撃荷重に強くなる。

【2】正解3＆5＆8

　　うす軸受、つば軸受及びピボット軸受は、転がる転動体がないため、転がり軸受ではない。うす軸受及びつば軸受は、滑り軸受に分類される。ピボット軸受は、転がり軸受及び滑り軸受以外の軸受として分類されることがある。

◎荷重を受けた部材は、その内部に抵抗力を生じる。この抵抗力の単位面積当たりの大きさを**応力**という。

◎図のように、引張荷重によって生じる部材内部の応力は、その部材の任意の断面に一様に分布し、その総和は引張荷重の大きさに等しく、引張荷重の向きと反対である。また、圧縮荷重に対する応力も、同様に考えることができる。

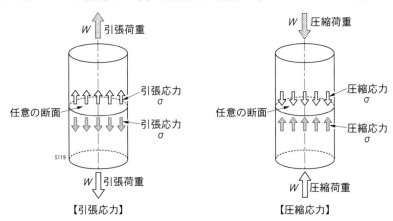

【引張応力】　【圧縮応力】

◎部材に作用する引張荷重または圧縮荷重を W〔N〕、部材の断面積を A〔m²〕とすると、応力 σ〔Pa〕は、次の式で表される。

$$応力\ \sigma = \frac{荷重\ W}{断面積\ A}$$

◎部材に対し、引張荷重が作用しているときの応力を**引張応力**、圧縮荷重が作用しているときの応力を**圧縮応力**という。また、**せん断応力**はせん断荷重に対する応力で、荷重と平行な面にはたらく。せん断応力は**記号 τ** で表す。

▷**解説**：ギリシャ語のアルファベットで、σ はシグマ Σ の小文字、τ はタウ T の小文字。

◎せん断応力 τ〔Pa〕は、次の式で表される。

$$せん断応力\ \tau = \frac{せん断荷重\ W}{断面積\ A}$$

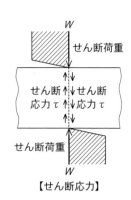

【せん断応力】

◎次の図は、せん断面を拡大したものである。間隔 L 〔m〕だけ離れた2平行面に せん断荷重 W 〔N〕が作用し、変形量 λ 〔m〕が生じたとすると、せん断ひずみ γ は次の式で表される。せん断ひずみは、単位長さに対する変形量の割合となる。

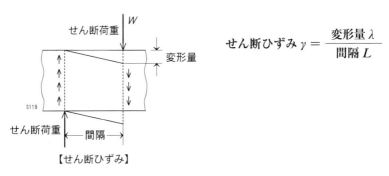

$$せん断ひずみ \gamma = \frac{変形量 \lambda}{間隔 L}$$

【せん断ひずみ】

◎せん断応力 τ 〔Pa〕は、横弾性係数 G 〔Pa〕とせん断ひずみ γ の積でも表される。

$$せん断応力 \tau = \frac{せん断荷重 W}{断面積 A} = 横弾性係数 G \times せん断ひずみ \gamma$$

▷解説：横弾性係数 G（せん断弾性係数ともいう）とは、せん断応力とせん断ひずみの 比で、せん断変形のしにくさを表す材料固有の値である。

▶▶過去問題◀◀

【1】断面が5cm×4cmの長方形である短い棒の軸方向に100,000Nの圧縮荷重が作 用したとき、棒に生じる応力として、正しいものは次のうちどれか。

□　1．50MPa
　　2．100MPa
　　3．150MPa
　　4．200MPa

【2】右図のような軟鋼丸棒に、軸線と直角に 1,500Nのせん断荷重がはたらくとき、軟鋼丸 棒に生じるせん断応力が5MPaとなる丸棒の 断面積で、正しいものは次のうちどれか。

□　1．300mm^2
　　2．333mm^2
　　3．450mm^2
　　4．750mm^2

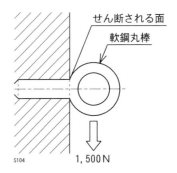

せん断される面
軟鋼丸棒

1,500N

【3】 断面積400mm²の材料に、20kNのせん断荷重を加えたときのせん断ひずみとして、正しいものは次のうちどれか。ただし、横弾性係数は80GPaとする。

- [ ] 1. $\dfrac{1}{4}$ 2. $\dfrac{1}{100}$
- 3. $\dfrac{1}{1600}$ 4. $\dfrac{1}{4000}$

【4】 断面積300mm²の材料に24kNのせん断荷重を加えたところ、1／1,000のせん断ひずみが生じた。この材料の横弾性係数として、正しいものは次のうちどれか。

- [ ] 1. 7.2GPa   2. 15.5GPa
- 3. 72GPa   4. 80GPa

【5】 断面積400mm²の材料に28kNのせん断荷重を加えたところ、1／1,000のせん断ひずみが生じた。このときの横弾性係数として、正しいものは次のうちどれか。

- [ ] 1. 11GPa   2. 14GPa
- 3. 70GPa   4. 112GPa

【6】 直径20mmの軟鋼丸棒に31,400Nのせん断荷重を加えたとき、丸棒に生ずるせん断応力として、正しいものは次のうちどれか。ただし、円周率は3.14とする。

[★]

- [ ] 1. 10,000MPa   2. 1,000MPa
- 3. 100MPa   4. 10MPa

▶▶正解＆解説……………………………………………………………………………………………

【1】 正解1

$$応力 = \frac{圧縮荷重}{断面積} = \frac{100,000N}{5cm \times 4cm} = \frac{100,000N}{20cm^2} = \frac{100,000N}{20 \times 10^{-2} \times 10^{-2} \times m^2}$$

$$= \frac{1 \times 10^5 N}{20 \times 10^{-4} m^2} = \frac{1 \times 10^5 \times 10^4 N}{20 \times 10^{-4} \times 10^4 m^2} = \frac{1 \times 10^9 N}{20 m^2} = \frac{1000 \times 10^6 N}{20 m^2}$$

$$= 50 \times 10^6 N/m^2 = 50 \times 10^6 Pa = 50MPa$$

> [参考]　1cm = 10^{-2}m　　1cm² = 10^{-4}m²
> 　　　　1N/m² = 1Pa　　1M（メガ）= 10^6

【2】 正解1

5MPa = 5×10^6Pa = 5×10^6N/m² = 5×10^6N／1000mm × 1000mm = 5N/mm²。

$$5\text{N/mm}^2 = \frac{1500\text{N}}{\text{断面積 A}} \quad \Rightarrow \quad \text{断面積 A} = \frac{1500\text{N}}{5\text{N/mm}^2} = 300\text{mm}^2$$

【3】正解3

$$\text{せん断応力} = \frac{\text{せん断荷重}}{\text{断面積}} = 横弾性係数 \times せん断ひずみ$$

$$\frac{20\text{kN}}{400\text{mm}^2} = 80\text{GPa} \times せん断ひずみ \gamma$$

$$せん断ひずみ \gamma = \frac{20\text{kN}}{400\text{mm}^2 \times 80\text{GPa}} = \frac{20 \times 10^3\text{N}}{400 \times 10^{-6}\text{m}^2 \times 80 \times 10^9\text{Pa}}$$

$$= \frac{20 \times 10^3}{400 \times 80 \times 10^3} = \frac{20}{400 \times 80} = \frac{1}{20 \times 80} = \frac{1}{1600}$$

> [参考]　$1\text{mm} = 10^{-3}\text{m}$　　　$1\text{mm}^2 = 10^{-6}\text{m}^2$　　　$1\text{G（ギガ）} = 10^9$

【4】正解4

$$\text{せん断応力} = \frac{\text{せん断荷重}}{\text{断面積}} = 横弾性係数 \times せん断ひずみ$$

$$\frac{24\text{kN}}{300\text{mm}^2} = 横弾性係数\, G \times 1 / 1{,}000$$

$$横弾性係数\, G = \frac{24\text{kN}}{300\text{mm}^2} \times 1{,}000 = \frac{24{,}000\text{N}}{300 \times 10^{-6}\text{m}^2} \times 1{,}000$$

$$= \frac{80\text{N}}{10^{-6}\text{m}^2} \times 1{,}000 = 80\text{Pa} \times 10^6 \times 1{,}000 = 80\text{GPa}$$

【5】正解3

$$\text{せん断応力} = \frac{\text{せん断荷重}}{\text{断面積}} = 横弾性係数 \times せん断ひずみ$$

$$\frac{28\text{kN}}{400\text{mm}^2} = 横弾性係数\, G \times 1 / 1{,}000$$

$$横弾性係数\, G = \frac{28\text{kN}}{400\text{mm}^2} \times 1{,}000 = \frac{28{,}000\text{N}}{400 \times 10^{-6}\text{m}^2} \times 1{,}000$$

$$= \frac{70\text{N}}{10^{-6}\text{m}^2} \times 1{,}000 = 70\text{Pa} \times 10^6 \times 1{,}000 = 70\text{GPa}$$

【6】正解3

$$\text{せん断応力} = \frac{\text{せん断荷重}}{\text{断面積}} = \frac{31{,}400\text{N}}{3.14 \times 10\text{mm} \times 10\text{mm}} = 10{,}000 \times 10^4\text{Pa}$$

$$= 100 \times 10^6\text{Pa} = 100\text{MPa}$$

> [参考]　$10\text{mm} \times 10\text{mm} = 1\text{cm} \times 1\text{cm} = 1 \times 10^{-2}\text{m} \times 1 \times 10^{-2}\text{m} = 1 \times 10^{-4}\text{m}^2$

■1. 荷重の加わり方

◎はりに対する荷重の加わり方は、はりの1点に加わる**集中荷重**と、連続的に作用する**分布荷重**とに大別される。分布荷重のうち、はりの単位長さあたりの荷重が一定なものを**等分布荷重**という。

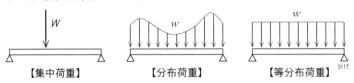

【集中荷重】　　　　　【分布荷重】　　　　　【等分布荷重】

■2. はりの曲げモーメント

◎はりの曲げモーメントとは、任意の断面においてはりを曲げようとするモーメントをいう。荷重の大きさ（N）と荷重の作用点から断面までの距離（m）の積で表される。

◎はりに荷重（外力）が作用して静止しているとき、曲げモーメントは必ずつり合っている。

◎今、図の両端支持ばりに集中荷重が作用しているものとする。A支点に作用する力のモーメントは、次のとおりとなる。

〔右回り方向〕 = $1000\text{N} \times 0.7\text{m} = 700\text{N·m}$

〔左回り方向〕 = $RB \times 1\text{m}$

$RB = 700\text{N·m} / 1\text{m} = 700\text{N}$

上下方向の荷重は等しいことから、$RA = 1000\text{N} - 700\text{N} = 300\text{N}$

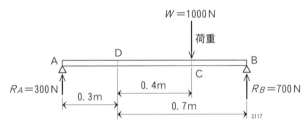

D断面に作用する曲げモーメントは、次のとおりとなる。

〔右回りの曲げモーメント〕 = $300\text{N} \times 0.3\text{m} = 90\text{N·m}$

〔左回りの曲げモーメント〕 = $(700\text{N} \times 0.7\text{m}) - (1000\text{N} \times 0.4\text{m})$

$= 490\text{N·m} - 400\text{N·m} = 90\text{N·m}$

また、C断面に作用する曲げモーメントは、最大となる。

〔右回りの曲げモーメント〕＝ 300N × 0.7m ＝ 210N·m

〔左回りの曲げモーメント〕＝ 700N × 0.3m ＝ 210N·m

◎両端支持ばりに集中荷重が作用した場合において、それぞれの曲げモーメントは集中荷重が作用する位置によって変化する。各種はりにおいて、集中荷重や等分布荷重が作用した場合、曲げモーメントの大きさを図でまとめたものを**曲げモーメント図**という。

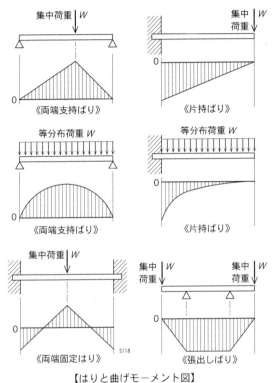

【はりと曲げモーメント図】

【1】下図のように断面が一様な片持ばりの自由端AにWの集中荷重を加えた。曲げモーメント図として、正しいものは次のうちどれか。

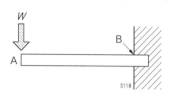

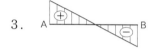

【2】下図のように等分布荷重を受ける断面が一様な片持ばりの曲げモーメント図として、正しいものは次のうちどれか。

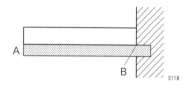

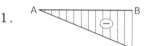

【1】正解4

　　1．両端支持ばりの等分布荷重。

　　2．片持ばりの等分布荷重。

　　4．片持ばりの集中荷重。

　　曲げモーメント図では、一般にはりの上部が凹形に変形する場合の荷重をプラス、上部が凸形に変形する場合を荷重をマイナスとする。ただし、反対に設定してある曲げモーメント図もある。

【2】正解4

　　設問の等分布荷重を受ける片持ばりの図では、アミ部分がはり、上部の長方形部分が等分布荷重を表しているものと理解する。

■1．ひずみ

◎物体に荷重を加えると、物体は変形する。このとき生じる伸びやゆがみの変形の
程度を、定量的に表す量を**ひずみ**という。

◎ひずみは、単位長さ当たりの変形の割合を表す量で、記号 ε （イプシロン）で次
のように表す。

$$\varepsilon = \frac{変形量}{変形前の長さ}$$

◎例えば、変形前の部材の長さが 2 m で、変形後の長さが 2.05m である場合、ひず
みは次のとおりとなる。

$$\varepsilon = \frac{2.05\text{m} - 2.00\text{m}}{2.00\text{m}} = \frac{0.05\text{m}}{2.00\text{m}} = 0.025$$

■2．応力－ひずみ線図

◎試験用の部材（軟鋼材など）に引張荷重を加え、徐々に増していったとき、部材
が破断するまでの応力とひずみの関係を表したものを、**応力－ひずみ線図**という。
横軸にひずみ、縦軸に応力をとる。

◎軟鋼材における応力－ひずみ線図は、次のような一定の特性を示す。

①A点の応力を**比例限度**という。A点までは、応力とひずみが比例の関係を示す。
従って、グラフは直線となる。

②A点を超えると直線はやや傾斜し、比例しなくなる。しかし、B点までは弾性
が保たれているため、この点の応力を**弾性限度**という。

③弾性限度内では、荷重を取り去るとひずみも消滅する。弾性限度内におけるひ
ずみを**弾性ひずみ**という。

　▷解説：弾性とは、荷重を取り去ると
　　　　　材料の変形がもとに戻る性質
　　　　　をいう。

④B点をすぎて応力が増すとひずみ
も進み、C点になる。C点の応力
を**上降伏点**という。

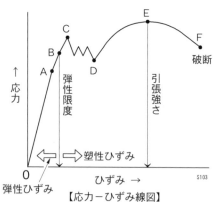

【応力－ひずみ線図】

S103

⑤C点からは応力が減少し、ひずみが不規則的に進行してD点に達する。D点の応力を**下降伏点**という。なお、単に「降伏点」という場合、C点～D点間の点を表す。降伏点では応力が増えずにひずみが進行する。

⑥D点からは応力とひずみが共に増加し、最大応力のE点に達する。E点の応力を**引張強さ**という。E点以降はひずみのみが急速に進行し、F点に至って部材は破断する。

⑦応力が弾性限度のB点を超えると、荷重を除去してもひずみが残る。このひずみを永久ひずみ、または**塑性ひずみ**という。材料がプレスなどによって成形加工ができるのは、この塑性ひずみの特性による。

> ▷解説：塑性とは、材料に塑性ひずみ（永久ひずみ）が生じる性質をいう。外力を取り去ってもひずみが残り、変形したままとなる。

◎右の図は、鋳鉄、アルミニウム、黄銅について、軟鋼と比較した応力－ひずみ線図の例である。

◎図のように、あきらかな降伏現象が現れない材料では、塑性ひずみが0.2%となるときの応力を**耐力**と呼び、これが降伏点のかわりに使われる。

◎また、鋳鉄の応力－ひずみ線図では、応力が増していくと、ひずみもほぼ比例して増加し破断する。従って、鋳鉄では破断点が引張強さとなる。

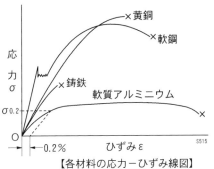

【各材料の応力－ひずみ線図】

■3．公称応力と公称ひずみ

◎部材の断面積Aは荷重によって変動する。応力－ひずみ線図を得る場合、変形する前の初期断面積A_0を元にして算出した応力を**公称応力**と呼ぶ。一方、変形中の瞬間における断面積Aをもとに算出する応力を**真応力**と呼ぶ。

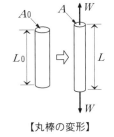

【丸棒の変形】

◎また、部材の長さLも荷重によって変動する。この場合、伸びる前の初期長さL_0を元にして算出したひずみを**公称ひずみ**と呼ぶ。一方、伸びている部材の瞬間における長さLをもとに算出するひずみを**真ひずみ**と呼ぶ。

◎単に「応力－ひずみ線図」といった場合、公称応力と公称ひずみを用いていることが多い。

187

【1】右図は、軟鋼を常温で引張試験したとき
の応力−ひずみ線図を示したものであるが、
その説明として、誤っているものは次のうち
どれか。

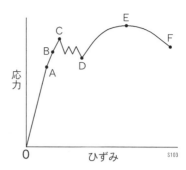

☐ 1．A点までは、応力はひずみに比例する。この点の応力を比例限度という。

2．B点までは、荷重を取り去れば応力もひずみもなくなる。この点の応力を
弾性限度という。

3．C点を過ぎると、荷重を増さないのにひずみが増加し、D点に進む。C点
の応力を上降伏点、D点の応力を下降伏点という。

4．E点で応力は最大になりF点で破断する。F点の応力を引張強さという。

【2】均一の太さをもつ一定の長さの鋼線がある。この鋼線に300Nの荷重をかける
と、元の長さより6mm伸びた。100Nの荷重を追加すると6mmからさらに伸び
る長さとして、正しいものは次のうちどれか。ただし、この場合、鋼線は比例限
度以内にあるものとし、その自重は無視する。

☐ 1．0.5mm   2．2mm

    3．4mm   4．8mm

【3】下図は、軟鋼を常温で引張試験したときの応力ひずみ線図を示したものである。
図中のA〜Cに当てはまる語句の組合せとして、正しいものはどれか。

	A	B	C
☐ 1．	弾性限度	比例限度	引張強さ
2．	比例限度	弾性限度	破断点
3．	比例限度	弾性限度	引張強さ
4．	弾性限度	比例限度	破断点

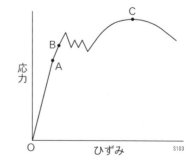

【1】 正解4

4．E点で応力は最大となり、このE点の応力を引張強さという。

【2】 正解2

比例限度内にある場合、加える荷重と伸び（ひずみ）の長さは比例する。100Nの荷重を追加したとき、伸びの総量をLとすると、次の関係が成り立つ。

（荷重）　　　　（伸び）

300N ——— 6mm

400N ——— Lmm

$$L\,mm = \frac{400N}{300N} \times 6\,mm = \frac{4}{3} \times 6\,mm = 8\,mm$$

6mmから更に延びる長さ＝8mm−6mm＝2mm

【3】 正解3

19. はりを強くする工夫

◎はりの断面形状を決めるときは、材料の特性を考える必要がある。鋼など引張り
と圧縮に対してほぼ等しい強さをもつ材料のはりでは、I形鋼のように、中立軸
（NN'）に関して上下対称な断面形状とするとはりが強くなる。

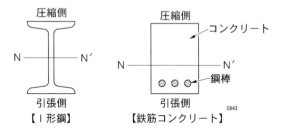

【I形鋼】　　【鉄筋コンクリート】

◎コンクリートでは、引張り側に鋼棒（鉄筋）を埋め込んだ鉄筋コンクリートとする
ことによって、コンクリートの引張り強さが低いという欠点を補うことができる。

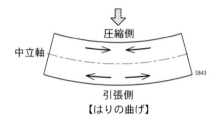

【はりの曲げ】

▶▶過去問題◀◀

【1】下の断面図のコンクリートのはりに曲げ応力が生じた場合、点で示すように
鋼棒による補強を行う配置として、最も適しているのは次のうちどれか。ただし、
線NN'は中立軸を表す。

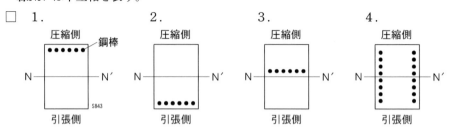

▶▶正解&解説‥‥‥‥‥‥‥‥‥‥‥‥‥‥‥‥‥‥‥‥‥‥‥‥‥‥‥‥‥‥‥‥‥

【1】正解2

20. 許容応力と安全率

■1. 許容応力

◎**許容応力**は、加えた荷重によって材料が破壊されず、十分安全に使用できると考えられる応力の最大値をいう。設計する際の目安となる。

◎材料の許容応力は、材質、荷重のかかり方、使用条件等によって変化する。

　①材質では、中硬鋼より軟鋼の方が低い値に設定されている。

　②荷重のかかり方では、静荷重より繰り返し荷重の方が低い値に設定されている。

〔軟鋼と中硬鋼の許容応力の例〕

応力	荷重	軟鋼　N/mm²	中硬鋼　N/mm²
引張 及び 圧縮応力	静荷重	90〜120	120〜180
	繰返し荷重	54〜70	70〜108

　③使用条件では、わずかな変形も許されない場合や、腐食されやすい環境下にある場合などは、低い値に設定される。

■2. 安全率

◎**安全率**は、材料の基準強さと許容応力との比をいう。設計する際は、材料の基準強さを安全率で除した値の範囲内に応力を収めるようにする。

$$安全率＝\frac{材料の基準強さ}{許容応力}　または　許容応力＝\frac{材料の基準強さ}{安全率}$$

◎材料の基準強さは、多くの場合、**引張強さ**を用いる。ただし、使用条件に応じては、比例限度や降伏点などを用いる場合がある。

◎**安全率**は、材質及び荷重の種類等に応じて値を定める。

　①材質では、鋼より鋳鉄の方を高く設定する。これは、鋼がねばり強いのに対し、鋳鉄は衝撃に弱いためである。

　②荷重の種類では、静荷重より繰返し荷重、更に繰返し荷重より衝撃荷重の安全率を高くする。

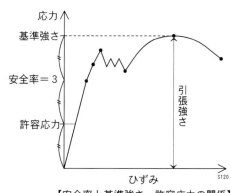

【安全率と基準強さ・許容応力の関係】

191

〔安全率の設定の例〕

材料	静荷重	動荷重		
		繰り返し荷重(片振り)	繰り返し荷重(両振り)	衝撃荷重
鋼	3	5	8	12
鋳鉄	4	6	10	15

▷解説：鉄は、炭素の含有量によって鋳鉄と鋼に大別される。「23. 鉄鋼」198P参照。

：静荷重は、荷重が時間で変化せず一定にかかる荷重をいう。動荷重には、「衝撃荷重」、「繰り返し荷重」がある。「衝撃荷重」は瞬間的に短時間に発生する荷重をいう。「繰り返し荷重」は時間とともに変動する荷重をいう。また、「片振り」は引張られた状態又は圧縮された状態から、変形が元に戻るのを繰り返す荷重をいい、「両振り」は引張と圧縮を繰り返す荷重をいう。

▶▶過去問題◀◀

【1】鉄鋼材料の許容応力と安全率に関する記述として、誤っているものは次のうちどれか。

☐　1. 材料が破壊するまでの最大応力を安全率で除したものが許容応力である。

2. 材料の許容応力は、材質、荷重のかかり方、使用条件等によって変化する。

3. 安全率は、材質及び荷重の種類等に応じて値を定める。

4. 材料の許容応力の最低限度の値は一定である。

【2】金属材料の基準強さと許容応力との比として、正しいものは次のうちどれか。

☐　1. 安全率

2. ヤング率

3. ひずみ

4. ポアソン比

【3】降伏点が480MPaの材料について、降伏点を基準強さとし、安全率を3としたとき、許容応力として正しいものは次のうちどれか。

☐　1. 80MPa

2. 160MPa

3. 240MPa

4. 1,440MPa

【4】 降伏点が340MPaの材料について、降伏点を基準強さとし、安全率を5とし
たとき、許容応力として正しいものは次のうちどれか。[★]

□　1．34MPa

　　2．68MPa

　　3．850MPa

　　4．1,700MPa

▶▶正解＆解説···

【1】正解4

　4．材料の許容応力は、材質、荷重のかかり方、使用条件等によって変化する。また、
　　ある程度の幅をもたせて設定される場合が多い。

【2】正解1

　1．安全率＝$\dfrac{〔材料の基準強さ〕}{〔許容応力〕}$

　2．ヤング率は、垂直応力と縦ひずみの比例定数（縦弾性係数）をいう。

　4．ポアソン比は、同じ材料で垂直応力による横ひずみと縦ひずみの比をいう。

【3】正解2

$$3 = \dfrac{480\text{MPa}}{〔許容応力〕} \quad \Rightarrow \quad 〔許容応力〕 = \dfrac{480\text{MPa}}{3} = 160\text{MPa}$$

【4】正解2

$$5 = \dfrac{340\text{MPa}}{〔許容応力〕} \quad \Rightarrow \quad 〔許容応力〕 = \dfrac{340\text{MPa}}{5} = 68\text{MPa}$$

21. 部材の破壊

▶破壊の原因

◎**破壊**とは、部材が2つ以上に分離する破断と、破断にいたらないまでも部材が使用に耐えないほど変形した状態をいう。

◎機械に使用される部材には、溝、段、穴など断面の形状が急に変わる部分があり、これを**切欠**という。切欠の部分の応力は、切欠のない場合に比べて著しく大きくなり、このような現象を**応力集中**という。

◎部材に応力集中があると、部材は破壊しやすくなる。

◎部材を構成する材料が、繰返し荷重を長時間にわたって受けると、静荷重に比べてはるかに小さい荷重で破壊を起こすことがある。材料が疲労を起こすためであり、このような破壊を**疲労破壊**という。

◎疲労破壊は、材料に加える応力が大きくなるほど、少ない回数で起こる。

▶▶過去問題◀◀

【1】 材料の疲れ（疲労）の説明として、正しいものは次のうちどれか。

□　1. 材料に繰り返し荷重を加えた場合、静荷重よりも小さな荷重で破壊する現象をいう。

　　2. 材料に衝撃荷重を加えた場合、材料にひび割れが生じる現象をいう。

　　3. 材料が高温にさらされることにより組織に変化が起こり、外力に対して弱くなる現象をいう。

　　4. 切欠や穴のある材料に荷重を加えると、応力が局部的に著しく増大する現象をいう。

▶▶正解＆解説……………………………………………………………………………………

【1】 正解1

　　3. 材料が高温にさらされると、クリープが起こりやすくなる。

　　4. この現象を応力集中という。

22. クリープ

◎材料に一定の荷重が長時間加わり続けると、ひずみ（伸び）が時間とともに増大する。この現象を**クリープ**といい、一般に温度・応力が高いほど、この現象が現れやすくなる。

▷用語：クリープ〔creep〕はって進むこと。コーヒーの Creap は造語。

◎クリープによって生じるひずみを**クリープひずみ**という。また、クリープひずみと負荷時間の関係を表したものをクリープ曲線という。

◎金属材料のクリープでは、多くの場合、図のいずれかのクリープ曲線を示す。Ⅰは高温で応力の値が大きいときに起きる。Ⅲは、低温で応力の値が小さいときに起きる。ⅡはⅠとⅢの中間のときに起きる。

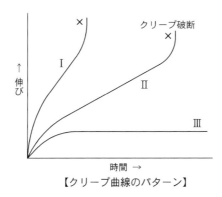

【クリープ曲線のパターン】

◎Ⅲでは、ある時間が経過すると荷重が加わっていても伸び（ひずみ）は増加せず、一定値となってクリープがなくなる。このクリープが生じない最大応力を、**クリープ限度**という。

◎鋼のクリープ曲線（例）では、クリープ限度が167N/mm²となる。

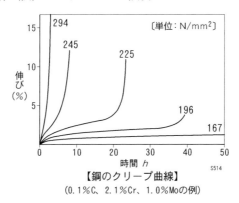

【鋼のクリープ曲線】
(0.1％C、2.1％Cr、1.0％Moの例)

【1】 次の文中の（　）に当てはまる語句として、正しいものはどれか。

「鋼材のクリープ現象とは、材料が一定温度、一定荷重又は一定応力のもとで（　）とともにひずみが増加することをいう。」

☐　1．時間の経過

　　2．応力の集中

　　3．材料の疲れ

　　4．腐食の進行

【2】 金属材料のクリープに関する次の記述のうち、文中の（　）に当てはまる語句の組合せとして、最も適当なものはどれか。

「ある一定の温度において、ある一定時間後に一定の（ア）に収束させる応力の（イ）をその温度における（ウ）という。」

	（ア）	（イ）	（ウ）
☐　1．	クリープ限度	最小値	クリープひずみ
2．	クリープ限度	最大値	クリープひずみ
3．	クリープひずみ	最小値	クリープ限度
4．	クリープひずみ	最大値	クリープ限度

【3】 金属のクリープ現象の説明として、正しいものは次のうちどれか。

☐　1．材料に切欠などがあると、その部分の応力が増加する現象をいう。

　　2．材料の弾性限度内における応力によって生じたひずみが、その外力を除くと原形に復する現象をいう。

　　3．一般に高温において、材料に一定荷重を加えると、時間の経過とともにひずみが増加する現象をいう。

　　4．材料に外力を加えて変形させ、その外力を取り除いても変形が残る現象をいう。

【4】 金属のクリープに関する記述として、誤っているものは次のうちどれか。

☐　1．クリープの発生は応力の値によって変化する。

　　2．一定の応力におけるクリープの発生は、温度の値によって変化する。

　　3．弾性限度内でも、温度によってはクリープが発生する。

　　4．一定の応力及び一定の温度におけるクリープは、時間に関係なく一定である。

▶▶正解＆解説···

【1】正解1

【2】正解4

　　「ある一定の温度において、ある一定時間後に一定の〈⑦ クリープひずみ〉に収束させる応力の〈① 最大値〉をその温度における〈⑦ クリープ限度〉という。」

【3】正解3

　　1．応力集中。

　　2．弾性による現象。

　　4．塑性による現象。

【4】正解4

　　3．弾性限度内の小さな応力であっても、温度が高いとクリープは発生する。金属材料では融点（絶対温度K）の1／2以上の高温になると、弾性限度内の小さな応力でもクリープが発生する。銅材ではおよそ600℃以上になると、クリープが起こり得る。

　　4．一定の応力及び一定の温度におけるクリープは、時間の経過とともに増大する。

◎**鉄鋼**は、鉄を主成分とする材料の総称である。

◎鉄は、炭素の含有量によって**鋳鉄**(ちゅうてつ)と**鋼**(こう)に大別される。炭素濃度が 0.02 ～ 2.14％のものを鋼、炭素濃度が 2.14 ～ 6.67％のものを鋳鉄という。

◎鋳鉄は炭素の含有量が多く、鋼は炭素の含有量が少ない。

◎鋳鉄は、炭素鋼に比べて耐摩耗性に優れているが、一般に衝撃に弱い。また、鋳造性がよい。

　▷解説：鋳鉄は、鋳造(ちゅうぞう)により造られる。鋳造は、溶かした金属を鋳型に流し込み、冷やして固める加工法である。鋳造性とは、流動性、粘性、凝固時の収縮性をいう。溶かしたときの流動性が低くて粘性が高く、凝固時の収縮性があるものは「鋳造性が悪い」という。一方、炭素鋼は「圧延」を繰り返して造られる。

■ 1. 鋳鉄

▶鋳鉄の組織

◎鋳鉄は、炭素など含有量や冷却速度によって、炭素の存在形態が異なる。

◎炭素が遊離して**黒鉛**として存在する場合は、破面が灰黒色となり、これを**ねずみ鋳鉄**という。

◎炭素が鉄と化合して**セメンタイト**として現れる場合は、断面が白色となり、これを**白鋳鉄**という。

　▷参考：セメンタイトは、鉄と炭素の化合物で、炭化鉄（Fe^3C）の金属組織学上の名称である。性質は硬くてもろい。

◎鋳鉄中に炭素とけい素の量が多いと、黒鉛になりやすい。また、冷却速度が遅いときも黒鉛になりやすい。

◎鋳鉄は炭素鋼に比べて融点が低く、また、湯流れ性が良好である。

　▷参考：**湯流れ性**は、溶融金属が鋳型内を流れるときの流動性をいう。

◎鋳鉄は、希薄な酸に対しては強く腐食される。しかし、アルカリ溶液中では良好な耐食性を示す。一般に、酸には弱く、アルカリには強い材質と言われている。

▶鋳鉄の種類

◎**ねずみ鋳鉄**は、一般機械用部品などに広く使われている。鋳造性にすぐれ、耐摩耗性や**減衰能**にもすぐれていることから、大型部品、薄肉製品、複雑形状の鋳鉄に広く使われている。単に「鋳鉄」と言った場合は、ねずみ鋳鉄を指すことが多い。ねずみ鋳鉄は普通鋳鉄とも呼ばれる。

　▷参考：**減衰能**は、振動エネルギーを受けたときに、これを熱エネルギーに変換して吸収したり、消し去ってしまう能力。

◎ねずみ鋳鉄は、圧縮強さ及び硬さは大きいが、引張り強さや曲げ強さ、衝撃強さなどは小さい。また、被削性（削りやすさ）はよい。

◎球状黒鉛鋳鉄は、溶湯に少量のマグネシウムやカルシウムなどを添加して鋳造し、黒鉛を球状化したものである。球状黒鉛鋳鉄は、じん性、耐熱性、耐摩耗性などの機械的性質にすぐれ、耐食性もよい。ただし、凝固時の収縮量が大きい。

◎可鍛鋳鉄は、白鋳鉄を熱処理してセメンタイトを黒鉛に変え、脱炭を行ってじん性を向上させたものである。可鍛鋳鉄は、黒心可鍛鋳鉄、白心可鍛鋳鉄、パーライト可鍛鋳鉄に分類される。

◎合金鋳鉄は、鋳鉄にクロム、モリブデン、ニッケル、ケイ素などの合金元素を添加し、機械的性質、耐熱性、耐摩耗性、耐食性などを向上させたものである。

■２．炭素鋼

◎鋼は、炭素鋼と合金鋼に分類される。

◎一般に炭素鋼は、炭素量が多くなると**引張強さ**や**硬さ**が増加し、**伸びや絞り**が減少して**展延性**が小さくなる。

◎鋼は、主な合金元素が炭素だけの場合は炭素鋼、炭素以外の合金元素も含む場合は合金鋼と呼ばれている。

◎**炭素鋼**は、普通鋼とも呼ばれ、軟鋼と硬鋼に大別される。**軟鋼**は硬鋼より炭素の含有量が少ないため、軟らかくねばり強く、延性及び展性に優れている。**硬鋼**は軟鋼より硬くて強い反面、延性及び展性は劣っている。

▷解説：延性は、細く引き延ばすことができる性質で、展性は薄く広げることができる性質をいう。両方の性質を展延性という。特に金は展延性に優れている。

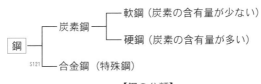

【鋼の分類】

◎**合金鋼**は、一般に特殊鋼とも呼ばれ、炭素鋼にニッケル、クロム、モリブデンなどの金属を１種類または数種類加えた合金で、強度、耐熱性、耐食性などに優れている。

◎鋼は**炭素の含有量**が増えると**引張強さは増加**し、**鍛接性は低く**なる。

▷解説：鍛接とは、２つの金属（鉄・非鉄）の表面を、高温・高圧によって接合（半溶着）する接合法の一種である。炭素の含有量の少ない軟鋼の方が鍛接性は良い。

◎鋼の耐食性は、**クロム**を合金することによって著しく向上する。**ステンレス鋼**は、鉄にクロムを 10.5％以上含有させた合金鋼で、耐食性に優れている。含有するクロムは、空気中の酸素と結合して表面に不動態皮膜を生成し、被膜が破壊されても周囲の酸素とすぐに反応して被膜を再生する機能がある。

◎**ステンレス鋼**は、クロムだけを合金元素とするクロム系ステンレス鋼と、ニッケルを組み合わせて更に耐食性を向上させたクロム・ニッケル系ステンレス鋼がある。クロム・ニッケル系のもので、クロム 18％、ニッケル 8％含有するものを**18-8 ステンレス鋼**（SUS304）と呼び、広く使われている。

▶**鉄の赤さび＆黒さび**

　鉄を湿った空気中に放置すると表面が酸化され、水を含む赤褐色の酸化鉄（Ⅲ）Fe_2O_3を生じる。これが赤さびであり、きめが粗く次第にさびが内部まで進行する。一方、鉄を強熱すると黒色の四酸化三鉄Fe_3O_4が生じる。これが黒さびであり、鉄の表面を覆って内部を保護する。

▶▶ 過去問題 ◀◀

【1】合金鋳鉄として、正しいものは次のうちどれか。

□　1．パーライト可鍛鋳鉄

　　2．球状黒鉛鋳鉄

　　3．ねずみ鋳鉄

　　4．高けい素鋳鉄

【2】炭素鋼の機械的性質に関する次の記述のうち、文中の（　）に当てはまる語句の組合せとして、最も適当なものはどれか。

　　「一般に炭素鋼は、炭素量が多くなると（ア）が増加し、（イ）が減少して展延性が（ウ）なる。」

	（ア）	（イ）	（ウ）
□　1.	引張強さや硬さ	伸びや絞り	大きく
2.	伸びや絞り	引張強さや硬さ	大きく
3.	引張強さや硬さ	伸びや絞り	小さく
4.	伸びや絞り	引張強さや硬さ	小さく

【3】 鉄鋼材料の性質について、誤っているものは次のうちどれか。[★]

☐ 1. 鋳鋼は、熱及び電気の伝導性が良いため、純金属に近い状態で電熱材料や導電材料に使われることが多い。

2. 合金鋼は、炭素鋼にニッケルやクロム、モリブデンなどの金属元素を加えたもので、耐摩耗性及び耐食性の優れた性質を有している。

3. 炭素鋼は、鉄と炭素の合金で、炭素含有量が0.02〜2.14％のものを指し、主に構造用の材料として使われる。

4. 鋳鉄は、2.14〜6.67％の炭素を含む、鉄と炭素の合金で、炭素鋼に比べて伸びにくく硬くてもろいが、鋳造性に優れている。

【4】 ステンレス鋼を構成する主な金属として、正しいものは次のうちどれか。

☐ 1. 銅とすず

2. 鉄とクロム

3. 銅と亜鉛

4. 鉄と炭素

▶▶正解＆解説……………………………………………………………………………………

【1】 正解4

4. 高けい素鋳鉄は、けい素が4〜16％程度含まれている合金鋳鉄の1つで、耐熱性及び耐酸性に優れている。複数の商品名がある。

【2】 正解3

「一般に炭素鋼は、炭素量が多くなると〈⑦ 引張強さや硬さ〉が増加し、〈④ 伸びや絞り〉が減少して展延性が〈⑦ 小さく〉なる。」

【3】 正解1

1.「鋳鋼」⇒「銅」。鋳鋼は、鋳造により造られる鋼である。鋳鋼は鋳鉄に比べて炭素量が少ないため、溶解温度が高く、凝固時の収縮が大きいなど、鋳造は難しいといわれている。しかし、複雑な形状や中空部をもつ製品を一体で成形できるため、広く使われている。

【4】 正解2

1. 銅とすず（錫）の合金は、青銅である。ブロンズとも呼ばれる。

3. 銅と亜鉛の合金は、黄銅である。

4. 鉄は、炭素の含有量によって鋳鉄（炭素含有量2.14〜6.67％）と鋼（炭素含有量0.02〜2.14％）に大別される。

24. 炭素鋼の熱処理

◎**熱処理**は、鉄鋼などの金属に所要の性質を与えるために行う加熱及び冷却の操作をいう。特に、炭素鋼はオーステナイト状態からの冷却の違いによって、同じ組成であっても異なる組織が形成され、それに伴い強度とじん性が変化する。

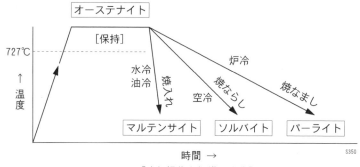

【冷却操作と組織の変化】

◎**焼入れ**は、ある温度まで加熱しオーステナイトの状態にして保持した後、水や油などで**急に冷却**する操作をいう。組織は**マルテンサイト**に変化する。マルテンサイトは非常に硬く、もろい性質をもつ。焼入れは、鋼の硬さ及び強さを増すために行われるが、材質はもろくなる。また、同じ組成の鋼材を同じように焼入れても、焼きの入り方が異なることがある。これは、太い材料では内部まで冷却するのに時間がかかるためである。

◎**焼戻し**は、焼入れによるもろさを緩和し、粘り強さを増すため、ある温度まで加熱して保持した後、**徐々に冷却**する操作をいう。加熱する温度は、400 〜 600℃で、組織がオーステナイトに変化する温度より低い。

◎**焼なまし**は、ある温度まで加熱し、**炉中**、空気中又は灰の中などで**徐々に冷却**する操作をいう。組織は**パーライト**に変化する。焼なましは、性質を改善する目的によって「拡散焼なまし（偏析元素を拡散して均質にする）」、「完全焼なまし（組織を均質に整える）」、「球状焼なまし（組織を球状にして加工性をよくする）」、「応力除去焼なまし（残留応力を除去する）」などに分けられる。目的に応じて加熱温度は異なっている。

◎**焼ならし**は、焼入れ温度程度まで加熱した後、**空気中で徐々に冷却する操作**をいう。冷却時間は、焼なましより短い。組織は微細な**パーライト（ソルバイト）**に変化する。焼ならしは、低温で圧延などの加工を受けた鋼の内部のひずみの除去、材料の軟化などの目的で行う。

◎鉄鋼製品の鋼材は、鋳造、鍛造、圧延といった方法で製造されるが、いずれであってもそのままでは加工によって生じたひずみにより、鋼の組織が不均一となっている。このため、機械的性質（引張り強さ・降伏点・絞り・伸び）が十分ではない。そこで、鋼の組織を均一化、微細化して機械的性質を向上させる手法が「焼ならし」となる。

◎**表面硬化処理**は、鋼の粘り強さを保持したまま、その表面層だけを硬化させる操作で、高周波焼入れ、浸炭、窒化などがある。

▶熱処理のまとめ

熱処理の種類	目的	操作の内容
焼入れ	鋼の硬さ及び強さを増大させる	加熱後に急冷
焼戻し	焼入れによるもろさを緩和する	加熱後に徐冷
焼なまし	目的に応じて種類があり、加熱温度も異なる	加熱後に炉中などで徐冷
焼ならし	加工によって生じたひずみを除去して、機械的性質を向上させる	加熱後に空気中で徐冷

▶▶ 過去問題 ◀◀

【1】 一般に、炭素鋼を高温度で加熱して急冷する熱処理の呼び方として、正しいものは次のうちどれか。

☐ 1．焼なまし
2．焼入れ
3．焼ならし
4．焼戻し

【2】 炭素鋼の焼入れについて、誤っているものは次のうちどれか。

☐ 1．焼入れは、材料のひずみを取り除くために行う。
2．焼入れは、材料を硬くするために行う。
3．焼入れは、高温に加熱しておいて急冷する操作をいう。
4．焼入れは、材料を強くするために行う。

【3】炭素鋼の熱処理のうち焼入れについて、誤っているものは次のうちどれか。

[★]

☐ 1．炭素鋼を硬化させ、強さを増大させる目的で適切な温度に加熱し、その温度で十分時間を保持したのちに急冷する操作をいう。

2．焼入れとは、マルテンサイトがオーステナイトという組織に変わることである。

3．焼入れによる欠陥として、端割れ・焼入れ変形・焼むらなどがある。

4．同じ組成の鋼材を同じように焼入れしても、その材料の直径や厚さが異なると、冷却温度が異なり焼入れの程度が異なる。

▶▶正解＆解説……………………………………………………………………………

【1】正解2

【2】正解1

1．材料のひずみを取り除くために行う熱処理は、焼なましや焼ならしである。

【3】正解2

2．焼入れとは、「オーステナイト」が「マルテンサイト」という組織に変わることである。

┃25. 非鉄金属

◎**非鉄金属**とは、鉄以外の金属の総称である。

◎**銅**は、電気や熱の伝導率が銀に次いで高い。また、展延性が大きいため、加工しやすい。銅は、水や海水に対し腐食性がある。

◎**青銅**は、銅に錫（すず）を加えた合金で、いわゆるブロンズ（bronze）である。鋳造性、耐食性、耐摩耗性及び機械的性質にも優れている。

◎**黄銅**は、銅に亜鉛を加えた合金である。亜鉛量が30％の七三黄銅は、加工性に優れており、自動車のラジエータなどに使われている。

◎**ベリリウム銅**は、銅にベリリウム Be を添加した合金で、ベリリウムの添加量は通常 1 〜 2.5％である。耐食性、導電性がよい。

◎**白銅**は、銅にニッケルを 15 〜 25％加えた合金である。銀白色で硬く、展延性、耐食性に富むため、硬貨や装飾品に用いられる。100 円硬貨及び 50 円硬貨は、銅 75％、ニッケル 25％を含む白銅である。

◎**緑青**（ろくしょう）は、銅または銅合金の表面に生じる青緑色のさびをいう。乾いた空気中ではさびにくいが、湿った空気中では徐々に緑青を生じる。各種のものがあるが、空気中の水分と二酸化炭素が作用して生じたものは、その組成が塩基性炭酸銅などで、緑色顔料に用いる。

◎アルミニウムは、次の特性がある。

①密度が鉄の約3分の1と軽い。

▷解説：密度は物質の単位体積あたりの質量で、単位はkg/m³など。

②電気の伝導率は銅の約60％で、電気を通す。

③熱の伝導率は鉄の約3倍で、熱を通しやすい。

④線膨張係数は鉄の約2倍で、熱により膨張しやすい。

⑤大気中では酸素と結合し、表面にち密な酸化被膜を形成する。これが腐食を防ぐ。

⑥強度が低いため、一般に、銅、マンガン、ニッケル、ケイ素、マグネシウム、亜鉛などの金属を1種類又は数種類を加えた**アルミニウム合金**として多く使用されている。

◎ジュラルミンは、アルミニウムに銅、マグネシウム、マンガンなどを加えたアルミニウム合金の1種である。特に、機械的強度が優れている。

◎マグネシウムは、比重が1.7で、アルミニウムの2.7より更に軽いという特性がある。マグネシウム合金は、アルミニウム合金に比べ、軽量かつ寸法安定性に優れている。しかし、腐食しやすく、成型加工が難しいという欠点がある。

▶▶過去問題◀◀

【1】合金について、誤っているものは次のうちどれか。［★］

- □ 1．銅とすずの合金を青銅という。
  2．銅と亜鉛の合金を黄銅という。
  3．ニッケルとマンガンの合金をステンレス鋼という。
  4．鉄と炭素の合金を炭素鋼という。

【2】アルミニウム合金について、誤っているものは次のうちどれか。

- □ 1．大気中では、表面に酸化被膜をつくり腐食を防ぐ。
  2．電気の良導体である。
  3．熱の良導体である。
  4．密度は鉄とほぼ同じである。

▶▶正解&解説‥‥‥‥‥‥‥‥‥‥‥‥‥‥‥‥‥‥‥‥‥‥‥‥‥‥‥‥‥‥‥‥‥‥‥‥‥

【1】正解3

　3．ステンレス鋼は、鉄にクロムなどを加えた合金である。

【2】正解4

　4．アルミニウムの密度は鉄の約3分の1である。アルミニウム合金とすることで、密
　　度は多少増加するが、鉄とほぼ同じになることはない。

26. 金属材料の表面処理

◎金属材料の腐食を防ぐ方法として、塗装、めっき、ライニングなどがある。

◎ライニングは、樹脂などを熱で半溶融状態にし、これを圧縮空気で金属材料の表
面に吹き付けることをいう（溶射法）。

▶▶過去問題◀◀

【1】金属材料の表面処理に用いられている非金属皮膜処理のうち、誤っているも
のは次のうちどれか。[★]

☐　1．セラミックコーティング

　　2．プラスチックライニング

　　3．ほうろう加工

　　4．電気めっき

▶▶正解&解説‥‥‥‥‥‥‥‥‥‥‥‥‥‥‥‥‥‥‥‥‥‥‥‥‥‥‥‥‥‥‥‥‥‥‥‥‥

【1】正解4

　3．ほうろう（ホーロー）加工とは、一般に金属の表面に無機ガラス質のうわぐすり
　　（釉薬）を高温で焼き付けること。

　4．電気めっきは、金属被膜処理の1つ。

第4章　基礎的知識　電気部分

4章

1. オームの法則

◎「導体に流れる電流は、その両端に加えた電圧に比例する」、これを**オームの法則**といい、電気回路において最も基本となる法則である。

◎回路に流れる電流を I〔A〕、加える電圧を V〔V〕、回路の抵抗を R〔Ω〕としたとき、オームの法則は次の式で表すことができる。

$$I = \frac{V}{R}$$

◎この式を変形して電圧 V について求めると、次のようになる。

$$V = RI$$

◎オームの法則は、電流、電圧、抵抗の関係を式で表すことができる。このため、これら3つの要素のうち、いずれか2つがわかると、未知の数値を求めることができる。

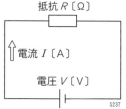

抵抗 R〔Ω〕

電流 I〔A〕

電圧 V〔V〕

S237

【例題1】 10 Ωの抵抗に50V の電圧を加えたとき、回路に流れる電流は何 A か。

$$I = \frac{V}{R} = \frac{50V}{10Ω} = 5A$$

【例題2】 150 Ωの抵抗に0.5A の電流を流すには、何 V の電圧を加えればよいか。

$$V = RI = 150\,Ω × 0.5A = 75V$$

【例題3】 ある抵抗に12V の電圧を加えたら、0.3A の電流が流れた。この抵抗は何Ωか。

$$R = \frac{V}{I} = \frac{12V}{0.3A} = 40\,Ω$$

4章

2．合成抵抗

■1．抵抗の直列接続

◎2個の抵抗 R_1・R_2 を直列に接続したときの合成抵抗 R は、次の式で表すことができる。

$$R = R_1 + R_2$$

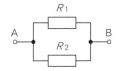

◎一般に、2個以上の抵抗を直列接続したときの合成抵抗は、各抵抗の和となる。

■2．抵抗の並列接続

◎2個の抵抗 R_1・R_2 を並列に接続したとき、合成抵抗 R の逆数は、次の式で表すことができる。

$$\frac{1}{R} = \frac{1}{R_1} + \frac{1}{R_2}$$

◎一般に、2個以上の抵抗を並列接続したときの合成抵抗の逆数は、各抵抗の逆数の和となる。

■3．分数の取り扱い

◎抵抗の並列接続では、合成抵抗を求める際、必ず分数を取り扱う。そこで、分数の取り扱うルールを簡単にまとめた（編集部）。

①分数の分母と分子に同じ数をかけても、分数の値は変わらない。

例1： $\dfrac{2}{3} = \dfrac{2 \times 2}{3 \times 2} = \dfrac{2 \times 3}{3 \times 3} = \dfrac{2 \times 4}{3 \times 4} = \dfrac{2 \times 5}{3 \times 5} = \dfrac{2 \times 6}{3 \times 6}$

例2： $\dfrac{4}{5} = \dfrac{4 \times 2}{5 \times 2} = \dfrac{4 \times 3}{5 \times 3} = \dfrac{4 \times 4}{5 \times 4} = \dfrac{4 \times 5}{5 \times 5} = \dfrac{4 \times 6}{5 \times 6}$

②通分は、2つ以上の分数で、分母が異なる場合、共通の分母の分数に直すことをいう。分数の足し算や引き算の際に、この通分が必要となる。

例1： $\dfrac{1}{3} + \dfrac{1}{5} = \dfrac{1 \times 5}{3 \times 5} + \dfrac{1 \times 3}{5 \times 3} = \dfrac{5}{15} + \dfrac{3}{15} = \dfrac{8}{15}$

例2： $\dfrac{5}{6} - \dfrac{4}{9} = \dfrac{5 \times 3}{6 \times 3} - \dfrac{4 \times 2}{9 \times 2} = \dfrac{15}{18} - \dfrac{8}{18} = \dfrac{7}{18}$

例3： $\dfrac{1}{6} + \dfrac{3}{8} = \dfrac{1 \times 4}{6 \times 4} + \dfrac{3 \times 3}{8 \times 3} = \dfrac{4}{24} + \dfrac{9}{24} = \dfrac{13}{24}$

③**約分**は、分数の分母と分子が共通の整数で割りきれるときに、分母と分子をその共通の整数で割って、分母と分子の小さい分数にすることをいう。約分をすると、分数を含む計算が簡単になる。

例1： $\dfrac{4}{6} = \dfrac{2 \times 2}{3 \times 2} = \dfrac{2}{3}$

例2： $\dfrac{27}{36} = \dfrac{9 \times 3}{12 \times 3} = \dfrac{9}{12} = \dfrac{3 \times 3}{4 \times 3} = \dfrac{3}{4}$

▶ ▶ 過去問題 ◀ ◀

【1】抵抗値が R_1（Ω）、R_2（Ω）、R_3（Ω）である3つの抵抗を並列に接続した場合の合成抵抗 R（Ω）を求める式として、正しいものは次のうちどれか。

☐　1． $R = \dfrac{1}{R_1} + \dfrac{1}{R_2} + \dfrac{1}{R_3}$

　　2． $R = \dfrac{R_1}{R_2 R_3} + \dfrac{R_2}{R_3 R_1} + \dfrac{R_3}{R_1 R_2}$

　　3． $R = \dfrac{R_1 R_2 R_3}{R_1 R_2 + R_2 R_3 + R_1 R_3}$

　　4． $R = \dfrac{R_1 R_2 + R_2 R_3 + R_1 R_3}{R_1 + R_2 + R_3}$

【2】同じ導線をm本直列につないだものを、n本並列につないだ場合、その抵抗値について、正しいものは次のうちどれか。

☐　1．mに比例し、nに反比例する。

　　2．mに反比例し、nに比例する。

　　3．mに比例し、nに比例する。

　　4．mに反比例し、nに反比例する。

【3】下図のＡＢ間の合成抵抗として、正しいものは次のうちどれか。

☐　1．1.2Ω

　　2．1.5Ω

　　3．3Ω

　　4．6Ω

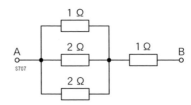

【4】 下図のＡＢ間の合成抵抗として、正しいものは次のうちどれか。

☐　1．92.5Ω
　　2．100Ω
　　3．107Ω
　　4．145Ω

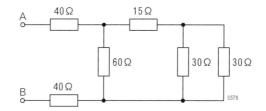

▶▶正解&解説…………………………………………………………………………………

【1】 正解3

次の等式が成り立つとき、それぞれの逆数も互いに等しい。

$$A = B \quad \Rightarrow \quad \frac{1}{A} = \frac{1}{B}$$

合成抵抗を R とすると、次の等式が成り立つ。

$$\frac{1}{R} = \frac{1}{R_1} + \frac{1}{R_2} + \frac{1}{R_3}$$

左辺と右辺のそれぞれの逆数も互いに等しいことから、次の等式が成り立つ。

$$R = \cfrac{1}{\cfrac{1}{R_1} + \cfrac{1}{R_2} + \cfrac{1}{R_3}}$$

分数の分母と分子の両方に $R_1 R_2 R_3$ をかけ、分数部分を約分する。

$$R = \frac{R_1 R_2 R_3}{R_2 R_3 + R_1 R_3 + R_1 R_2} = \frac{R_1 R_2 R_3}{R_1 R_2 + R_2 R_3 + R_1 R_3}$$

【2】 正解1

仮に、m＝2本、n＝3本として考えてみる。

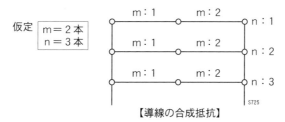

【導線の合成抵抗】

mの本数が多くなるほど、抵抗は増加する。導線の合成抵抗はmに比例する。
nの本数が多くなるほど、抵抗は減少する。導線の合成抵抗はnに反比例する。

【3】 正解2

左側の並列接続部分の合成抵抗を求める。

$$\frac{1}{1} + \frac{1}{2} + \frac{1}{2} = \frac{2}{2} + \frac{1}{2} + \frac{1}{2} = \frac{4}{2} = \frac{2}{1} \quad \Rightarrow \quad 合成抵抗 = 0.5\ \Omega$$

ＡＢ間は0.5Ωと１Ωの直列回路となり、全体の合成抵抗は1.5Ωとなる。

【4】 正解2

30Ωの並列接続部分の合成抵抗は、単純に15Ωとなる。

$$\frac{1}{R} = \frac{1}{30} + \frac{1}{30} = \frac{2}{30} = \frac{1}{15} \quad \Rightarrow \quad 合成抵抗 R = 15\Omega$$

15Ωと15Ωの直列接続部分の合成抵抗は、15Ω＋15Ω＝30Ωとなる。

60Ωと30Ωの並列接続部分の合成抵抗は、次のとおりとなる。

$$\frac{1}{R} = \frac{1}{60} + \frac{1}{30} = \frac{3}{60} = \frac{1}{20} \quad \Rightarrow \quad 合成抵抗 R = 20\Omega$$

40Ωと20Ωと40Ωの直列接続部分の合成抵抗は、40Ω＋20Ω＋40Ω＝100Ωとなる。

3. 直流回路

■1. 抵抗の直列接続

◎抵抗の直列接続回路では、各抵抗に流れる電流の大きさは等しい。また、回路全体に加わる電圧は、それぞれ抵抗の大きさに比例して分圧される。

【例題】次の回路において、流れる電流を求めよ。また、各抵抗の両端の電圧はそれぞれいくらか。

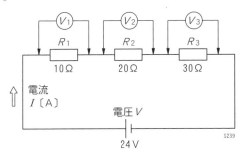

合成抵抗 R は、次のとおりとなる。

$R = 10\ \Omega + 20\ \Omega + 30\ \Omega = 60\ \Omega$

回路に流れる電流 I は、次のとおりとなる。

$$I = \frac{V}{R} = \frac{24\text{V}}{60\ \Omega} = 0.4\text{A}$$

各抵抗の両端の電圧は、次のとおりとなる。

$V_1 = R_1 I = 10\ \Omega \times 0.4\text{A} = 4\text{V}$

$V_2 = R_2 I = 20\ \Omega \times 0.4\text{A} = 8\text{V}$

$V_3 = R_3 I = 30\ \Omega \times 0.4\text{A} = 12\text{V}$

各抵抗の両端にあらわれる電圧を分圧という。分圧 V_1、V_2、V_3 は、電流値を用いずに次のように求めることができる。

$$V_1 = \frac{R_1}{R_1 + R_2 + R_3} \times V = \frac{10\ \Omega}{10\ \Omega + 20\ \Omega + 30\ \Omega} \times 24\text{V} = \frac{10}{60} \times 24\text{V} = 4\text{V}$$

$$V_2 = \frac{R_2}{R_1 + R_2 + R_3} \times V = \frac{20\ \Omega}{10\ \Omega + 20\ \Omega + 30\ \Omega} \times 24\text{V} = \frac{20}{60} \times 24\text{V} = 8\text{V}$$

$$V_3 = \frac{R_3}{R_1 + R_2 + R_3} \times V = \frac{30\ \Omega}{10\ \Omega + 20\ \Omega + 30\ \Omega} \times 24\text{V} = \frac{30}{60} \times 24\text{V} = 12\text{V}$$

4章

■２．抵抗の並列接続

◎抵抗の並列接続回路では、各抵抗に加わる電圧の大きさは等しい。また、回路全体に流れる電流は、それぞれ抵抗の大きさに反比例して分流する。

【例題】次の回路において、流れる総電流を求めよ。また、各抵抗に流れる電流はそれぞれいくらか。

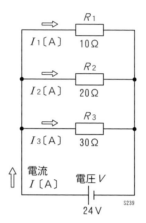

合成抵抗 R は、次のとおりとなる。

$$\frac{1}{R} = \frac{1}{10} + \frac{1}{20} + \frac{1}{30} = \frac{6+3+2}{60} = \frac{11}{60} \quad \Rightarrow \quad R = (60/11)\,\Omega$$

回路に流れる総電流 I は、次のとおりとなる。

$$I = \frac{V}{R} = \frac{24V}{(60/11)\,\Omega} = \frac{24 \times 11}{60} = \frac{2 \times 11}{5} = 4.4A$$

各抵抗には電源電圧の 24V が加わる。

各抵抗に流れる電流は、次のとおりとなる。

$$I_1 = \frac{V}{R_1} = \frac{24V}{10\Omega} = 2.4A$$

$$I_2 = \frac{V}{R_2} = \frac{24V}{20\Omega} = 1.2A$$

$$I_3 = \frac{V}{R_3} = \frac{24V}{30\Omega} = 0.8A$$

各抵抗に流れる電流の和は、回路に流れる総電流と等しい。

$$I_1 + I_2 + I_3 = I$$

$$2.4A + 1.2A + 0.8A = 4.4A$$

【1】 ２Ωの抵抗と３Ωの抵抗を並列に接続した回路に、直流24Vの電圧を加えた
とき、この回路に流れる電流の値として、正しいものは次のうちどれか。[★]

☐ 1．4.8 A
2．10.0 A
3．20.0 A
4．24.0 A

【2】 下図の回路における抵抗Rの値として、正しいものは次のうちどれか。

☐ 1．3 Ω
2．5 Ω
3．7 Ω
4．9 Ω

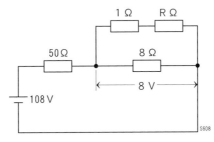

【3】 下図の回路における抵抗Rの値として、正しいものは次のうちどれか。

☐ 1．1.5Ω
2．2.0Ω
3．2.5Ω
4．3.0Ω

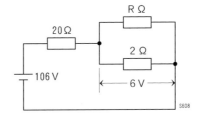

【4】 下図の直流回路において、20Ωの抵抗に流れる電流値として、正しいものは
次のうちどれか。

☐ 1．0.2A
2．0.3A
3．0.8A
4．1.2A

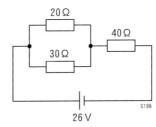

【5】 下図の直流回路において、56Ωの抵抗に生じる電流の値として、正しいもの
は次のうちどれか。

　1．0.8A

　　2．1.2A

　　3．2.0A

　　4．3.2A

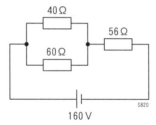

▶▶正解＆解説···

【1】正解3

回路全体の合成抵抗 R は、次のとおりとなる。

$$\frac{1}{R} = \frac{1}{2} + \frac{1}{3} = \frac{3}{6} + \frac{2}{6} = \frac{5}{6}$$

$$\Rightarrow \quad R = \frac{6}{5} = 1.2 \ \Omega$$

回路に流れる電流 I は、次のとおりとなる。

$$I = \frac{V}{R} = \frac{24V}{1.2 \ \Omega} = 20A$$

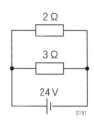

【2】正解3

分圧を求める計算式から、次の等式が成り立つ。R右は分圧8V部分の合成抵抗とする。

$$\frac{R右}{50\Omega + R右} \times 108V = 8V$$

▽両辺に（50Ω＋R右）をかける。

$108 \times R右 = 400 + 8 \times R右 \quad \Rightarrow \quad 100 \times R右 = 400 \quad \Rightarrow \quad R右 = 4 \ \Omega$

右側の分圧8V部分の合成抵抗が4Ωであるとき、Rは7Ωとなる。計算式を示すと
次のとおり。

$$\frac{1}{4} = \frac{1}{8} + \frac{1}{1+R} \quad \Rightarrow \quad \frac{1}{4} - \frac{1}{8} = \frac{1}{1+R}$$

$$\frac{1}{8} = \frac{1}{1+R} \quad \Rightarrow \quad 8 = 1+R \quad \Rightarrow \quad R = 7$$

【3】正解4

分圧を求める計算式から、次の等式が成り立つ。R右は分圧6V部分の合成抵抗とする。

$$\frac{R右}{20\Omega + R右} \times 106V = 6V$$

▽両辺に（20Ω＋R右）をかける。

$106 \times R右 = 120 + 6 \times R右 \quad \Rightarrow \quad 100 \times R右 = 120 \quad \Rightarrow \quad R右 = 1.2\Omega$

右側の分圧6V部分の合成抵抗が1.2Ωであるとき、Rは3Ωとなる。計算式を示すと次のとおり。

$$\frac{1}{1.2} = \frac{1}{2} + \frac{1}{R} \quad \Rightarrow \quad \frac{1}{1.2} - \frac{1}{2} = \frac{1}{R}$$

$$\frac{5}{6} - \frac{3}{6} = \frac{1}{R} \quad \Rightarrow \quad \frac{2}{6} = \frac{1}{R} \quad \Rightarrow \quad R = 3$$

【4】 正解2

20Ωと30Ωの並列接続部分の合成抵抗 R を求める。

$$\frac{1}{R} = \frac{1}{20} + \frac{1}{30} = \frac{3+2}{60} = \frac{5}{60} = \frac{1}{12} \quad \Rightarrow \quad R = 12\,Ω$$

〔回路全体の合成抵抗〕= 12Ω + 40Ω = 52Ω

並列接続部分（12Ω）に生じる電圧 V は、分圧の考えを利用すると次のとおりとなる。

$$V = \frac{12\,Ω}{12\,Ω + 40\,Ω} \times 26V = \frac{12}{52} \times 26V = 12 \times 0.5V = 6\,V$$

20Ωの抵抗に流れる電流 I_{20} は、次のとおりとなる。

$$I_{20} = \frac{6\,V}{20\,Ω} = 0.3A$$

参考までに、30Ωの抵抗に流れる電流 I_{30} は、次のとおりとなる。

$$I_{30} = \frac{6\,V}{30\,Ω} = 0.2A$$

【5】 正解3

40Ωと60Ωの並列接続部分の合成抵抗 R を求める。

$$\frac{1}{R} = \frac{1}{40} + \frac{1}{60} = \frac{3+2}{120} = \frac{5}{120} = \frac{1}{24} \quad \Rightarrow \quad R = 24\,Ω$$

〔回路全体の合成抵抗〕= 24Ω + 56Ω = 80Ω

回路全体に流れる電流の値と、56Ωの抵抗に生じる電流は等しい。

$$I = \frac{160V}{80\,Ω} = 2.0A$$

4. 電圧計と電流計

▷**注意**：電圧計や電流計の接続方法は、「構造・機能及び工事・整備」として出題されることが多いが、内容が「電気」に関するものであるためここに収録した。

▶**電圧計**

◎電圧計を負荷回路に接続するには、負荷に対して**並列**にする。

◎電圧計は一般に内部抵抗が非常に**大きく**設定されており、並列に接続した電圧計側にはほとんど電流が流れない。

◎電圧計には直流の場合、マイナス側の接続端子とプラス側の接続端子間の電位差（電圧）が表示される。

◎電圧計を負荷回路に対し直列に接続すると、電圧計部分で大きく電圧が低下し、電源電圧に近い電圧値を表示する。

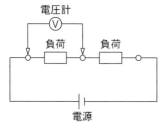
【電圧計を負荷に対して並列に接続】

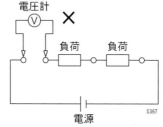
【電圧計を負荷に対して直列に接続】

▶**電流計**

◎電流計を負荷回路に接続するには、負荷に対して**直列**にする。

◎電流計は一般に内部抵抗が非常に**小さく**設定されており、直列に接続した電流計部分で電流の流れはほとんど妨げられない。

◎電流計には直流の場合、プラス側の接続端子からマイナス側の接続端子に流れる電流値が表示される。

◎電流計を負荷回路に対し並列に接続すると、電流計側に大きな電流が流れるため、負荷回路に流れる電流値より大きな数値を表示する。

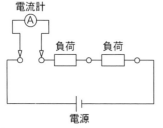
【電流計を負荷に対して直列に接続】

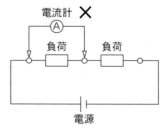
【電流計を負荷に対して並列に接続】

▶デジタル計器とアナログ計器

◎電圧計や電流計は、指針で測定値を表示するアナログ計器と、数値で測定値を表示するデジタル計器がある。

◎アナログ計器は、変化の度合いを読み取りやすく、測定量を**直感的**に判断できる利点を持つが、読取り誤差を生じやすい。

◎デジタル計器は、アナログ計器に比べて次のような特徴がある。

　①有効ケタ数が多く取れ、精度がよい。

　②測定値が数字で表示されるため、読み取りやすく、読み取りの個人差がない。

　③電圧測定では、内部抵抗が大きいため、測定回路にほとんど影響を与えない。

▶▶過去問題◀◀

【1】 一般に電圧計や電流計を負荷回路に接続する方法として、正しいものは次のうちどれか。[★]

□　1．電圧計は負荷に対して直列に、電流計は負荷に対して並列に接続する。

　　2．電圧計は負荷に対して並列に、電流計は負荷に対して直列に接続する。

　　3．電圧計、電流計はいずれも負荷に対して直列に接続する。

　　4．電圧計、電流計はいずれも負荷に対して並列に接続する。

【2】 交流回路と接続している負荷設備に電圧計や電流計を設ける方法として、正しいものは次のうちどれか。

□　1．電圧計は内部抵抗が小さいので、負荷に並列で接続する。

　　2．電圧計は内部抵抗が大きいので、負荷に直列で接続する。

　　3．電流計は内部抵抗が小さいので、負荷に直列で接続する。

　　4．電流計は内部抵抗が大きいので、負荷に並列で接続する。

【3】 デジタル式電圧計において、アナログ式電圧計と比べたときの長所として、誤っているものは次のうちどれか。

□　1．正確な数値を表示する。

　　2．指示値が直感的にわかる。

　　3．回路にあたえる影響が少ない。

　　4．有効ケタ数が多い。

▶▶正解＆解説‥‥‥‥‥‥‥‥‥‥‥‥‥‥‥‥‥‥‥‥‥‥‥‥‥‥‥‥‥‥‥‥‥‥‥‥‥

【1】正解2　　【2】正解3　　【3】正解2

5. 電池の内部抵抗とキルヒホッフの法則

■1. 電池の内部抵抗

◎電池の起電力は、電池がつくり出す電圧である。しかし、電池に負荷を接続した状態では、電池の両端の電圧は、起電力の大きさとはならない。これは、電池の内部に抵抗があるとすると、次のように説明することができる。

◎電池の起電力を E〔V〕、内部抵抗を r〔Ω〕、流れる電流を I〔A〕とすると、内部抵抗により電圧降下 rI〔V〕が生じるため、端子電圧 V〔V〕は次のように表される。

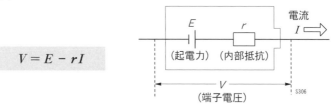

$$V = E - rI$$

◎電池に負荷を接続していない状態では、端子電圧は電池の起電力と等しい。また、流れる電流が多くなるほど、電池の端子電圧は小さくなる。電池は古くなるほど、内部抵抗が大きくなる。

■2. キルヒホッフの法則

◎電源や抵抗の回路が複雑になってくると、オームの法則では回路に流れる電流や任意の箇所の電圧が求められなくなる。その場合は、キルヒホッフの法則を使う。

◎キルヒホッフの**第1法則**…回路内の任意の分岐点に流れ込む電流の和は、流れ出る電流の和に等しい。

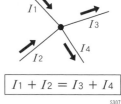

$$I_1 + I_2 = I_3 + I_4$$

◎キルヒホッフの**第2法則**…回路内の任意の閉回路において、起電力の和と電圧降下の和は等しい。

◎下図の起電力が2個ある回路において、第1法則と第2法則をまとめると、右の式となる。E_1 については、閉回路 ebafe を対象とする。E_2 については、閉回路 dcbafed を対象とする。

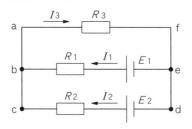

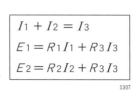

$$I_1 + I_2 = I_3$$
$$E_1 = R_1 I_1 + R_3 I_3$$
$$E_2 = R_2 I_2 + R_3 I_3$$

◎この３つの計算式から、例えば起電力と抵抗が判明している場合は、電流を求めることができる。

▶▶ 過去問題 ◀◀

【1】 起電力 E〔V〕、内部抵抗 r〔Ω〕の同一の電池４個を下図のように接続し、その両端 A－B 間に抵抗 R〔Ω〕を接続したとき、回路に流れる電流 I〔A〕として正しいものは次のうちどれか。

□ 1. $\dfrac{2E}{r+R}$

2. $\dfrac{2E}{2r+R}$

3. $\dfrac{2E}{\dfrac{r}{2}+R}$

4. $\dfrac{2E}{\dfrac{r}{4}+R}$

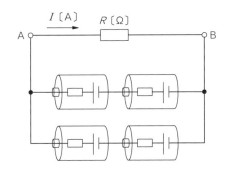

【2】 下図のように、起電力３〔V〕、内部抵抗２〔Ω〕の電池を２個並列に接続し、これに 29〔Ω〕の抵抗を直列に接続した。各電池に流れる電流として、正しいものは次のうちどれか。

□ 1. 30mA

2. 40mA

3. 50mA

4. 60mA

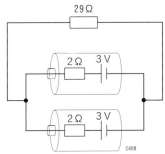

▶正解＆解説……………………………………………………………………………………………

【1】正解1

    I_1 は上段電池、I_2 は下段電池を流れる電流とする。

    キルヒホッフの法則より、次の3つの等式が得られる。

    $I_1 + I_2 = I$ …①

    $2E = 2rI_1 + RI$ …②

    $2E = 2rI_2 + RI$ …③

    式②と③より、$I_1 = I_2$ となる。更に、式①より $I_1 = I / 2$ となる。これを式②に代入する。

$$2E = 2r \, \frac{I}{2} + RI = rI + RI = (r + R)I \;\Rightarrow\; I = \frac{2E}{(r + R)}$$

【2】正解3

    ひとつの電池に流れる電流を I_1、29 Ωの抵抗に流れる電流を I とすると、次の2つの等式が得られる。

    $2I_1 = I$ …①

    $3V = 2\,Ω \times I_1 + 29\,Ω \times I$ …②

    式①の I を式②に代入する。

    $3V = 2\,Ω \times I_1 + 29\,Ω \times 2I_1 = 2\,Ω \times I_1 + 58\,Ω \times I_1 = 60\,Ω \times I_1$

    $I_1 = 3V / 60\,Ω = 0.05A = 50mA$

6. 電流と磁界

■1. 磁気量

◎磁石は互いに引きつけ合ったり、反発し合ったりする。これは、磁石の両端にある磁極間で磁力（磁気力）がはたらいているためである。

◎磁気量の単位には、ウェーバ〔Wb〕を用いる。

◎磁気量がそれぞれm_1〔Wb〕、m_2〔Wb〕の磁極間にはたらく磁力F〔N〕は、電荷に関するクーロンの法則と同様に、磁極間の距離の2乗に反比例し、磁気量の積（$m_1 m_2$）に比例する。

■2. 磁界

◎磁力は、磁極によって周りの空間が変化し、その変化した空間から他の磁極が力を受けることによってはたらくと考えることができる。磁力を及ぼす空間では、磁界が生じているという。

◎磁界は、磁極による磁界中に＋1Wbの磁極をおいたときにはたらく力の大きさと向きで表される。磁界の大きさは記号Hで表され、単位は、〔A/m〕（アンペア毎メートル）が用いられる。

◎N巻の円形コイル中心の磁界の大きさH〔A/m〕は、次のようになる。ただし、rは円形コイルの半径〔m〕、Iはコイルに流れる電流〔A〕とする。

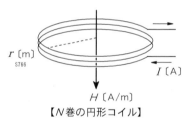

【N巻の円形コイル】

$$H = \frac{NI}{2r}$$

■3. 磁力線

◎磁界のようすは、磁石の周りに鉄粉を置くことによって観測することができる。

◎磁界のようすを表すため、磁界の向きに沿って描いた線を磁力線という。磁力線は、磁石のN極から出てS極に入る。また、磁力線は交差したり分岐することがない。磁力線が密集している場所では、磁界が強い。

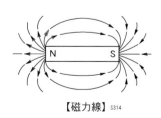

【磁力線】S314

■4．直流電流がつくる磁界

◎十分に長い導線を流れる直流電流のまわりには、同心円状の磁界ができる。その向きは、ねじの進む向きを電流の向きに合わせたとき、ねじを回す向きとなる。これを**右ねじの法則**という。

【右ねじの法則】

■5．ドットとクロス

◎電磁力の向きや誘導起電力の向きを説明する際、必要となるのがドットとクロスである。ドットは紙面の奥から手前に向かう方向を表し、クロスは紙面から奥に向かう方向を表す。矢の先端と尾からデザインされている。

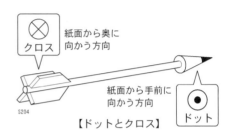

【ドットとクロス】

■6．電流が磁界から受ける力

◎電流は周囲に磁界を生じ、磁石に力を及ぼす。このとき、作用・反作用の法則により、電流は逆向きの力を受ける。見方を変えると、磁石のつくる磁界が電流に力を及ぼすと考えることができる。

◎電流の流れる導線と磁界との間ではたらく力を**電磁力**という。

◎磁界の中に導線を配置し電流を流すと、導線（導体）にはたらく力（電磁力）は、電流の方向にも磁界の方向にも直角な方向となる。磁界と電流と電磁力の向きの関係は、ちょうど左手の中指を電流の向き、人差し指を磁界の向きに合わせると、親指が力の向きとなる。これを**フレミングの左手の法則**という。

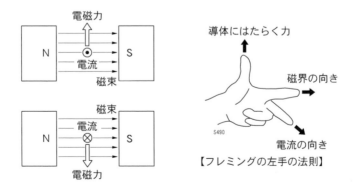

【フレミングの左手の法則】

■7．磁束密度

◎磁界の強さ H〔N/Wb〕は、磁極が単位磁気量（1Wb）あたりに受ける力の大きさと定義される。これに対し、単位電流（1A）が流れる導線が単位長さ（1m）あたりに受ける力によって、磁気の強さを定義したもの**磁束密度**という。記号 B を用いる。

◎磁束密度の単位は、〔N/A·m〕となるが、これをテスラ〔T〕と表す。1A が流れる導線1m あたりに受ける力が1N であるとき、磁束密度の大きさはちょうど1〔T〕となる。

◎磁束密度の大きさ B を用いて、導線にはたらく力 F を表すと、次のとおりとなる。

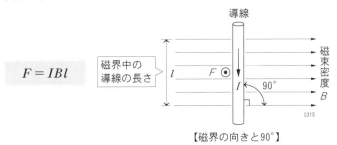

【磁界の向きと90°】

▶▶過去問題◀◀

【1】 フレミングの左手の法則に関する次の記述のうち、文中の（　）に当てはまる語句の組合せとして、正しいものは次のうちどれか。

　「左手の親指・人差し指・中指をそれぞれ直交するように開き、人差し指を磁界の向き、中指を（ア）の向きに向けると、親指の向きが（イ）の向きと一致する。」

　　　　（ア）　　　（イ）

□　1．移動　　誘導起電力

　　2．移動　　電磁力

　　3．電流　　電磁力

　　4．電流　　誘導起電力

【2】 平等磁界中に置かれた導線に、図のように電流を流した場合、導線にはたらく
力の方向として正しいものは次のうちどれか。

　□　1．左の方向
　　　 2．右の方向
　　　 3．上の方向
　　　 4．下の方向

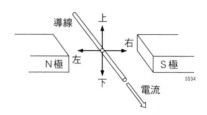

【3】 下図のように、円形のコイルの半径が 50cm、電流が 3 A、コイルの巻き数 N が
150 であるとき、円形コイル中心 P の磁界の大きさ H〔A/m〕として、正しいもの
は次のうちどれか。

　□　1．4.5A/m
　　　 2．25A/m
　　　 3．45A/m
　　　 4．450A/m

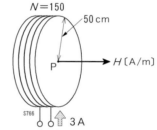

【4】 下図のように、円形のコイルの半径が 30cm、電流が 3 A、コイルの巻き数 N が
100 であるとき、円形コイル中心 P の磁界の大きさ H〔A/m〕として、正しいもの
は次のうちどれか。

　□　1．5 A/m
　　　 2．10A/m
　　　 3．500A/m
　　　 4．1000A/m

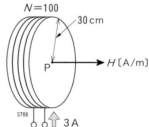

▶▶正解&解説···

【1】正解3

「左手の親指・人差し指・中指をそれぞれ直交するように開き、人差し指を磁界の向き、中指を〈㋐ 電流〉の向きに向けると、親指の向きが〈㋑ 電磁力〉の向きと一致する。」

【2】正解3

平等磁界は、磁界の強さおよびその方向がいずれの点でも同一である場合の磁界をいう。

【3】正解4

$H = NI / 2r = 150 \times 3A / 2 \times 0.5m = 450A/m$

【4】正解3

$H = NI / 2r = 100 \times 3A / 2 \times 0.3m = 500A/m$

7. 電磁誘導

◎図1のように、磁石をコイルに近づけたり遠ざけたりすると、コイルに電流が流れる。また、磁石を固定してコイルの方を動かしても、コイルに電流が流れる。

◎流れる電流の向きは、磁石を近づけるときと遠ざけるときで逆向きとなる。

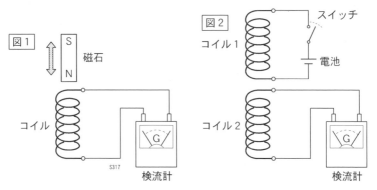

◎更に、図2のように2つのコイルを近くに置いて、コイル1に流す電流をスイッチで断続すると、コイル2に電流が流れる。

◎流れる電流の向きは、スイッチを入れたときと切ったときで逆向きとなる。

◎これらの現象は、コイルを貫く磁束が時間的に変化すると、コイルに起電力が発生し、電流が流れることを示している。このような現象を**電磁誘導**という。そして、電磁誘導によって生じる起電力を**誘導起電力**、流れる電流を**誘導電流**という。

▶誘導起電力の向き

◎コイルに発生する誘導起電力の向きは、誘導電流のつくる磁束が、もとのコイルを貫く磁束の変化を**妨げる**向きとなっている。

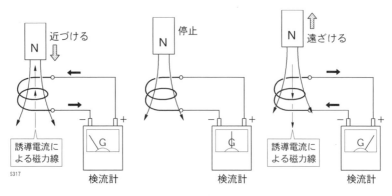

◎一般に、誘導起電力は、コイルを貫く磁束の変化を妨げる向きに生じる。これを**レンツの法則**という。

▶誘導起電力の大きさ

◎誘導起電力の大きさは、コイルを貫く磁束の単位時間あたりの変化に比例する。これを**ファラデーの電磁誘導の法則**という。

◎コイルを貫く磁束が時間 Δt〔s〕の間に $\Delta \Phi$〔Wb〕だけ変化したとき、1巻のコイルに生じる誘導起電力 V〔V〕は、次のとおりとなる。

$$V = -\frac{\Delta \Phi}{\Delta t}$$

▷**参考**：Δ はギリシャ語のデルタで、微少な増加分を表す。また、Φ はギリシャ語のファイで、磁束を表す。

◎右辺の負の符号は、磁束の変化を妨げる向きに誘導起電力が生じるというレンツの法則を表している。N 回巻きのコイルの場合、1巻あたりに生じる誘導起電力が、直列につながれた電池のようになるため、コイル全体の誘導起電力は次のとおりとなる。

$$V = -N\frac{\Delta \Phi}{\Delta t}$$

【**例題**】30回巻のコイルにおいて、コイルを貫く磁束が 0.10 秒間に、1.0×10^{-3}〔Wb〕変化した。コイルの両端に生じる誘導起電力 V〔V〕の大きさを求めよ。

$$V = 30 \times \frac{1.0 \times 10^{-3}\text{Wb}}{0.10\text{s}} = 30 \times 10^{-2}\text{V} = 0.3\text{V}$$

▶磁界中を動く導体に生じる起電力

◎ファラデーの電磁誘導の法則は、コイルの形状が変化し、その結果としてコイルを貫く磁束が時間的に変化する場合にも同様に成り立つ。

◎すなわち、磁束を切るように導体を動かした場合でも、導体に誘導起電力が生じる。例えば、一様な磁束密度 B〔T〕の磁界に対して垂直に置かれたレールの上を、一定の速度 v〔m/s〕で滑りながら移動する長さ l〔m〕の導体棒を考えてみる。レールの左端は抵抗につながっており、コイルのように閉回路を形成している。

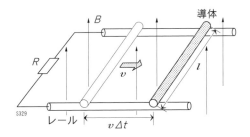

◎時間 Δt〔s〕あたり導体が移動する面積は、$l \times v\,\Delta t$〔m²〕となり、回路を貫く磁束は、$\Delta \Phi = Blv\,\Delta t$〔Wb〕だけ増加する。この回路に発生する誘導起電力は、次のとおりとなる。

$$V = -\frac{\Delta \Phi}{\Delta t} = Blv$$

▶フレミングの右手の法則

◎誘導起電力の向きは、磁界・導体の動く向きを、それぞれ互いに垂直方向に開いた右手の人差し指、親指に対応させると、中指の向きとなる。

◎この関係を、フレミングの右手の法則という。

〔フレミングの法則のまとめ〕

	左手の法則	右手の法則
中指	電流の向き	誘導起電力
人差指	磁界の向き	磁界の向き
親指	導体に働く力	導体の動く向き

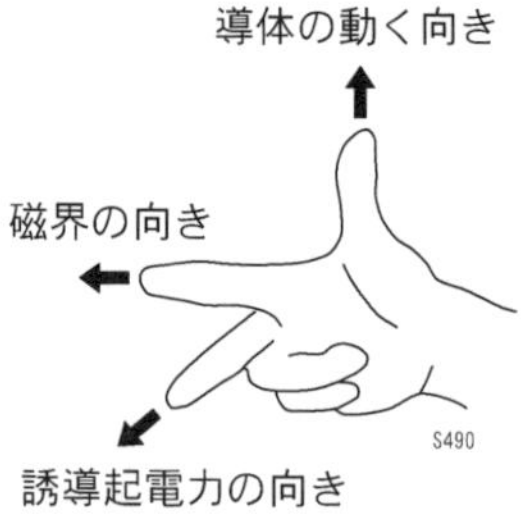

導体の動く向き

磁界の向き

S490

誘導起電力の向き

【フレミングの右手の法則】

▷参考：左手の法則の覚え方例　中指（電流の向き）⇒人差指（磁界の向き）⇒親指（導体に働く力の向き）…「電磁力」と覚える。

：右手の法則の覚え方例　右手（みきて）の「き」と起電力（きでんりょく）の「き」を関連づけて覚える。

【1】 物体 a、b、c を下図のように平面上に配置し、磁束密度 B が 1.5〔T〕の
平等磁界中においた。磁界と直角方向に磁束を切る長さ 0.4〔m〕の導体 c を、
20〔m/s〕の速度で矢印の方向へ移動させたとき、発生する誘導起電力の大き
さとして、正しいものは次のうちどれか。[★]

☐ 1．10V
    2．12V
    3．24V
    4．32V

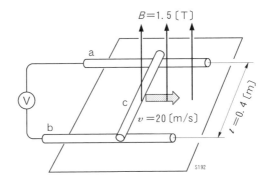

【2】 物体 a、b、c を下図のように平面上に配置し、磁束密度 B が 2.0〔T〕の
平等磁界中においた。磁界と直角方向に磁束を切る長さ 0.4〔m〕の導体 c を、
100〔m/s〕の速度で矢印の方向へ移動させたとき、発生する誘導起電力の大き
さとして、正しいものは次のうちどれか。

☐ 1．20V
    2．50V
    3．80V
    4．125V

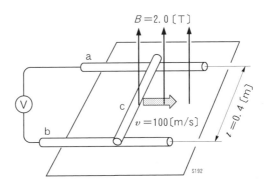

▶▶ 正解＆解説 ··

【1】 正解 2

誘導起電力 $V = Blv = 1.5\text{T} \times 0.4\text{m} \times 20\text{m/s} = 12\text{V}$

平等磁界とは、すべての点で、磁界の強さやその向きが一定な磁界をいう。

【2】 正解 3

誘導起電力 $V = Blv = 2.0\text{T} \times 0.4\text{m} \times 100\text{m/s} = 80\text{V}$

◎2つの帯電体が及ぼし合う静電気力（静電力）の大きさは、帯電体の電気量の大きさと、帯電体間の距離によって変化する。

◎帯電体の間の距離に比べて帯電体の大きさが無視できるほど小さい場合、その帯電体を点電荷という。

◎静電気力 F〔N〕は、2つの点電荷の電気量 q_1〔C〕、q_2〔C〕の積に比例し、距離 r〔m〕の2乗に反比例する。これをクーロンの法則という。

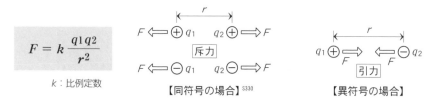

$$F = k\frac{q_1 q_2}{r^2}$$

k：比例定数

【同符号の場合】S330　　【異符号の場合】

◎クーロンの法則の比例定数 k は、2つの点電荷のまわりの物質により異なるが、真空中での比例定数は次のとおり。

$k_0 = 9.0 \times 10^9 \text{N·m}^2/\text{C}^2$

空気中でも k の値は真空中とほぼ等しく、k_0 を用いることが多い。

▶▶過去問題◀◀

【1】次の関係を示す法則の名称として、正しいものは次のうちどれか。

「2つの点電荷にはたらく静電力は、両電荷の積に比例し、両電荷の距離の2乗に反比例する。」

□　1．レンツの法則
　　2．クーロンの法則
　　3．ファラデーの法則
　　4．ビオ・サバールの法則

【2】真空中に 2μF と 4μF の正の電荷を 20cm 離して置いた。両電荷を結ぶ直線上にはたらく静電力（反発力）の大きさ F として、正しいものは次のうちどれか。ただし、真空の k の値は、$1/4\pi\varepsilon_0 = 9 \times 10^9$ とする。

□　1．1.8N
　　2．18N
　　3．0.36N
　　4．3.6N

【1】正解2

　静電気力＝静電力である。「静電力」は、主に工学の分野で使われる。

　1．レンツの法則…誘導起電力は、コイルを貫く磁束の変化を妨げる向きに生じる。

　3．ファラデーの電磁誘導の法則…誘導起電力の大きさは、コイルを貫く磁束の単位時間あたりの変化に比例する。

　4．ビオ・サバールの法則では、さまざまな形状の電線に電流が流れているとき、任意の点に作られる磁界の強さを求めることができる。詳細は省略。

【2】正解1

　μ（マイクロ）は10^{-6}を表す接頭語である。

$$F = 9 \times 10^9 \times \frac{2\mu F \times 4\mu F}{0.2m \times 0.2m} = 9 \times 10^9 \times \frac{2 \times 10^{-6}F \times 4 \times 10^{-6}F}{0.04m^2}$$

$$= 9 \times 10^9 \times \frac{8 \times 10^{-12}}{4 \times 10^{-2}} N = 9 \times 10^9 \times 2 \times 10^{-10} N = 18 \times 10^{-1} N = 1.8N$$

◎電子は負荷の電気をもっているため、電流は負の電気の移動ということになる。

◎「導体の断面を通過する電気量が１秒間に１クーロン（C）であるときの電流の大きさ」が１アンペア（A）とされている。

◎導体の断面を t 秒間に Q（C）の電荷が通過したとすると、そのとき流れた電流 I（A）は次のように表すことができる。

$$I = \frac{Q}{t}$$

◎１Aは、１C/s と表すこともできる。

【例題】電線に５Aの電流が４秒間流れたとき、その電線の断面を移動した電子の個数を求めなさい。ただし、電子１個の電荷は、1.6×10^{-19}C とする。

断面を移動した電荷の量は、$Q = 5A \times 4s = 20C$ となる。

電子１個 ―― 1.6×10^{-19}C

求める個数の電荷の量 ―― 20C

〔求める個数〕$= \dfrac{20C}{1.6 \times 10^{-19}C} = \dfrac{20 \times 10^{19}}{1.6} = 1.25 \times 10^{20}$個

▶ ▶ 過去問題 ◀ ◀

【1】　電線のある断面を $\dfrac{1}{1.602} \times 10^{19}$ 個の電子が0.5秒間で通過したとき、この電線の断面を流れた電流値として、正しいものは次のうちどれか。ただし、１個の電子は、1.602×10^{-19} クーロンの電荷をもっているものとする。

☐　1．2A

　　2．4A

　　3．6A

　　4．8A

▶ ▶ 正解&解説 ···

【1】正解1

　　　１秒間に１Cの電荷が通過すると１Aとなる。１C／１s＝１A

　　　〔電流値〕$= \dfrac{1}{1.602} \times 10^{19}$個 $\times 1.602 \times 10^{-19}$C／0.5s＝１C／0.5s＝2C／1s

　　　　＝2A

10. 電気力線

◎電荷に静電気力を及ぼす空間には、電界（または電場）が生じているという。

◎電界中に正の試験電荷を置き、これを電界から受ける静電気力の向きに少しずつ動かすと、1つの曲線が得られる。この曲線を**電気力線**といい、正の電荷が動いた向きを電気力線の向きとする。

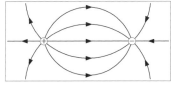

[正・負電荷のまわりの電気力線]　　　[正・正電荷のまわりの電気力線]
【電気力線を用いて電界を表した図】 S604

◎電気力線は、次の特性がある。

　①電気力線は正の電荷から出て、負の電荷で終わる。

　②電気力線の各点において電気力線の向きに引いた接線は、定義からその点の電界の向きになる。

　③電界の向きは各点で定まっているので、電気力線は交差したり枝分かれしない。

　④電気力線の密度は、電界の強さを表す。

　⑤電気力線は導体表面に垂直となる。ただし、導体内部の電界は0であるため、電気力線は導体の内部に入り込まない。

```
▶▶ 過去問題 ◀◀
```

【1】電気力線の性質として、誤っているものは次のうちどれか。

☐　1．電気力線は、正の電荷から出て、負の電荷に入る。

　　2．任意の点における電界の向きは、その点を通る電気力線の接線の向きとなる。

　　3．任意の点における電気力線の密度は、その点における電界の強さを表す。

　　4．電気力線は、導体に垂直に出入りし、導体内にも存在する。

▶▶正解＆解説‥‥‥‥‥‥‥‥‥‥‥‥‥‥‥‥‥‥‥‥‥‥‥‥‥‥‥‥‥‥‥‥‥‥‥‥‥‥

【1】正解4

　　4．電気力線は導体表面に垂直となるが、導体の内部には入り込まないため、導体内には存在しない。導体内部の電界は0となる。

◎2つの導体を向かい合わせることによって、多量の電気を蓄える装置を**コンデン
サ**という。

◎コンデンサの2つの極板に蓄えられる電気量 Q〔C〕は、極板間の電位差 V〔V〕
に比例し、次の式で表される。

$$Q = CV$$

◎比例定数 C は、極板の大きさや距離などによって決まる定数で、電気容量と呼
ばれる。電気容量の単位には、ファラド〔F〕を用いる。1 F は、1 V の電位差
を与えたときに1 C の電荷を蓄えられる静電容量である。

◎1 F は非常に大きな静電容量であるため、多くの場合、μF が使われる。

1 μF = 1.0×10^{-6}F

▷用語：μ（マイクロ）10^{-6}を表す接頭語。

◎3個のコンデンサ（$C_1 \cdot C_2 \cdot C_3$）を**並列接続**したとき、回路全体の合成静電容
量 C は、**各静電容量の和**となる。

$$C = C_1 + C_2 + C_3$$

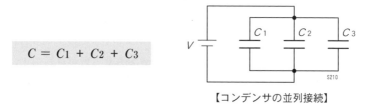

【コンデンサの並列接続】

◎3個のコンデンサ（$C_1 \cdot C_2 \cdot C_3$）を**直列接続**したとき、回路全体の合成静電容
量 C の逆数は、**各静電容量の逆数の和**となる。

$$\frac{1}{C} = \frac{1}{C_1} + \frac{1}{C_2} + \frac{1}{C_3}$$

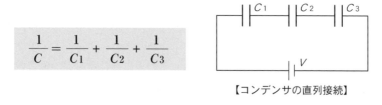

【コンデンサの直列接続】

▶コンデンサに蓄えられるエネルギー

◎静電容量 C〔F〕のコンデンサに電圧 V〔V〕を加えると、電荷 Q（= CV）〔C〕
が蓄えられる。

◎電源を外してコンデンサの端子間を導体で接続すると、電荷が放出して仕事をす
る。すなわち、充電されたコンデンサは、エネルギーを蓄えている。

◎電圧を 0 から V〔V〕まで増加したとき、コンデンサに蓄えられるエネルギー W〔J〕は、図の斜線部分の面積で表され、次のようになる。

$$W = \frac{1}{2} VQ = \frac{1}{2} CV^2$$

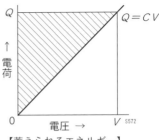

【蓄えられるエネルギー】

▶▶ 過去問題 ◀◀

【1】20 μF と 30 μF のコンデンサを直列に接続したときの合成静電容量として、正しいものは次のうちどれか。

□　1.　6 μF

　　2.　12 μF

　　3.　24 μF

　　4.　50 μF

【2】0.1 μF と 0.5 μF のコンデンサを並列に接続したときの合成静電容量として、正しいものは次のうちどれか。

□　1.　0.4 μF

　　2.　0.6 μF

　　3.　0.8 μF

　　4.　1.0 μF

【3】静電容量 C〔F〕のコンデンサに、直流電圧 V〔V〕を加えたとき、コンデンサに蓄えられるエネルギー W〔J〕を表す式として、正しいものは次のうちどれか。

□　1.　$W = CV$

　　2.　$W = CV^2$

　　3.　$W = \frac{1}{2} CV$

　　4.　$W = \frac{1}{2} CV^2$

【4】 下図の回路において、$0.1\,\mu\text{F}$ のコンデンサに蓄えられている電気量として、
正しいものは次のうちどれか。

☐　1．$0.1\,\mu\text{C}$
　　2．$0.2\,\mu\text{C}$
　　3．$0.3\,\mu\text{C}$
　　4．$0.6\,\mu\text{C}$

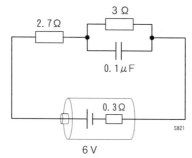

▶▶正解&解説··

【1】 正解2

合成静電容量を C とする。

$$\frac{1}{C} = \frac{1}{20} + \frac{1}{30} = \frac{3}{60} + \frac{2}{60} = \frac{5}{60} = \frac{1}{12}$$

$\Rightarrow\ C = 12\,\mu\text{F}$

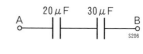

【2】 正解2

合成静電容量 $C = 0.1\,\mu\text{F} + 0.5\,\mu\text{F} = 0.6\,\mu\text{F}$

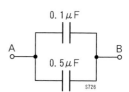

【3】 正解4

【4】 正解3

コンデンサに加わる電圧は、３Ωの抵抗両端の電圧と等しい。

３Ωの抵抗両端の電圧は次のとおり。

$$\frac{3\,\Omega}{(0.3\,\Omega + 2.7\,\Omega + 3\,\Omega)} \times 6\text{V} = \frac{3}{6} \times 6\text{V} = 3\text{V}$$

電気量 $Q = CV = 0.1\,\mu\text{F} \times 3\text{V} = 0.3\,\mu\text{C}$

12. 指示電気計器

◎指示電気計器は、電圧や電流などを指針の振れ等によって表示する計器である。

■1. 可動コイル形計器（永久磁石可動コイル形計器）

◎直流用の電流計や電圧計には、可動コイル形計器が広く使われている。

◎可動コイル形計器は、磁界中のコイルに
電流を流すと、電磁力が働きコイルを回
転させようとするトルク（モーメント）
が生じることを利用した計器である。

◎計器の指針駆動部は、強力な永久磁石、
コイルを巻き付けた円筒鉄心、円筒鉄心
の回転によって振れる指針、円筒鉄心を
つるす金属製バンド等で構成されている。

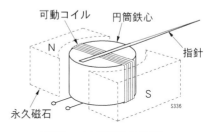

【可動コイル形計器の構造】

◎円筒鉄心に巻き付けてあるコイルを**可動
コイル**という。可動コイルに測定しようとする電流を流すと、磁界と電流の積に
比例したトルク（駆動トルクという）が生じる。

◎一方、可動コイルの回転に伴い、金属製バンドがねじれ、コイルをもとの位置に
戻そうとするトルク（制御トルクという）がはたらく。

◎この駆動トルクと制御トルクがつり合った位置でコイルの回転が止まり、指針を
振って、電流の大きさを表示する。

◎可動コイル形計器は、計器の目盛が等間隔の等分目盛となる。一方、不等分目盛
は等間隔とはならない目盛で、可動鉄片形計器などが該当する。

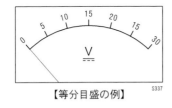

【等分目盛の例】

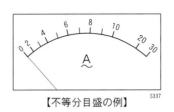

【不等分目盛の例】

▶特性と特長

①磁界を作る強力な永久磁石を使用するため、極めて**高感度**である。

②永久磁石を使用しているため、磁界の方向が常に一定であり、コイルに流れる電
流の向きが反対になると、指針の振れも反対となる。このため、計器にはプラス
とマイナスの端子が指定してある。

③**等分目盛**であるため、精密に指針の振れを読むことができる。

④可動部分を軽くつくるため、コイルは細い線が使われている。このため、コイルに直接流すことができる電流は数十〔mA〕が限度である。

⑤微小な電流を測定できるものほど駆動トルクを強くするため、コイルは細い線を使用して数多く巻いてある。この結果、電流計の**内部抵抗**は大きくなる。

■2．可動鉄片形計器

◎商用周波数（50Hz・60Hz）の交流電流計や交流電圧計には、可動鉄片形計器が使われている。

◎可動鉄片形計器は、磁界中に2つの鉄片を置くと、磁化されて2つの鉄片には磁界の強さに応じて反発力が生じることを利用した計器である。

◎計器の指針駆動部は、測定電流を流す固定コイル、固定コイル内側で位置が固定されてある固定鉄片、固定コイル内側で指針の回転軸と共に動く可動鉄片、指針などで構成されている。

◎固定コイルに測定電流が流れると、固定鉄片と可動鉄片は磁化され、反発力が働くことで可動鉄片は指針の回転軸を中心として動く。固定コイルに流れる電流の向きが逆になっても、2つの鉄片には反発力が働き、可動鉄片は固定鉄片と逆方向に動く。

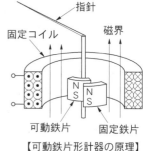

【可動鉄片形計器の原理】

◎固定コイルに流れる電流の向きに関係なく、可動鉄片にはトルクが生じ、可動鉄片と直結している指針を回転させる。指針の回転軸には渦巻きばねが取り付けてあり、ばねの弾性によるトルクとつり合った位置で指針は停止する。

◎可動鉄片形計器は一般に**交流用**として使われ、目盛は不等分目盛となる。

▷参考：直流に対しては鉄片のヒステリシス現象のため、多少の誤差を生じる。このため、普通は直流用として用いられない。また、駆動トルクは電流の2乗に比例するため、計器目盛は2乗目盛（不等分目盛）となるが、鉄片の形状を工夫して等分目盛に近づけている。

■3．整流形計器

◎整流形計器は、ダイオードなどの整流器で交流を直流に変換し、これを可動コイル形計器で指示させる方式の交流用計器である。

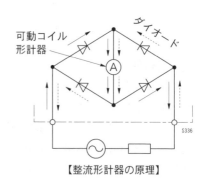

【整流形計器の原理】

◎可動コイルで生じるトルクは電流の平均値に比例するため、この計器は平均値指示計と言われる。しかし、実際の目盛は、その平均値を実効値に換算して示してある。

■4．熱電形計器

◎熱電形計器は、熱線に測定する電流を流して加熱し、熱線の温度をa、bからなる熱電対で直流起電力に変換し、可動コイル形計器で指示させる方式の交直用計器である。

◎熱電対は、種類の異なる2つの金属を接合したもので、熱電対の一方を加熱して他端との間に温度差を生じさせると、起電力を発生する特性がある。この現象をゼーベック効果という。

◎熱電形計器は、特に高周波電流に対して誤差が少なく、高周波電流計として広く使われている。

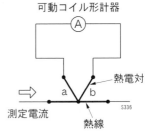

【熱電形計器の原理】

■5．代表的な指示電気計器のまとめ

計器の型名	記　号	交直の別	作動原理	計器の例
可動コイル形		直流	永久磁石の磁界と電流との間の電磁力	・電流計 ・電圧計 ・抵抗計
可動鉄片形		交流	磁界内の鉄片に働く磁力	・電流計 ・電圧計
整流形		交流	交流を直流に整流して、可動コイル形計器で指示	・電流計 ・電圧計
熱電形		交直流	熱電対による起電力を可動コイル形計器で指示	・高周波電流計 ・電圧計
空心 電流力計形		交直流	固定コイルと可動コイルに電流を流し、可動コイルに生じるトルクで指針を振る	・電力計
静電形		交直流	2つの金属電極間で生じる静電力で指針を振る	・高電圧用電圧計
誘導形		交流	電流による移動磁界と、渦電流による電磁力を利用	・電力量計

【1】 指示電気計器の目盛り板には、計器の型名が記号で記載されているが、記号と計器の型名の組合せとして、誤っているものは次のうちどれか。[★]

	記号	計器の型名
☐ 1.	⌂	可動コイル形
2.	▶━	整流形
3.	≢	可動鉄片形
4.	⊥	熱電形

【2】 指示電気計器の目盛り板には、計器の型名が記号で記載されているが、記号と計器の型名の組合せとして、誤っているものは次のうちどれか。

	記号	計器の型名
☐ 1.	⊟	整流形
2.	≢	可動鉄片形
3.	⊥	静電形
4.	⌂	永久磁石 可動コイル形

【3】 指示電気計器の目盛り板には、動作原理の記号が記載されているが、交流の測定に適さないものは次のうちどれか。

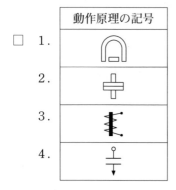

	動作原理の記号
☐ 1.	⌂
2.	⊟
3.	≢
4.	⊥

【4】電流感度の最も高い指示電気計器として、正しいものは次のうちどれか。

[★]

□　1．可動鉄片形計器
　　2．静電形計器
　　3．電流力計形計器
　　4．可動コイル形計器

【5】永久磁石可動コイル形計器の説明として、最も不適切なものは次のうちどれか。[★]

□　1．磁界を作る強力な永久磁石を用いるので、極めて高感度である。
　　2．微小な電流を測れるものは、駆動トルクを大きくするため、コイルは細い線を多く巻くので、内部抵抗は小さくなる。
　　3．永久磁石を使用しているため、磁界の方向が常に一定であり、コイルに流れる電流の向きが逆になると、指針の振れも逆方向になる。
　　4．等分目盛である。

▶▶正解＆解説‥‥‥‥‥‥‥‥‥‥‥‥‥‥‥‥‥‥‥‥‥‥‥‥‥‥‥‥‥‥‥‥

【1】正解4
　　4．設問の記号は静電形計器である。熱電形の記号は　⊻

【2】正解1
　　1．設問の記号は空心電流力計形である。整流形の記号は　➤➤

【3】正解1
　　1．可動コイル形は直流の測定に限られる。
　　2．空心電流力計形は交直流。
　　3．可動鉄片形は交流。
　　4．静電形は交直流。

【4】正解4
【5】正解2
　　2．微小な電流を測れるものは、駆動トルクを大きくするため、コイルは細い線を多く巻くので、「内部抵抗は大きくなる」。一般に、導線は細くするほど、また、長くするほど抵抗が大きくなる。逆に、導線を太くして短くすると、抵抗は小さくなる。

13. クランプ式電流計

■1. 種類と分類

◎クランプ式電流計は、クランプメーターや架線電流計とも呼ばれる。

◎先端部のクランプと呼ばれる輪の部分で電線を挟み込んで使用する。このため、回路を切断することなく、電流を測定することができる。通常の電流計は、回路の一部を切断して開き、そこに電流計を通す形で接続しなければならない。

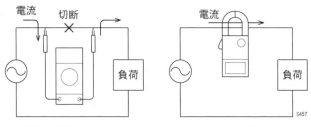

【通常の電流計による測定】　【クランプ式電流計による測定】

◎クランプ式電流計は、交流用、直流用、交流直流両用のものがある。いずれも、電流そのものを測定するのではなく、電流が流れることでその周囲に発生する磁界の強弱をセンサで検出し、それを電流に換算している。なお、センサは数種類あるが、詳細は省略する。

◎クランプ式電流計は測定できる電流の種類によるほか、測定電流の大きさの違いで、**負荷電流測定型**と**漏れ電流測定型**に分類される。

◎負荷電流測定型は、数A以上の大きな負荷電流を測定する。一方、漏れ電流測定型は、数A以下の微少な漏れ電流を測定する。

◎交流を測定できるクランプ式電流計は、直流に換算したときの実効値を算出する方式の違いにより、平均値方式と真の実効値方式に分類される。

◎平均値方式では、交流の平均値を測定し、その値に一定値を乗じて実効値を算出する。正弦波交流を前提としているため、正弦波以外の交流や歪んだ正弦波の場合、測定誤差が大きくなる。ただし、真の実効値方式に比べて安価である。

◎一方、真の実効値方式は、微少な時間ごとに電流を測定し、直接実効値を算出する。このため、正弦波以外の交流や微少な漏れ電流も正確に測定できる。一般に、漏れ電流測定型は真の実効値方式を採用しており、負荷電流測定型は、平均値方式のものと真の実効値方式のものがある。

◎負荷電流と漏れ電流を測定する場合で、それぞれ**測定方法が異なる。**

◎**負荷電流**を測定するときは、負荷電流が流れる**電線１本**にだけクランプを挟み込む。更に、誤差を少なくするため、電線はクランプの中心になるようにする。

◎負荷に向かう電流の電線と、負荷から戻る電流の電線の２本を挟み込んではならない。電線の周囲の磁場が打ち消し合い、正常な測定ができない。

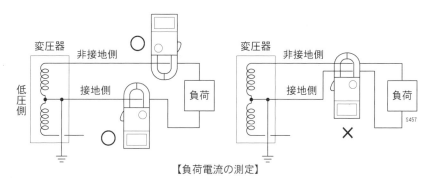

【負荷電流の測定】

◎家庭用100V交流は、送電線から送られてくる高圧交流（6600V）を変圧器で単相200Vに落とされて供給される。変圧器の低圧側では、コイルの中位部分がアースと接続してある。アースと接続している側の電線は中性線であり、接地側電線ともいう。これに対し、アースと接続していない側の電線を非接地側電線という。

◎単相２線式（100V）の家電品を運転している状態で、**負荷電流**を測定する場合、クランプで挟み込む電線１本は、非接地側であっても接地側であっても、どちらでも良い。

◎一方、単相２線式で**漏れ電流**を測定するときは、非接地側と接地側の電線２本を一緒に挟み込む。負荷などからアースに流れる漏れ電流がない状態では、２本線に流れる電流は等しく、向きが異なるため、磁場が打ち消し合ってゼロ表示となる。

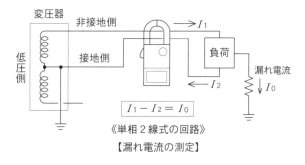

$$I_1 - I_2 = I_0$$

《単相２線式の回路》

【漏れ電流の測定】

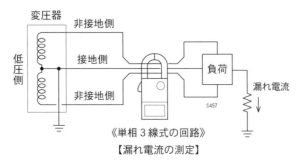

《単相3線式の回路》
【漏れ電流の測定】

◎負荷などから漏れ電流が生じると、接地側の電線に流れる電流は、漏れ電流の分だけ減る。このため、電線の周囲に生じる磁界は完全に打ち消し合わず、漏れ電流に応じた磁界が生じ、それをクランプ式電流計のセンサが検出する。

◎単相3線式（200V）回路で漏れ電流を測定する場合は、3本の電線を一緒に挟み込む。

▶▶ 過去問題 ◀◀

【1】電流計（クランプ式）に関する次の記述のうち、誤っているものはどれか。

☐　1．電線を挟み込むことで、電気回路を遮断することなく、導通状態のまま電流を測定することができる。

　　2．測定できる電流によって、交流用、直流用、交流直流両用のものがある。

　　3．電線に流れる電流による磁界を測ることで電流が測定できる。

　　4．単相2線式で負荷電流を測定する場合には、非接地側電線と接地側電線の2本の電線を一緒に挟み込んで測定する。

▶▶正解＆解説 ……………………………………………………………………………

【1】正解4

　　4．非接地側電線と接地側電線の2本の電線を一緒に挟み込んで測定するのは、漏れ電流を測定する場合である。負荷電流を測定する場合は、2本の電線のうちいずれか1本のみを挟み込んで測定する。

◎交流には、正弦波交流の他、方形波交流や三角波交流などがある。

◎正弦波交流は、波形が正弦波形であるもので、家庭用100V交流など最も広く使われている。

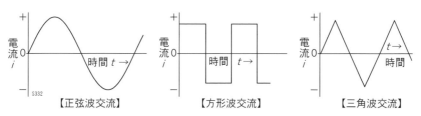

【正弦波交流】　　　　【方形波交流】　　　　【三角波交流】

◎交流の瞬間値は絶えず変化しているため、交流の大きさを表す際、何を基準とするかが問題となる。交流の大きさは、その交流のなす仕事量の多少によって決められた**実効値**を用いて表している。

◎また、交流の大きさは時々刻々と変化する。各時刻における値を**瞬間値**といい、瞬間値のうち最大の値を**最大値**という。

◎いま、同じ抵抗の交流回路と直流回路について考えてみる。どちらも電力量が等しいとき、E〔V〕を交流電圧の実効値とする。また、I〔A〕を交流電流の実効値とする。

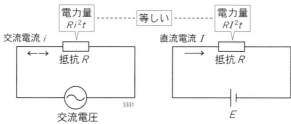

◎正弦波交流について、V_0 を交流電圧の最大値、Ve を交流電圧の実効値とすると、左の関係にある。同様に、I_0 を交流電流の最大値、Ie を交流電流の実効値とすると、右の関係にある。

$$Ve = \frac{V_0}{\sqrt{2}}$$

$$Ie = \frac{I_0}{\sqrt{2}}$$

◎家庭用 100V 交流は、実効値 $Ve = 100V$、最大値 $V_0 = \sqrt{2} \times 100V \fallingdotseq 141V$ となる。

◎また、交流の波形について1周期の平均を求めると0となるため、半周期を平均した値を交流の**平均値**（Va）という。正弦波交流は次の関係がある。

$$Va = \frac{2}{\pi} V_0 ≒ 0.637 V_0$$

◎家庭用100V交流は、平均値 $Va ≒ 0.637 × 141V = 89.8V$ となる。

◎平均値は、半周期の波形と横軸とで囲まれる面積をπで除した値でもある。

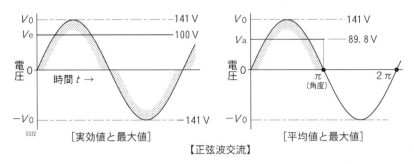

[実効値と最大値]　　　　　[平均値と最大値]

【正弦波交流】

▶▶ 過去問題 ◀◀

【1】正弦波交流起電力について、最大値が312Vである場合の実効値として、最も近い値は次のうちどれか。

☐　1．310V　　　2．220V
　　3．200V　　　4．160V

【2】実効値105Vの交流電圧を7Ωの抵抗に加えた場合、流れた電流として正しいものは次のうちどれか。

☐　1．7.5A　　　2．15A
　　3．25A　　　4．30A

▶▶正解＆解説・・

【1】正解2

正弦波交流起電力の最大値を V_0、実効値を Ve とする。

$$Ve = \frac{V_0}{\sqrt{2}} ≒ \frac{312}{1.41} = 221.27\cdots V$$

【2】正解2

$V = IR$ より、電流 $I = 105V ／ 7Ω = 15A$

正弦波交流について、電圧・電流の最大値から実効値を求める場合、または実効値から最大値を求める場合に、$\sqrt{2}$ を使用する。

■1. 抵抗 R だけの回路

◎抵抗だけの回路に正弦波交流を流した場合、電流 i と電圧 v は同位相となる。

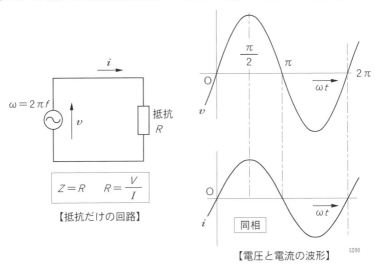

$$Z = R \qquad R = \frac{V}{I}$$

【抵抗だけの回路】

【電圧と電流の波形】

◎抵抗を R〔Ω〕とすると、電圧の実効値 V〔V〕、電流の実効値 I〔A〕の間には、オームの法則が成り立つ。

$$I = \frac{V}{R}$$

◎電圧・電流のベクトル図では、$\dot{V}$ を基準として、$\dot{I}$ は同じ向きとなる。

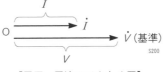

【電圧・電流のベクトル図】

◎正弦波交流回路では、インダクタンス L や静電容量 C が加わると、電圧と電流の位相に差が生じる。この差を考慮して、任意の箇所の電圧・電流を求めるためにベクトルの考えを取り入れている。ベクトルでは大きさとその方向を、1本の矢印で示す。電気の分野では、$\dot{A}$（A ドットと読む）のように表す。また、その大きさだけを表すときは、慣例として A とする。

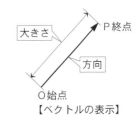

【ベクトルの表示】

◎インピーダンス Z は、交流回路における抵抗に相当する量で、単位はオーム〔Ω〕を用いる。抵抗だけの回路では、インピーダンス Z は次のとおりとなる。

$$Z = R$$

■2. インダクタンス L だけの回路

◎コイルは、電流が変化すると誘導起電力を生じるという特性がある。これをインダクタンスといい、自己インダクタンスと誘導リアクタンスがある。

▶自己インダクタンス

◎自己インダクタンス L〔H〕の回路に正弦波電圧 v を加え、交流 i が流れたとする。

◎コイルには、電流変化を妨げるように、加える電圧 v と符号が逆の誘導起電力 e が発生する。v と e は次の関係にある。

$$v = -e = L\frac{\Delta i}{\Delta t}$$

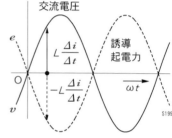

【交流電圧と誘導起電力の波形】

◎ただし、時間 Δt〔s〕の間に電流が Δi〔Wb〕だけ変化しているものとする。ここで比例定数 L をコイルの**自己インダクタンス**といい、単位にヘンリー〔H〕を用いる。

◎1〔H〕とは、1秒間に1〔A〕の割合でコイルに流れる電流が変化しているとき、コイルに発生する誘導起電力が1〔V〕であるような自己インダクタンスである。

▶誘導リアクタンス

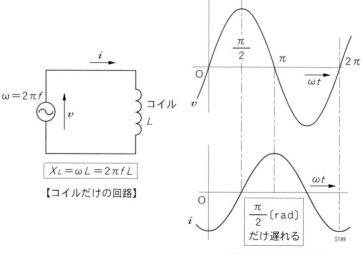

$$X_L = \omega L = 2\pi f L$$

【コイルだけの回路】

【電圧と電流の波形】

◎インダクタンスLだけの回路において、電圧の実効値V〔V〕、電流の実効値I〔A〕の間には、次の関係がある。

$$V = \omega L I \qquad I = \dfrac{V}{\omega L}$$

◎ωLは、抵抗Rに相当する量であることがわかる。大きくなるほど、電流の流れを妨げる。このωLは、**誘導リアクタンス**と呼び、単位に抵抗と同じオーム〔Ω〕を用いる。

◎インダクタンスがL〔H〕で、交流の角速度ω〔rad/s〕である場合、誘導リアクタンスをX_L〔Ω〕とすると、次のように表される。

$$X_L = \omega L = 2\pi f L$$

▶誘導リアクタンスの特徴

◎誘導リアクタンスと抵抗を比べると、電流の流れを妨げる点は同じであるが、異なる点もある。

◎抵抗回路では、流れる電流がこれに加える電圧と同位相であるのに対し、誘導リアクタンス回路に流れる電流は、加えた交流電圧より**位相が$\pi / 2$〔rad〕遅れる**。更に、抵抗の値は交流の周波数に関係ないが、誘導リアクタンスX_LはインダクタンスLが一定であっても、周波数fが高くなるほど大きくなり、交流は流れにくくなる。

■３．静電容量Cだけの回路

▶静電容量と交流

◎静電容量C〔F〕のコンデンサに直流電圧V〔V〕を加えると、コンデンサには瞬時に電荷$Q = CV$が蓄えられ、終わると電流は流れなくなる。

◎一方、コンデンサに交流電圧v〔V〕を加えた場合は、その大きさと向きが時間と共に変化するため、コンデンサに蓄えられる電荷の量は電圧の変化と共に変化する。電荷が電源とコンデンサ間を絶えず移動するようになり、この電荷の変化により、回路には交流が流れる。

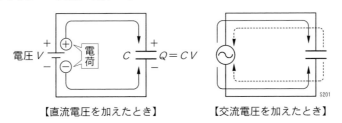

【直流電圧を加えたとき】　　　【交流電圧を加えたとき】

▶容量リアクタンス

◎静電容量 C だけの回路において、電圧の実効値 V〔V〕、電流の実効値 I〔A〕の間には、次の関係がある。

$$I = \omega C V \qquad V = \frac{I}{\omega C}$$

◎ $(1／\omega C)$ は、抵抗 R に相当する量であることがわかる（オームの法則 $V = RI$ より）。大きくなるほど、電流の流れを妨げる。この $(1／\omega C)$ は、**容量リアクタンス**と呼び、単位に抵抗と同じオーム〔Ω〕を用いる。

◎静電容量が C〔F〕で、交流の角速度 ω〔rad/s〕である場合、容量リアクタンスを X_C〔Ω〕とすると、次のように表される。

$$X_C = \frac{1}{\omega C} = \frac{1}{2\pi f C}$$

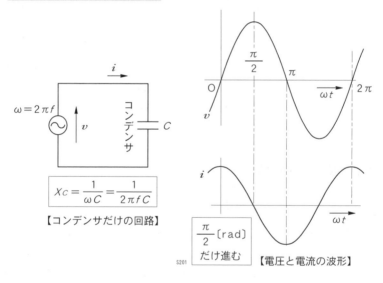

$$X_C = \frac{1}{\omega C} = \frac{1}{2\pi f C}$$

【コンデンサだけの回路】

$\frac{\pi}{2}$〔rad〕だけ進む

S201

【電圧と電流の波形】

▶容量リアクタンスの特徴

◎容量リアクタンスと抵抗を比べると、電流の流れを妨げる点は同じであるが、異なる点もある。

◎抵抗回路では、流れる電流がこれに加える電圧と同相であるのに対し、容量リアクタンス回路に流れる電流は、加えた交流電圧より**位相が $\pi／2$〔rad〕進む**。更に、抵抗の値は交流の周波数に関係ないが、容量リアクタンス X_C は静電容量 C が一定であっても、周波数 f が高くなるほど小さくなり、交流は流れやすくなる。

252

【1】 コンデンサに単相交流電圧を加えた場合、定常状態における電流、電圧の位相差として、正しいものは次のうちどれか。[★]

□ 1．電流は電圧より位相が $\dfrac{\pi}{2}$ 〔rad〕だけ進む。

2．電流は電圧より位相が $\dfrac{\pi}{2}$ 〔rad〕だけ遅れる。

3．電流は電圧より位相が π 〔rad〕だけ進む。

4．電流は電圧より位相が π 〔rad〕だけ遅れる。

▶▶正解＆解説……………………………………………………………………………………

【1】 正解1

■ 16. 交流の RLC 直列回路

◎ RLC 直列回路とは、抵抗 R 〔Ω〕、インダクタンス L 〔H〕、静電容量 C 〔F〕が直列に接続されている回路をいう。

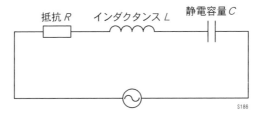

抵抗 R　　インダクタンス L　　静電容量 C

S186

◎ RLC 直列回路では、回路全体のインピーダンス Z が次のとおりとなる。

$$Z = \sqrt{R^2 + (X_L - X_C)^2} = \sqrt{R^2 + \left(\omega L - \dfrac{1}{\omega C}\right)^2}$$

◎誘導リアクタンス X_L と容量リアクタンス X_C の差の大きさを（合成）リアクタンス X という。計算式で表すと次のとおりとなる。

$X = |X_L - X_C|$　　※| |は絶対値を表す記号。

【例題】25〔Ω〕の抵抗、0.2〔H〕のコイル、150〔μF〕のコンデンサの直列回路に、100〔V〕、50〔Hz〕の正弦波交流電圧を加えたとき、回路に流れる電流 I〔A〕及び抵抗、コイル、コンデンサそれぞれの両端の電圧 V_R、V_L、V_C〔V〕を求めよ。

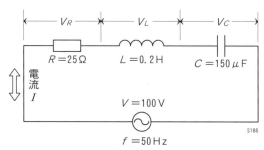

回路全体のインピーダンス Z を求める公式を使う。ただし、円周率の取扱い等いずれも近似値とする。

$R^2 = 25 \times 25 = 625$

$X_L = \omega L = 2\pi fL = 2 \times 3.14 \times 50 \times 0.2 = 62.8$

$X_C = 1 / \omega C = 1 / 2\pi fC = 1 / (2 \times 3.14 \times 50 \times 150 \times 10^{-6})$
$\qquad = 1 / 0.0471 \fallingdotseq 21.23$

$(X_L - X_C)^2 = (\omega L - 1 / \omega C)^2 = (62.8 - 21.23)^2 \fallingdotseq 1728$

$Z = \sqrt{625 + 1728} = \sqrt{2353} \fallingdotseq 48.5$〔Ω〕

電流 $I = \dfrac{V}{Z} = \dfrac{100}{48.5} \fallingdotseq 2.06$〔A〕

それぞれの両端の電圧は次のとおり。

$V_R = RI = 25 \times 2.06 = 51.5$〔V〕

$V_L = X_L I = \omega LI = 62.8 \times 2.06 \fallingdotseq 129.4$〔V〕

$V_C = X_C I = (1 / \omega C) I = 21.23 \times 2.06 \fallingdotseq 43.7$〔V〕

▶編集部より

　直流回路は、電圧・電流・抵抗の3要素で構成されている。しかし、交流回路はプラス周波数という要素が加わる。この周波数が加わることで、コイルとコンデンサは、電流を妨げる働きが異なってくる。

　一方で、次の等式が成り立つ（2番目は RLC 直列回路）。

　電圧＝（誘導リアクタンス X_L または容量リアクタンス X_C）×電流

　電圧＝インピーダンス Z ×電流

　交流回路では、直流回路における電圧・電流・抵抗の考え方がそのまま使える部分と、交流特有の考え方が混在しているため、このことが理解を妨げている。これをクリアするためには、やはり問題を繰り返し解いて、「慣れる」ことが必要となる。

【1】 下図の回路で、端子ＡＢ間の合成インピーダンスの値として、正しいものは次のうちどれか。

☐ 1. 2Ω
　　2. 5Ω
　　3. 7Ω
　　4. 10Ω

A ○───[$R=3\,\Omega$]───(ᴍᴍᴍ $X_L=4\,\Omega$)───○ B

S215

【2】 下図の RLC 直列回路におけるインピーダンス Z の値として、正しいものは次のうちどれか。[★]

☐ 1. 16Ω
　　2. 20Ω
　　3. 28Ω
　　4. 44Ω

$R=16\,\Omega$　$X_L=20\,\Omega$　$X_C=8\,\Omega$

100 V

S186

【3】 下図の交流回路において、抵抗 R の消費電力を1,600Wとしたとき、電源電圧 V〔V〕の値として、正しいものは次のうちどれか。

☐ 1. 160V
　　2. 200V
　　3. 320V
　　4. 360V

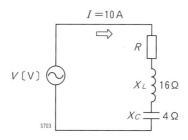

$I=10\,A$

V〔V〕

R

X_L 16Ω

X_C 4Ω

S703

【4】 下図の交流回路において、流れる交流電流の大きさとして、正しいものは次のうちどれか。

☐ 1. 1.2A
　　2. 2.0A
　　3. 3.6A
　　4. 4.5A

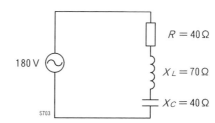

180 V

$R=40\,\Omega$

$X_L=70\,\Omega$

$X_C=40\,\Omega$

S703

▶▶正解＆解説···

【1】正解2

　　回路全体のインピーダンス Z を求める公式を使う。ただし、コンデンサは使われていないため、容量リアクタンス（$X_C = 1/\omega C$）はゼロとして取り扱う。

　　$R^2 = 3 \times 3 = 9$

　　$X_L = \omega L = 4 〔\Omega〕$　　　$X_L{}^2 = 16$

　　$Z = \sqrt{9 + 16} = \sqrt{25} = 5 〔\Omega〕$

【2】正解2

　　回路全体のインピーダンス Z を求める公式を使う。

　　$R^2 = 16 \times 16 = 256$

　　$X_L = \omega L = 20 〔\Omega〕$

　　$X_C = 1/\omega C = 8 〔\Omega〕$

　　$(X_L - X_C)^2 = (\omega L - 1/\omega C)^2 = (20 - 8)^2 = 144$

　　$Z = \sqrt{256 + 144} = \sqrt{400} = 20 〔\Omega〕$

【3】正解2

　　抵抗 R 回路に加わる電圧 V抵抗 を求める。

　　電力 P〔W〕＝電圧 V〔V〕×電流 I〔A〕より、

　　$1{,}600\text{W} = V$抵抗$\times I$　　　V抵抗$= 1{,}600\text{W}/10\text{A} = 160\text{V}$

　　$V = I \times R$ より、R の抵抗値を求める。$R = 160\text{V}/10\text{A} = 16\ \Omega$

　　回路全体のインピーダンス Z を求める公式を使う。

　　$R^2 = 16 \times 16 = 256$

　　$X_L = \omega L = 16 〔\Omega〕$

　　$X_C = 1/\omega C = 4 〔\Omega〕$

　　$(X_L - X_C)^2 = (\omega L - 1/\omega C)^2 = (16 - 4)^2 = 144$

　　$Z = \sqrt{256 + 144} = \sqrt{400} = 20 〔\Omega〕$

　　$V = I \times R$ より、電源電圧 V を求める。$V = 10\text{A} \times 20\ \Omega = 200 〔V〕$

【4】正解3

　　回路全体のインピーダンス Z を求める公式を使う。

　　$R^2 = 40 \times 40 = 1600$

　　$X_L = \omega L = 70 〔\Omega〕$

　　$X_C = 1/\omega C = 40 〔\Omega〕$

　　$(X_L - X_C)^2 = (\omega L - 1/\omega C)^2 = (70 - 40)^2 = 900$

　　$Z = \sqrt{1600 + 900} = \sqrt{2500} = 50 〔\Omega〕$

　　$V = I \times R$ より、電流 I を求める。$I = 180\text{V}/50\ \Omega = 3.6 〔A〕$

■1. 変圧器の原理

◎変圧器は、**電磁誘導**を利用して交流電圧を低くしたり、高くする装置である。

◎1つの鉄心に一次巻線と二次巻線をそれぞれ N_1、N_2 回巻にして、一次巻線に交流電圧 V_1 を加えると、鉄心中に磁束が生じ、二次巻線に相互誘導による交流電圧 V_2 が生じる。

◎一次巻線と二次巻線の比（N_1 / N_2）を a とすると、次の関係がある。

$$a = \frac{N_1}{N_2} \fallingdotseq \frac{V_1}{V_2}$$

◎ a を**巻数比**、V_1 / V_2 を**変圧比**と呼び、これらはほぼ同じ値となる。

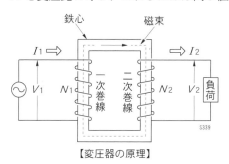

【変圧器の原理】

◎二次巻線に負荷をつないだとき、二次側に電流 I_2、一次側に電流 I_1 が流れたとする。鉄心や巻線での損失がないとすると、電力 $V_1 I_1 = V_2 I_2$ から次の関係がある。

$$\frac{I_1}{I_2} = \frac{V_2}{V_1} = \frac{N_2}{N_1} = \frac{1}{a}$$

◎ I_1 / I_2 を**変流比**といい、巻数比の逆数と等しくなる。

◎なお、**理想変圧器**とは、磁気回路に漏れ磁束がなく、巻線の抵抗や鉄損（ヒステリシス損と渦電流損など）及び励磁電流も無視することができる変圧器をいう。

■2. 変圧器の損失

◎変圧器は負荷が接続されていない場合でも、一次側に電圧が加わっていると、無負荷電流による損失が生じる。

◎このため、変圧器の損失は無負荷損と負荷損に分けて考える。

◎**無負荷損**は、二次巻線の開閉器が開いてる状態で一次端子に定格電圧を加えたときに生じる損失で、大部分は**鉄損**である。鉄損は磁性体が磁束により生じる損失であり、ヒステリシス損と渦電流損から成る。

◎**ヒステリシス損**は、鉄心に加わる磁界が向きを変えるときに起きる損失である。

◎**渦電流**は、磁束が増減するとそれに反発するように磁束を中心として円周状に生じる電流である。渦電流損は、鉄心に渦電流が生じることによる損失である。この損失を防ぐため、鉄心は層間を絶縁した積層構造にして、渦電流が積層方向に流れにくくしている。

◎**負荷損**は、主に一次、二次の負荷電流による巻線の**銅損**等から成る。銅損は、電線の抵抗により生じ、ジュール熱となって放熱する。

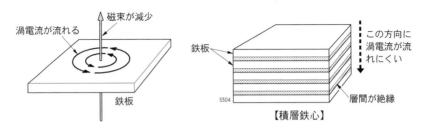

【積層鉄心】

■３．変圧器の並行運転

◎負荷が増大して変圧器容量を増加するとき、２台以上の単相変圧器の一次側及び二次側を、それぞれ並列に結線して使用することがある。これを変圧器の**並行運転**という。

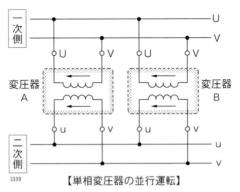

【単相変圧器の並行運転】

◎単相変圧器の並行運転を行う場合、次に掲げる一定の条件を満たす必要がある。

〔並行運転に必要な条件〕

> ▷各変圧器の起電力の向きが同一になるように、すなわち**極性が一致する**ようにつなぐこと。仮に、変圧器Ａの二次側端子ｕとｖが逆に接続されていると、ＡとＢの二次側電圧が同相となって加わり、短絡した状態となる。この結果、非常に大きな循環電流が流れて、巻線を焼損する。
>
> ▷各変圧器の**巻線比が等しい**こと。これが異なるとＡとＢの二次電圧に差が生じ、循環電流が流れることになる。
>
> ▷各変圧器のインピーダンス電圧が等しいこと。これが異なると、電流に位相差が生じ、銅損（抵抗成分による熱損失）が生まれる。
>
> ▷各変圧器の巻線抵抗と漏れリアクタンスの比が等しいこと。これが異なると、電流に位相差が生じ、銅損が生まれる。

◇編集部より…「巻線抵抗と漏れリアクタンスの比」については、詳細を省略。

■4．絶縁油

◎変圧器の絶縁油は、変圧器油ともいう。

◎絶縁油は、変圧器本体を浸し、巻線の絶縁耐力を高めるとともに、冷却によって変圧器本体の温度上昇を防ぐために用いられる。次の条件が求められる。

> 1．絶縁耐力が大きく、引火点が高く、凝固点が低い。
> 2．化学的に安定であって、高温においても反応しない。
> 3．冷却作用が大きい。

> ▷解説：絶縁材料に電圧を印加すると、電圧がある値を超えると急激に大きな電流が流れ、やがては絶縁性能の消失（絶縁破壊）に至る。絶縁破壊が生じる電圧を、**絶縁耐力**と評価する。
>
> ：引火点は、点火源（火気や静電気など）を液面に近づけたときに、燃焼が始まる物質の最低温度をいう。逆に、引火点に達していなければ、点火源を物質に近づけても点火しない。
>
> ：凝固点は、一定の圧力のもとで液体を徐々に冷却したとき、固体に変化する温度をいう。絶縁油は凝固点が高いと、固体に変化しやすくなり、絶縁耐力が低下する。

【1】 一次巻線500回巻、二次巻線1,500回巻の変圧器の二次端子に300Vの電圧を取り出す場合、一次端子に加える電圧として、正しいものは次のうちどれか。ただし、変圧器は理想変圧器とする。[★]

☐　1．50V

　　2．100V

　　3．450V

　　4．900V

【2】 一次巻線200回巻、二次巻線1,000回巻の変圧器の二次端子に1,500Vの電圧を取り出す場合、一次端子に加える電圧として、正しいものは次のうちどれか。ただし、変圧器は理想変圧器とする。

☐　1．200 V

　　2．300 V

　　3．450 V

　　4．600 V

【3】 一次巻線300回巻、二次巻線150回巻の変圧器の二次端子に200Vの電圧を取り出す場合、一次端子に加える電圧として、正しいものは次のうちどれか。ただし、変圧器は理想変圧器とする。

☐　1．50 V

　　2．300 V

　　3．400 V

　　4．600 V

【4】 変圧器に関する説明として、誤っているものは次のうちどれか。

☐　1．変圧器を理想変圧器とすると、一次側コイルに流れ込む電力と二次側コイルから流れ出る電力は等しく、エネルギーは変化しない。

　　2．変圧器の鉄心には、1枚ずつ絶縁された薄い鋼板を積層構造としたものが使われているが、これは鉄心に渦電流が発生しやすくするためである。

　　3．変圧器は、電磁誘導により、交流の電圧を変化させる機器である。

　　4．電力を送電する場合、変圧器で電圧を高くすると、電力の損失が少なくなる。

260

【5】変圧器に関する説明として、次のうち誤っているものを2つ選びなさい。

[★] [編]

☐ 1. 電源に接続される巻線を一次巻線、負荷に接続される巻線を二次巻線という。

2. 変圧器本体の絶縁と冷却のために用いる絶縁油は、絶縁耐力が大きく引火点が高く、凝固点が低いものが使われる。

3. 変圧器の損失は無負荷損と負荷損に区分され、無負荷損はほとんどが銅損であり、負荷損はほとんどが鉄損である。

4. 変圧器の損失は無負荷損と負荷損に区分され、無負荷損はほとんどが鉄損であり、負荷損はほとんどが銅損である。

5. 単相変圧器を並行運転するときは、各変圧器の起電力の向きがそれぞれ異なるようにつなぐ。

6. 単相変圧器を並行運転するときは、各変圧器の起電力の向きが同一となるようにつなぐ。

【6】一次巻線と二次巻線の巻数の比が1：10の理想変圧器について、正しいものは次のうちどれか。

☐ 1. 二次側の電流は、一次側の10倍となる。

2. 二次側の抵抗は、一次側の10倍となる。

3. 二次側の電圧は、一次側の10倍となる。

4. 二次側の電力は、一次側の10倍となる。

▶▶正解＆解説‥‥‥‥‥‥‥‥‥‥‥‥‥‥‥‥‥‥‥‥‥‥‥‥‥‥‥‥‥‥‥‥‥‥‥‥‥

【1】 正解2

$$a = \frac{N_1}{N_2} = \frac{V_1}{V_2} \quad \Rightarrow \quad \frac{500\,回巻}{1,500\,回巻} = \frac{V_1}{300V}$$

$V_1 = (1 / 3) \times 300V = 100V$

【2】 正解2

$$a = \frac{N_1}{N_2} = \frac{V_1}{V_2} \quad \Rightarrow \quad \frac{200\,回巻}{1,000\,回巻} = \frac{V_1}{1,500V}$$

$V_1 = 0.2 \times 1,500V = 300V$

【3】 正解3

$$a = \frac{N_1}{N_2} = \frac{V_1}{V_2} \quad \Rightarrow \quad \frac{300\,回巻}{150\,回巻} = \frac{V_1}{200V}$$

$V_1 = 2 \times 200V = 400V$

【4】 正解2

2．鉄心に渦電流が生じると、損失が生じる。絶縁された薄い鋼板を積層構造としているのは、鉄心に渦電流が生じないようにするためである。

【5】 正解3＆5

3．無負荷損はほとんどが［鉄損］であり、負荷損はほとんどが［銅損］である。

5．「それぞれ異なる」⇒「同一になる」。

【6】 正解3

1．二次側の電流は、一次側の10分の1となる。

4．二次側の電力は、一次側と等しくなる。

18. 三相誘導電動機

■1. 構造と回転速度

◎三相誘導電動機は、三相交流による回転磁界を利用したものである。回転子の構造によってかご形と巻線形がある。

◎かご形の回転子は、回転子鉄心の周りに太い導線（バー）をかご形に配置したもので、極めて簡単な構造となっている。固定子側の巻線に電流を流すと、回転磁界が発生し、かご形に配置された太い導線（バー）に誘導電流が流れて、回転子が回転する。

◎回転磁界の回転速度 n_s は、交流の周波数を f〔Hz〕、固定子巻線の極数を P とすると、次の式で表される。

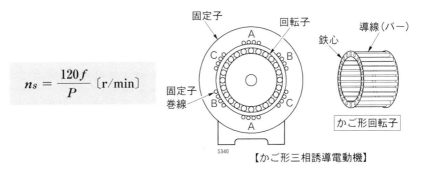

$$n_s = \frac{120f}{P}\ \text{〔r/min〕}$$

【かご形三相誘導電動機】

◎回転磁界の回転速度 n_s は、同期速度とも呼ばれる。

◎三相誘導電動機の回転子は、同期速度 n_s よりも、いくらか遅い速度で回転する。同期速度と回転子速度の差を滑りという。全負荷における滑りの大きさは、小容量のもので5～10%、中容量以上のもので2.5～5％程度である。

【例題】 4極の三相誘導電動機を周波数60〔Hz〕で使用するとき、最も近い回転速度〔r/min〕は、次のうちどれか。

　　1．600　　　2．1200　　　3．1800　　　4．2400

$$n_s = \frac{120f}{P} = \frac{120 \times 60}{4} = 1800\ \text{〔r/min〕}$$

回転子の実際の回転速度は、滑りが生じるため、これよりいくらか遅い値となる。

■２．固定子巻線の極数

◎固定子巻線の極数は、回転磁界を造る際に生じるN極及びS極の合計数をいう。

◎固定子巻線が a 相コイル（a1a2）、b 相コイル（b1b2）、c 相コイル（c1c2）で構成されているものは、各コイルを120°ずらして配置し、そこに三相交流（*ia*・*ib*・*ic*）を流す。

◎例えば60°の位置では、コイルa1a2とc1c2に正の向きの電流が流れ、コイルb1b2には負の最大電流が流れる。

◎右ねじの法則により、各コイルに生じる磁束は、コイルa1・b2・c1が図の右回転方向、コイルa2・b1・c2が図の左回転方向となる。右回転方向の磁束は、合成されることでコイルa1・b2・c1の周囲に右回転の１つの磁束を造る。左回転方向の磁束についても、合成されることでコイルa2・b1・c2の周囲に左回転の１つの磁束を造る。

◎この結果、固定子巻線の周囲には、図の右上方向にN極が、図の左下方向にS極が生じる。このように２つの極が生じるものを「極数２」といい、この巻線の配置のしかたを採用している誘導電動機を、三相２極誘導電動機と呼ぶ。

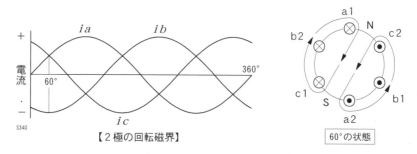

【２極の回転磁界】　　　　60°の状態

◎固定子鉄心にコイルa1a2・a3a4、コイルb1b2・b3b4、コイルc1c2・c3c4を図のように配置する。これらを三相結線して三相交流電流を流す。

◎例えば60°の位置では、コイルa1a2・a3a4及びコイルc1c2・c3c4には正の向きの電流が流れる。コイルb1b2・b3b4には負の最大電流が流れる。

◎右ねじの法則により、各コイルに生じる磁束は、［a1b4c3］［a2b1c4］［a3b2c1］［a4b3c2］でそれぞれ１つの磁束を造る。

◎この結果、固定子巻線の周囲には、２つのN極と２つのS極の合計４極が生じる。「極数４」となる。

◎極数は、電動機の用途に応じて選択される。極数が少ない方が高速回転する。一般に、２極、４極のものを高速機、６極以上のものを低速機という。極数が多くなるほど、回転速度は遅くなり、トルクが大きくなる一方で、力率が低下する傾向がある。

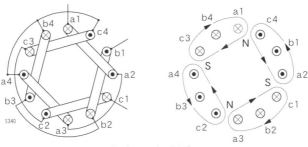

【4極の回転磁界】

◎「極対数p」は、N極と2極の2つを1対とした数を表す。例えば、6極のもの
　は極対数が3となる。極数Pと極対数pは、$[P = 2p]$ の関係にある。

■3．電源の周波数と同期速度

◎50Hz用の三相誘導電動機に60Hzの同電圧の三相交流電流を供給した場合の同期
　速度は、単純に60Hz／50Hz＝1.2倍となる。

◎実際に回転速度がどのように変化するかは、滑りを考慮する必要がある。

▶▶過去問題◀◀

【1】三相交流電動機の回転数Ns〔rpm〕、極対数p〔極数$P = 2p$〕、周期f〔Hz〕の
　　関係を表す式として、正しいものは次のうちどれか。

□　1．$Ns = \dfrac{30f}{p}$

　　2．$Ns = \dfrac{50f}{p}$

　　3．$Ns = \dfrac{60f}{p}$

　　4．$Ns = \dfrac{100f}{p}$

【2】50Hz用の三相誘導電動機に60Hzの同電圧の三相交流電流を供給した場合の
　　同期速度について、正しいものは次のうちどれか。

□　1．同期速度は、速くなる。

　　2．同期速度は、遅くなる。

　　3．同期速度は、時間と共に変動する。

　　4．同期速度は、変わらない。

【1】 正解3

この問題は、「極対数」と「極数」の関係を理解していれば、解くことができる。

$$Ns = \frac{120f}{P} = \frac{120f}{2p} = \frac{60f}{p}$$

【2】 正解1

第5章 消防用設備等の構造機能 機械部分

5章

1. 図記号

名称	記号	名称		記号
配管	———	電磁弁（電動弁）		Ⓜ
配管（接続している）	┼			Ⓢ
配管（接続していない）	┴	圧力計		⊘
配線	—‐—‐—	減水警報装置（発信部）		
	-------	Y形ストレーナ		
可とう管継手	┤∿∿├	連成計		⊘
仕切弁（常時開）	⋈	流量計		FM
仕切弁（常時閉）	▶◀	消火栓		
逆止弁		補助散水栓		
湿式流水検知装置	▲	閉鎖型スプリンクラーヘッド	上向型	
乾式流水検知装置	△		下向型	
予作動式流水検知装置	◎	開放型スプリンクラーヘッド	上向型	
一斉開放弁	⊕		下向型	
	⬒	送水口（埋込型・双口）		
フート弁	⊞	放水口（単口）		┼○
手動式開放弁（手動起動弁）		ポンプ制御盤		⊠
オリフィス	┤├	制御盤		
電動機	Ⓜ	受信機（自動火災報知設備）		
消火ポンプ	Ⓟ	定温式スポット型感知器（防水型）		
圧力スイッチ	PS	差動式スポット型感知器		
圧力タンク		音響警報装置		Ⓑ

2. 水源の有効水量

◎水源は、地下水槽、地上水槽、高架水槽、圧力水槽等がある。

◎有効水量は、貯水槽に蓄えられる水量のうち、その消火設備に有効に使用できる
　水量となる。水槽下部の吸水不能部分の水量は、有効水量に含まれない。

◎貯水槽の有効水量は、貯水槽の構造や用途により細かく定められている。

▶床上又は高架水槽

◎1.65Dは、消火設備用吐出管の内径Dに、1.65を乗じた数値とする。

◎有効水量は、消火設備用吐出管の上端より1.65Dの部分から、貯水面までの量と
　なる。

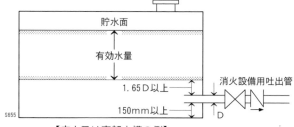

貯水面

有効水量

消火設備用吐出管

1.65D以上

150mm以上

D

S655

【床上又は高架水槽の例】

▶床上又は高架水槽（水源を他の設備と兼用）

◎1.65Dは、消火設備用吐出管の内径Dに、1.65を乗じた数値とする。

◎水源を他の設備と兼用する場合、有効水量は、消火設備用吐出管の上端より
　1.65Dの部分から、他設備用吐出管の下端までの量となる。

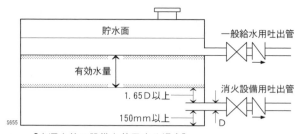

貯水面

一般給水用吐出管

有効水量

消火設備用吐出管

1.65D以上

150mm以上

D

S655

【水源を他の設備と兼用する場合】

▶床下水槽

◎フート弁は、下部と水槽の底部との間隔が50mm以上とする。

◎1.65Dは、ポンプ吸水管の内径Dに、1.65を乗じた数値とする。

◎有効水量は、フート弁の弁シート面より1.65Dの部分から、貯水面までの量となる。

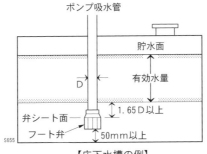

【床下水槽の例】

▶床下水槽（フート弁の高さに差を設けて兼用）

◎フート弁は、下部と水槽の底部との間隔が50mm以上とする。

◎1.65Dは、消火設備用ポンプ吸水管の内径Dに、1.65を乗じた数値とする。

◎消火設備用のフート弁の上方に他設備のフート弁を設置して、水源を兼用する場合の有効水量は次のとおり。

◎消火設備用の有効水量は、消火設備用フート弁の弁シート面より1.65Dの部分から、他設備用フート弁の弁シート面までの量となる。

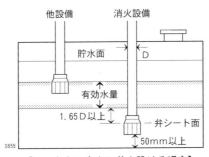

【フート弁の高さに差を設ける場合】

▶床下水槽（電極棒で他設備ポンプを停止して兼用）

◎フート弁は、下部と水槽の底部との間隔が50mm以上とする。

◎1.65Dは、消火設備用ポンプ吸水管の内径Dに、1.65を乗じた数値とする。

◎消火設備用のフート弁と他設備のフート弁を同一の高さに設置して、水源を兼用する場合は、制御水位以下になると他設備ポンプを停止させることで、消火設備用の水量を確保している。

◎消火設備用の有効水量は、消火設備用フート弁の弁シート面より1.65Dの部分から、電極棒による制御水位までの量となる。

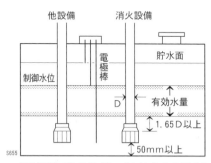

【電極棒で他設備ポンプを停止する場合】

▶サクションピットを設けるもの

◎サクションピットは、水槽内でフート弁付近をより深くしている部分で、最後まで効果的に水槽内の水を吸い上げるためのものである。

　▷用語：サクション〔suction〕吸引（する）。

◎フート弁は、下部とサクションピット底部との間隔が50mm以上とする。

◎1.65Dは、ポンプ吸水管の内径Dに、1.65を乗じた数値とする。

◎サクションピットとフート弁は、吸水管の内径（D）及びフート弁の大きさに応じて、図に示す基準の位置でなければならない。特に、水槽底面より1.65D以上深い位置にフート弁の弁シートがくるようにする。

◎有効水量は、水槽底面から貯水面までの量となる。

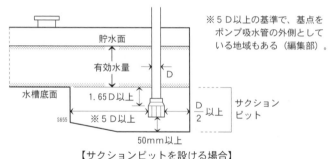

【サクションピットを設ける場合】

3．加圧送水装置の技術基準

◎加圧送水装置は、高架水槽方式、圧力水槽方式、ポンプ方式の３種類がある。一般に、最も多く使用されているのは、ポンプ方式のものである。

◎**高架水槽方式**の加圧送水装置は、高架水槽の落差を利用して送水のための圧力を得るもので、水位計、排水管、溢水用排水管、補給水管及びマンホールをもうけること（規則第12条７号イ）。

▷用語：溢水…水があふれ出ること。

◎高架水槽の材質は、鋼板又はこれと同等以上の強度、耐食性及び耐熱性を有するものであること。FRP製とする場合は、一定の基準に従っていること。

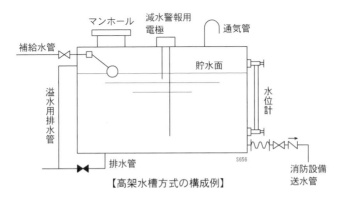

【高架水槽方式の構成例】

◎**圧力水槽方式**の加圧送水装置は、水槽に加えられた圧力を利用して送水を行うもので、水槽、圧力計、水位計、制御盤、排水管、給水管、マンホール等で構成されている。

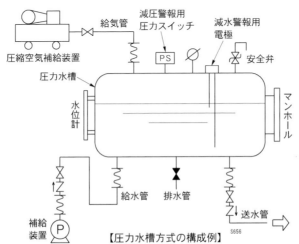

【圧力水槽方式の構成例】

5章

273

◎圧力水槽の水量は、容積の3分の2以下とし、水位が低下した場合には自動的に給水できる補給装置を設けること。また、圧力水槽の圧縮空気は、規定値以下に低下した場合には、自動的に加圧充てんができる圧縮空気補給装置を設けること。

■ 1. ポンプ方式の加圧送水装置

◎ポンプ方式の加圧送水装置は、回転する羽根車により与えられた運動エネルギーを利用して送水のための圧力を得るもので、次の装置で構成されている。

| ▷ポンプ | ▷電動機 | ▷制御盤 | ▷呼水装置 | ▷水温上昇防止用逃し配管 |
| ▷ポンプ性能試験装置 | ▷起動用水圧開閉装置 | | ▷フート弁 | |

※特定施設水道連結型スプリンクラー設備は、電動機の代わりに内燃機関が認められている。また、同じく特定施設水道連結型スプリンクラー設備は、補助水槽の使用が認められている。

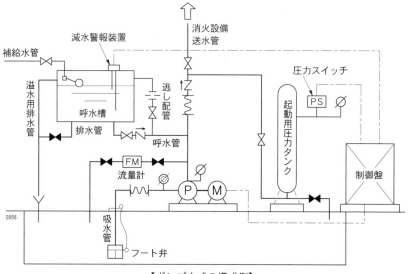

【ポンプ方式の構成例】

▶ポンプ

◎原動機は、電動機によるものであること（規則第12条7号ハ他）。

※特定施設水道連結型スプリンクラー設備は除く。

◎加圧送水装置に使われているポンプは、一般に遠心ポンプである。

◎遠心ポンプは、回転する羽根車（インペラ）から吐出される流体が、おもに遠心力の作用によってエネルギーを与えるものである。エネルギーを得た流体は、速度から圧力に変換される。

◎遠心ポンプは、ボリュート式ポンプ（低揚程）とタービン式ポンプ（高揚程）がある。

◎ボリュート式ポンプは、回転する羽根車の周囲にボリュートと呼ばれる渦巻室を配置して、羽根車から出た水の速度が、渦巻室内を通過するうちに徐々に減速して圧力に変換される構造となっている。案内羽根がないため、振動や騒音も少なく、構造が簡単である。

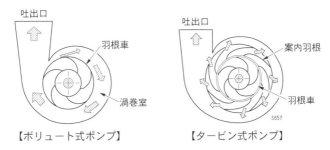

【ボリュート式ポンプ】　　　【タービン式ポンプ】

◎タービン式ポンプは、回転する羽根車の外周に、案内羽根と呼ばれる回転しない固定翼を配置して、羽根車から出た水の速度が、案内羽根の間を通過するうちに徐々に減速して圧力に変換される構造となっている。回転中、水量の過多や過少が生じると、羽根車からの水流の角度と案内羽根の角度が合わなくなるため、振動や騒音が発生しやすくなる。

▶ポンプの揚程曲線
◎ポンプの揚程曲線は、横軸に吐出量、縦軸に全揚程をとり、ポンプの吐出能力を表す曲線である。揚程は、ポンプが流体を持ち上げることができる高さを表している。
◎ポンプの吐出量が定格吐出量の150%である場合における全揚程は、定格全揚程の65%以上のものであること（規則第12条7号）。

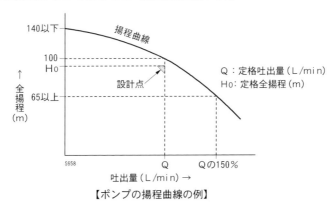

【ポンプの揚程曲線の例】

▷解説：設計点とは、法令上から求めた計算上の吐出量と揚程を表す。

◎定格吐出量Qにおける揚程曲線上の全揚程は、ポンプに表示されている定格全揚程の100％以上110％以下であること（以下、加圧送水装置の基準）。

　▷解説：ポンプの設置に際しては、定格吐出量に余裕を持たせる場合が多いが、必要以上に多量とならないように制限されている。

　▷参考：特定施設水道連結型スプリンクラー設備にあっては、100％以上125％以下であること。

◎締切全揚程は、定格吐出量における揚程曲線上の全揚程の140％以下であること。

▶ポンプの軸封装置

◎軸封装置とは、ポンプなどの主軸がケーシングを貫通する部分から、内部の液が外部に漏れたり外部の空気を吸い込むのを防止する装置である。

◎ポンプの回転軸部分で使用される代表的なシールとして、メカニカルシールとグランドパッキンがある。

◎メカニカルシールは、軸と一緒に回転する回転環と、本体に固定されている固定環にわかれている。回転環にはスプリングが組み込まれており、回転環を適度な力で固定環に密着させている。この密着部分がしゅう動面となり、**漏れは非常に少ない**。

◎グランドパッキンは、グラファイトなどの繊維を編み込んだものを環状に形成し、それを固定部と軸との間に数個程度詰め込んで使用する。グランド押えをナットで締め込むことで、パッキンを適度に密着させる。ただし、パッキンの冷却と潤滑のために軸表面を伝わる**若干の漏れが必要**となる。

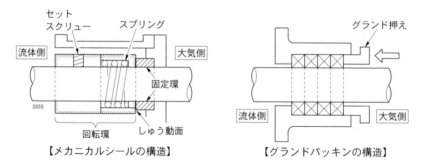

【メカニカルシールの構造】　　【グランドパッキンの構造】

〔メカニカルシールとグランドパッキンの比較〕

比較項目	メカニカルシール	グランドパッキン
構　　造	精密で複雑	精度が低く簡単
漏洩量	極めて少ない	極めて多い
寿　　命	通常１～２年以上の連続使用が可能	交換頻度が多い
増締調整	スプリングがあるため増締めは不要	消耗が早く、増締めが必要
動力損失	摩擦が少なく、動力損失は小さい	比較的大きい
交換作業	ポンプの分解が必要	分解せずに交換が可能

▶ポンプの吐出側と吸込側

◎ポンプには、その吐出側に圧力計、吸込側に連成計を設けること（規則第12条１項７号）。

◎この圧力計と連成計により、ポンプ運転中の性能をチェックすることができる。

◎圧力計は、一般に大気圧がゼロ表示となっており、大気圧以上の正圧を計測することができる。

◎連成計は、大気圧以下の負圧から大気圧以上の正圧を計測することができる。

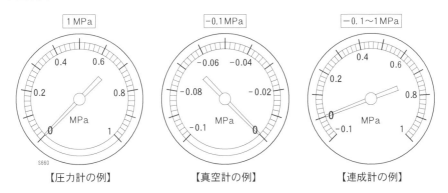

【圧力計の例】　　【真空計の例】　　【連成計の例】

◎消防設備用ポンプの吸込側は、ポンプ運転時に負圧となるが、ポンプ停止時は呼水装置からの落差により正圧となる。このため、真空計を使用すると故障発生が懸念されるため、法令では連成計を使用するよう定めている。

▶ポンプの電動機

◎加圧送水装置の原動機は、電動機によるものとすること（規則第12条７号）。

◎ただし、特定施設水道連結型スプリンクラー設備に設ける場合は、内燃機関とすることができる。

◎電動機出力（P）は、次の式により求めることができる。

$$P = \frac{0.163 \times Q \times H}{\eta p} \times \alpha$$

P：電動機所要出力（kW）　　　Q：吐出量（m³/min）
H：全揚程　　　　　　　　　　ηp：ポンプ効率
α：伝達効率（電動機直結の場合は1.1）

◎Qの吐出量の単位は、[m³/min] を用いる。300L/minであれば、0.3m³/minとする。

▶配　管

◎加圧送水装置の吐出側直近部分の配管には、逆止弁及び止水弁を設けること（規則第12条1項6号）。

◎ポンプを用いる加圧送水装置の吸水管は、ポンプごとに専用とすること。また、吸水管には、ろ過装置（フート弁に附属するものを含む）を設けるとともに、水源の水位がポンプより低い位置にあるものにあってはフート弁を、その他のものにあっては止水弁を設けること。

▶フート弁

◎フート弁は、地下の貯水槽のように低い位置にある水源からポンプで水を吸い上げる設備などにおいて、配管の末端などに設置される逆止弁の1つである。

◎水源がポンプより低い位置にあると、ポンプの運転を停止した際に配管に空気が入り込み、配管内の水面が低下する「落水」と呼ばれる現象が起きることがある。落水によりポンプと水面の間に空気層が発生すると、ポンプが空回りして水を吸い上げることができなくなる。

◎これを防ぐため、フート弁はポンプが停止すると自動的に弁体を閉じ、配管を塞ぐことで、配管内部を水で満たした状態に保つ。

◎フート弁は配管の末端に設置するタイプが主流であったが、近年は中間に設置されるタイプも増加している。

◎末端のフート弁は、弁棒を中心に弁体が上方に移動できるようになっており、ポンプ稼働時は吸い上げられる水の圧力に押されて弁体が開き、ポンプが停止すると逆流しようとする水の圧力で自動的に弁体が閉まる仕組みとなっている。また、先端にゴミや異物の吸い込みを防ぐためストレーナが取り付けてある。

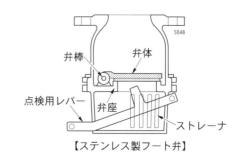

【ステンレス製フート弁】

◎フート弁は、容易に点検を行うことができるものであること（規則第12条１項６号）。この規定により、フート弁には点検用レバーが装着されており、ワイヤー等で引き上げるとレバーの凸部が弁体を押し上げ、フート弁を開弁させることができる。

▷用語：フート〔foot〕①足、②足部。

▶ポンプ性能試験装置

◎加圧送水装置には、**定格負荷運転時**のポンプの性能を試験するための配管設備を設けること（規則第12条１項７号）。

◎性能試験用配管は、ポンプ吐出側逆止弁の一次側から配管を分岐する。この配管には、テスト弁、流量計、流量調整弁が接続される。

◎性能は、ポンプ吐出側に設けられている止水弁を閉じたのち、ポンプを起動させ、性能試験用配管のテスト弁を開放して、流量計、圧力計及び連成計により確認する（点検要領で示されている点検方法）。

◎異常な振動、不規則又は不連続な雑音等がなく、定格負荷運転時における吐出量及び吐出圧力が所定の値であること（点検要領で示されている判定方法）。

▷解説：ポンプは締切運転の状態となる。また、基本的にテスト弁は全開で、流量調整弁を調整して流量試験を行う。

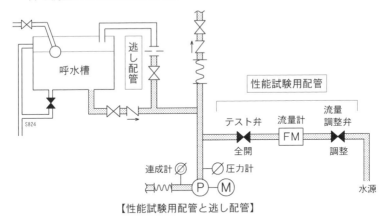

【性能試験用配管と逃し配管】

◎流量測定後の水は、ポンプの水源に還流するか、十分な排水設備で排水すること。

▶水温上昇防止用逃し配管

◎加圧送水装置には、**締切運転時**における水温上昇防止のための**逃し配管**を設けること（規則第12条１項７号）。

◎締切運転時、ポンプの羽根車の回転により水温が上昇すると、ポンプの機能障害を引き起こす。これを防ぐため、ポンプが起動した場合、加圧送水装置の揚水量の３〜５％程度の水を常時、呼水槽に逃がすようにしている。

▷解説：締切運転とは、ポンプ吐出側の弁を閉止し、吐出量を0にした状態における運
　　　　転をいう。

◎呼水槽に逃がすための配管を逃し配管と呼び、オリフィスと止水弁が設けられて
いる。

◎逃し配管により、締切運転を連続した場合であっても、ポンプ内部の水温は30℃
を超えないようになる。

◎オリフィスは、流体の流量を制限するための
 もので、屋内消火栓ではオリフィス径が3〜
5mm程度のものが多い。

【オリフィス】

▶呼水装置

◎呼水装置とは、水源の水位がポンプより**低い**位置にある場合に、ポンプ及び配管
に充水を行う装置をいい、呼水槽、溢水用排水管、排水管、呼水管等により構成
される。

◎水源の水位がポンプより低い位置にある加圧送水装置には、次のイからハまでに
定めるところにより呼水装置を設けること（規則第12条1項3の2号）。

> イ．呼水装置には専用の呼水槽を設けること。
>
> ロ．呼水槽の容量は、加圧送水装置を有効に作動できるものであること。
>
> ハ．呼水槽には減水警報装置及び呼水槽へ水を自動的に補給するための装置（ボール
> 　　タップ等）が設けられていること。

◎水源の水位がポンプより**高い**場合は、ポンプへの給水が容易であるため、呼水装
置は必要としない。ポンプへの送水管には、止水弁、ろ過装置（Y型ストレー
ナ）、可とう管継手、圧力計を設置する。

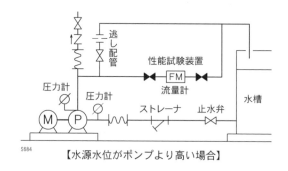

【水源水位がポンプより高い場合】

▶起動用水圧開閉装置

◎起動用水圧開閉装置は、配管内における圧力の低下を検知し、ポンプを自動的に起動させる装置をいう。

◎この装置は、圧力タンク（起動用圧力タンク）、起動用水圧開閉器（圧力スイッチ）、圧力計、ポンプ起動試験用の排水弁などで構成される。

◎開放弁の開放操作や閉鎖型ヘッド等の作動により、配管内の流水に伴う配管系全体の減圧が発生すると、圧力スイッチがONとなり、制御盤にポンプ起動信号を送信する。

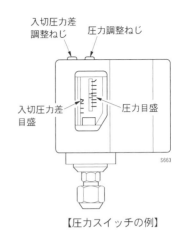

【圧力スイッチの例】

◎この他、圧力タンクの排水弁を開いて圧力タンク内の水を排水すると、試験用にポンプを起動させることができる。

◎起動用圧力タンクは、ポンプ吐出側逆止弁の二次側において、止水弁を備えた配管で接続されている（加圧送水装置の基準　第6）。

〔圧力スイッチの設定例〕

> 1．起動用水圧開閉装置に使われる圧力スイッチは、水圧が下がるとスイッチがONとなり、水圧が上がるとスイッチがOFFとなる。
>
> 2．例えば、〔圧力調整値〕を0.4MPa、〔入切圧力差〕を0.08MPaに設定した場合、水圧が0.32MPa（0.4MPa−0.08MPa）まで低下するとスイッチがONとなり、水圧が0.4MPaまで昇圧するとスイッチがOFFとなる。

▶▶過去問題◀◀

【1】屋内消火栓設備に設けるポンプを用いる加圧送水装置について、正しいものは次のうちどれか。

☐　1．原動機はガソリンエンジン又はディーゼルエンジンによること。

　　2．ポンプには、その吐出側に圧力計、吸込側に連成計を設けること。

　　3．加圧送水装置には、主として締切運転時におけるポンプの性能を試験するための配管を設けること。

　　4．加圧送水装置には、主として定格負荷運転時における水温上昇防止のための逃し配管を設けること。

【2】 ポンプを用いる加圧送水装置には、定格負荷運転時におけるポンプの性能を試験するための機構を設けることとなっているが、当該装置に使用されないものは次のうちどれか。

☐ 1．仕切弁
　　2．圧力計
　　3．逆止弁
　　4．流量計

【3】 消防法施行令第11条第3項第1号に定める屋内消火栓設備（1号消火栓）の加圧送水装置に関する技術上の基準について、誤っているものは次のうちどれか。［★］［編］

☐ 1．ポンプを用いる場合は、その吐出側に圧力計、吸込側に連成計を設けること。
　　2．ポンプを用いる場合の全揚程は、消防用ホースの摩擦損失水頭（m）、配管の摩擦損失水頭（m）、落差（m）と17mを合計した値とすること。
　　3．ポンプを用いる加圧送水装置の原動機は、ガソリンエンジン又はディーゼルエンジンでなければならない。
　　4．加圧送水装置は、高架水槽方式、圧力水槽方式又はポンプ方式のいずれかでなければならない。
　　5．水源の水位がポンプよりも高い位置にある場合は、呼水装置を設ける必要はない。
　　6．加圧送水装置の停止は、直接操作ができるものでなければならない。

【4】 加圧送水装置のポンプにおいて、軸封装置のグランドパッキンとメカニカルシールの特徴として、不適切な組合せは次のうちどれか。

		グランドパッキン	メカニカルシール
☐ 1.	構　造	簡単	複雑
2.	寿　命	短い	長い
3.	漏洩量	少ない	多い
4.	動力損失	大きい	小さい

【5】定格吐出量が400L/minの屋内消火栓設備用ポンプを運転し、600L/minの水を吐出する場合の全揚程として、屋内消火栓設備の設備及び維持に関する技術上の基準に定められているものは、次のうちどれか。

☐ 1．定格全揚程の50％以上
　　2．定格全揚程の65％以上
　　3．定格全揚程の75％以上
　　4．定格全揚程の90％以上

【6】水源の水位がポンプより低い位置にある加圧送水装置に設ける呼水装置について、消防法令に設けられていないものは、次のうちどれか。

☐ 1．呼水装置には、専用の呼水槽を設けなければならない。
　　2．呼水槽の容量は、加圧送水装置を有効に作動するものでなければならない。
　　3．呼水槽には減水警報装置及び呼水槽へ水を自動的に補給するための装置を設けなければならない。
　　4．呼水装置には、水位計を設けなければならない。

【7】屋内消火栓設備の加圧送水装置として設ける圧力水槽の水量の基準として、消防法令に定められているものは次のうちどれか。

☐ 1．水量は、当該圧力水槽の体積の3／4以下であること。
　　2．水量は、当該圧力水槽の体積の2／3以下であること。
　　3．水量は、当該圧力水槽の体積の2／3以上であること。
　　4．水量は、当該圧力水槽の体積の3／4以上であること。

▶▶正解＆解説‥‥‥‥‥‥‥‥‥‥‥‥‥‥‥‥‥‥‥‥‥‥‥‥‥‥‥‥‥‥‥‥‥‥‥‥

【1】正解2
　1．原動機は、電動機によること。ただし、特定施設水道連結型スプリンクラー設備は、電動機の代わりに内燃機関が認められている。
　3．加圧送水装置には、主として［定格負荷運転時］におけるポンプの性能を試験するための配管を設けること。
　4．加圧送水装置には、主として［締切運転時］における水温上昇防止のための逃し配管を設けること。

【2】正解3
　1．ポンプ吐出側に設けられている止水弁（仕切弁）を閉じる。
　2＆4．流量調整弁を開閉して定格負荷運転状態にする。流量計、圧力計、連成計からポンプの性能を確認する。

【3】 正解3

2．屋内消火栓設備におけるポンプの全揚程は、次のとおり。

▶ポンプ全揚程
1号消火栓：H＝h1+h2+h3+17m
2号消火栓：H＝h1+h2+h3+25m
H：ポンプの全揚程（m）   h1：消防用ホースの摩擦損失水頭（m）   h2：配管等の摩擦損失水頭（m）   h3：落差（m）

3．原動機は、電動機によること。ただし、特定施設水道連結型スプリンクラー設備は、電動機の代わりに内燃機関が認められている。

5．水源の水位がポンプより高い場合は、ポンプへの給水が容易であるため、呼水装置は必要としない。

6．加圧送水装置は、直接操作によってのみ停止されるものであること（規則12条7号ト）。遠隔操作による停止を認めてしまうと、火災による遠隔装置の作動不良でポンプが停止されてしまう危険性が生じる。②「3．構造及び機能　▶起動装置」（332P）参照。

【4】 正解3

3．グランドパッキンは、冷却と潤滑のために少量の水を流し続ける必要があるため、漏洩量は多い。また、メカニカルシールはしゅう動面が密着しているため、漏洩量は少ない。

【5】 正解2

定格吐出量が400L/minのポンプを運転し、600L/minの水を吐出する場合、この吐出量は、定格吐出量の150％に相当する。この場合、全揚程は定格全揚程の65％以上のものであること。

【6】 正解4

4．呼水装置に水位計を設けなければならない、という規定はない。

【7】 正解2

圧力水槽に入れる水の量を規制するのは、圧縮空気量の体積を確保するためである。

〔加圧送水装置の例〕

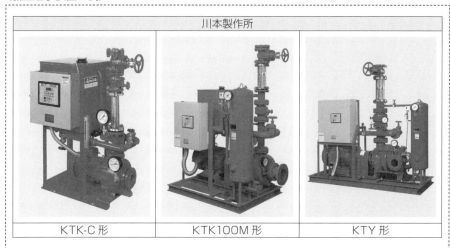

川本製作所

KTK-C 形 　　　 KTK100M 形 　　　 KTY 形

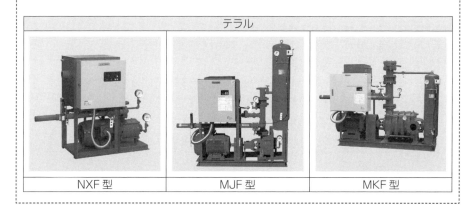

テラル

NXF 型 　　　 MJF 型 　　　 MKF 型

〔圧力計・真空計・連成計の例〕

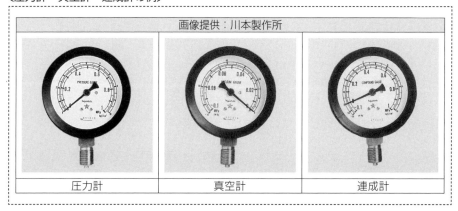

画像提供：川本製作所

圧力計 　　　 真空計 　　　 連成計

4. 加圧送水装置の内燃機関

◎ポンプ方式の加圧送水装置について、内燃機関は、次に定めるところによること（加圧送水装置の基準　第5　5の2）。

　▷注意：ポンプ方式の原動機は、原則として電動機によるものでなければならない。ただし、特定施設水道連結型スプリンクラー設備は、電動機の代わりに内燃機関の使用が認められている。

1. 外部から容易に人が触れるおそれのある充電部及び駆動部は、安全上支障のないように保護されていること。

　▷用語：充電部…電源系統とつながっている部分を指す。国際規格IECでは、充電部を「正常使用状態で電圧が印加される導体および導電性の部分」と定義している。

2. 起動信号を受けてから定格吐出量に達するまでの時間は、**40秒以内**であること。

3. セルモーターに使用する蓄電池は、各始動間に5秒の間隔を置いて10秒の始動を3回以上行うことができる容量のものを用い、常時充電可能な充電器を設けること。

4. 燃料タンクは、次に適合するものであること。

　イ．液体を燃料とするものにあっては、運転に支障のない強度を有し、かつ、燃料に対して耐食性を有するものであること。

　ロ．ガスを燃料とするものにあっては、運転に支障のない強度を有するものとするほか、高圧ガス保安法の規定によること。

　ハ．燃料タンクは、ポンプを定格負荷の状態で**30分以上運転**できる量の燃料を保有し、かつ、燃料タンク内の燃料の量を確認することができる構造とすること。

【1】 ポンプ式の加圧送水装置の内燃機関に関する記述について、誤っているもの
は次のうちどれか。

☐　1．燃料タンクは、定格負荷の状態で30分以上運転することができる量の燃料
　　を保有し、かつ、燃料タンク内の燃料の量が確認できる構造であること。

　　2．外部から容易に人が触れることができる充電部及び駆動部は、安全上支障
　　のないように保護されていること。

　　3．起動信号を受けてから定格吐出量に達するまでの時間は、60秒以内である
　　こと。

　　4．セルモーターに用いる蓄電池は、各始動間に５秒の間隔を置いて10秒の始
　　動を３回以上行えるものとし、常時充電可能な充電器を設けること。

▶▶正解＆解説……………………………………………………………………………………
【1】正解３
　　3．「60秒以内」⇒「40秒以内」。

5. ポンプ性能試験

▶ポンプ性能曲線図

◎ポンプの性能は、吐出量を基に、それぞれの吐出量に対する全揚程、効率、軸動力、電流などで表す。

◎これらの数値に加え、性能を容易に読み取れるように性能曲線図でも表示する。性能曲線図では、横軸に吐出量（L/minやm³/min）、縦軸に全揚程（m）、効率（%）、軸動力（kW）、電流（A）などをとって、関係を曲線で示す。

◎下図のポンプは、定格負荷運転時の吐出量が7m³/minとなっている。性能曲線図から、このときの全揚程は26m、効率は77%、軸動力は35kW、モータに流れる電流は150Aとなる。

◎このポンプ性能曲線図では回転数が示されていないが、吐出量が多くなるほどわずかに低下する傾向にある。

▷例：締切運転時 2,950r/min ⇒ 定格負荷運転時2,875r/min。

◎吐出量が0（ゼロ）のときはポンプの締切運転時を表している。全揚程は35m、効率は0%、軸動力は20kW、電流は100Aとなる。

◎ポンプの性能試験では、定格負荷運転時の各種数値が重視されるが、締切運転時の各種数値もポンプメーカーが示す性能曲線図と合っているか確認する。

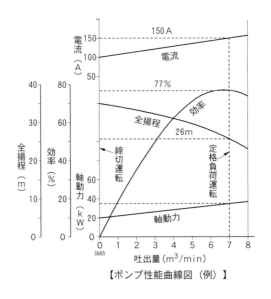

【ポンプ性能曲線図（例）】

▶ポンプ性能試験の手順

◎次の手順で、ポンプ性能試験（ポンプ締切運転時の試験＆ポンプ定格負荷運転時の試験）を行う。

1．ポンプ吐出側の止水弁を**閉鎖**する。

2．性能試験配管のテスト弁を閉じた状態でポンプを起動させる（テスト弁及び流量調整弁は常時閉となっている）。

　　この状態でポンプは締切運転となる。ポンプ吐出側の圧力計及び吸込側の連成計、制御盤の電圧計及び電流計、回転計の各数値を読み取る。ポンプメーカーが示す性能（締切運転）であることを確認する。

3．性能試験配管のテスト弁を徐々に開き、**全開**にする。

　▷参考：性能試験時は、急激にバルブを開閉すると、圧力計や流量計が損傷するおそれがある。

4．流量計を見ながら流量調整弁を調整して、流量が定格吐出量になるようにする。この状態で、圧力計、連成計、電圧計、電流計、回転計の各数値を読み取る。ポンプメーカーが示す性能（定格負荷運転）であることを確認する。

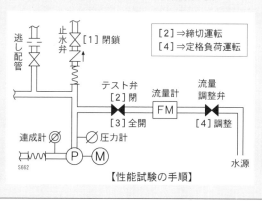

【性能試験の手順】

【1】 ポンプを用いる加圧送水装置の性能試験の方法として、適切でないものを2つ選びなさい。[編]

□　1．ポンプ吐出側の止水弁を閉鎖した状態で行うこと。

　　2．テスト弁の急激な開閉を行い、耐久性を確認すること。

　　3．回転計により回転数を、電流計により電流値を確認すること。

　　4．ポンプの連成計により吸込圧力を確認すること。

　　5．ポンプを起動させる前に、性能試験配管のテスト弁を全開にしておくこと。

　　6．弁の開閉は、圧力計や流量計等の損傷を防止するため徐々に行うこと。

　　7．ポンプの定格負荷運転時の性能を確認すること。

▶▶正解&解説

【1】 正解2&5

　　2．テスト弁を急激に開閉して、耐久性を確認する必要はない。むしろ、テスト弁は急激に開閉してはならない。圧力計や流量計に損傷を与えてしまう。なお、弁は徐々に開閉操作して、ウォーターハンマーを避けるようにする。

　　3．制御盤には電圧計及び電流計が装着されていることが多い。電流値はポンプメーカーによるポンプ性能曲線図に示されている。

　　4．連成計により吸込圧力、圧力計により吐出圧力をそれぞれ確認する。

　　5．ポンプを起動させる前に、テスト弁は［全閉］にしておくこと。起動したらテスト弁を全開にして、流量調整弁で流量を定格吐出量になるように調整する。

　　7．定格運転時の他、締切運転時も性能の確認をする。

6. 性能試験によるポンプ全揚程

◎ポンプの性能試験では、ポンプ吐出側にある圧力計の数値と、吸込側にある連成計の数値からポンプの全揚程を算出する必要がある。

◎流体力学や水理学ではエネルギーを長さの次元で表し、水頭（ヘッド）と呼ぶ。

◎ポンプ全揚程とは、ポンプによって流体が得た全エネルギーとなる。単位は「m」を使う。

◎また、速度水頭、位置水頭、圧力水頭、管路損失水頭も単位は「m」となる。

◎ポンプの全揚程Hは、次の式で表すことができる。

$$H = 速度水頭の差 + 位置水頭の差 + 圧力水頭の差 + 損失水頭$$

$$= \frac{V_2{}^2 - V_1{}^2}{2g} + (h_2 - h_1) + \frac{P_2 - P_1}{\rho g} + \Sigma F$$

V_1：吸込側流速（m/s）　　V_2：吐出側流速（m/s）

P_1：連成計圧力（Pa）　　P_2：圧力計圧力（Pa）

$h_2 - h_1$：ポンプ軸心から圧力計までの垂直高さ（m）　　ΣF：損失水頭

ρ：水の密度 1,000kg/m³　　g：重力加速度 9.8m/s²

▷注意：流速と圧力の記号は、慣用的にアルファベットの小文字が使われているが、1と2の識別がわかりにくいため、大文字を使用している（編集部）。

◎例えば、次の条件でポンプ全揚程を算出してみる。

圧力計の値200kPa　　　連成計の値−30kPa　　　ポンプ流量1.2m³/min

吐出管80A（内径80mm）　　吸水管100A（内径100mm）

ポンプ軸心から圧力計までの垂直高さ0.3m　　　ΣF 0m

（連成計はポンプ軸心と同じ高さに設置）

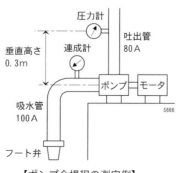

【ポンプ全揚程の測定例】

◎流速は、管内径とポンプ流量から算出する。［ポンプ流量＝流速×断面積］から流速は次のとおりとなる。

$$吸込側流速 = \frac{1.2m^3/60s}{(\pi) \times (0.05m)^2} = \frac{1.2m^3}{60s} \times \frac{1}{3.14 \times 0.0025m^2} ≒ 2.55m/s$$

$$吐出側流速 = \frac{1.2m^3/60s}{(\pi) \times (0.04m)^2} = \frac{1.2m^3}{60s} \times \frac{1}{3.14 \times 0.0016m^2} ≒ 3.98m/s$$

◎ポンプの全揚程Hを求めるに当たり、速度水頭の差、位置水頭の差、圧力水頭の差は次のとおり。

$$［速度水頭の差］ = \frac{(3.98m/s)^2 - (2.55m/s)^2}{2 \times 9.8m/s^2} = \frac{9.33\cdots m^2/s^2}{19.6m/s^2} ≒ 0.48m$$

$$［位置水頭の差］ = 0.3m$$

$$［圧力水頭の差］ = \frac{200 \times 10^3Pa + 30 \times 10^3Pa}{1,000kg/m^3 \times 9.8m/s^2} = \frac{230 \times 10^3N/m^2}{9.8 \times 10^3N/m^3} ≒ 23.5m$$

◎圧力水頭の差では、単位を次のように変換している。

圧力 $1\,Pa = 1\,N/m^2$

$1,000kg \times 9.8m/s^2 = 9.8 \times 10^3N$

運動方程式$F = ma$より、$1\,N$は$1\,kg$の物体に$1\,m/s^2$の加速度を生じさせる力となる。

質量$1,000kg$の物体に作用する重力は、重力加速度が$9.8m/s^2$であるため、9.8×10^3Nとなる。

◎圧力の差が次の値である場合は、その圧力水頭の差は次のとおりとなる。

$$［圧力の差 10kPa］ \Rightarrow ［圧力水頭の差］ = \frac{10kPa}{1,000kg/m^3 \times 9.8m/s^2} ≒ 1.02m$$

$$［圧力の差 100kPa］ \Rightarrow ［圧力水頭の差］ = \frac{100kPa}{1,000kg/m^3 \times 9.8m/s^2} ≒ 10.2m$$

◎圧力$100kPa$は、$0.1MPa$であり、大気圧の値でもある。

◎ポンプの全揚程Hは、次のとおり。

$$［ポンプ全揚程］ = ［速度水頭の差］ + ［位置水頭の差］ + ［圧力水頭の差］$$
$$≒ 0.48m + 0.3m + 23.5m = 24.28m$$

【例題】 ポンプ吐出側にある圧力計の指示値が185〔kPa〕、吸込側の連成計の指示値が−35〔kPa〕、ポンプ中心から圧力計取付部までの高さが0.5mのポンプが運転している。このポンプの全揚程の値を求めなさい。ただし、1〔mAq〕＝10〔kPa〕とし、吸水管と吐出管の内径は同じものとする。

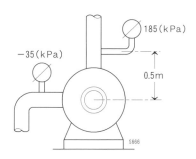

　設問では吸水管と吐出管の内径を同じとしていることから、速度水頭の差はゼロとなる。また、損失水頭は指示されていないことから、これもゼロと見なす。

　設問の〔mAq〕は、「水柱メートル」と呼び、圧力の単位である。標準の重力加速度のときに、密度が1,000kg/m³である水柱1mと等しい圧力を意味する。1mAq＝9.8kPaとなる。

　水柱メートルは、圧力水頭を表す際に使われることが多い。例えば、設問の1mAq＝10kPaは、圧力が10kPaであるとき、1mの圧力水頭であることを表している。設問では圧力の差が220kPaであることから、圧力水頭の差は22mとなる。

〔1mAq＝10kPa〕　　　圧力　　　　　圧力水頭
　　　　　　　　　　　10kPa　　　　1m
　　　　　　　　　　　220kPa　　　22m
〔ポンプ全揚程〕＝0m＋〔位置水頭の差〕＋〔圧力水頭の差〕＋0m
　　　　　　　＝0.5m＋22m＝22.5m

▶ウォーターハンマー

◎流速の急激な変化により管内圧力が過渡的に上昇、または下降する現象をウォーターハンマー（水撃作用）という。

◎ウォーターハンマーは次の2種類がある。

◎**急激な圧力上昇**：配管中を水が流れているときに仕切弁で閉じると、後ろから流れてきた水が弁直前に集まり、高圧が生じる。この急激な圧力上昇が配管を振動させ、配管の固有振動と共振することで、**衝撃音**が発生する。

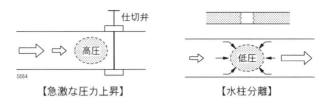

【急激な圧力上昇】　　　　　　　【水柱分離】

◎**水柱分離**：配管中を水が流れているときに、水の供給を停止すると、それまで定常で流れていた流体は慣性力により先に進もうとするが、後から供給される流れが少ないため、負圧が生じる。これを水柱分離といい、負圧部に向かって流体が流れ衝突することで、**衝撃音や振動**が発生する。

▷**解説**：水柱分離は、管内を流れている水を「水柱」と見立てて、負圧部で水柱が分離していることを表している。

◎例えば、消火栓で放水試験を行っている時に、消火栓バルブを閉鎖しないで消火ポンプを停止するような行為が該当する。

▶キャビテーション

◎ポンプの羽根車などで、表面上を流れる水が加速されることによって水の静圧が局部的に飽和蒸気圧以下に低下し、その部分の水が小さな気泡となって蒸発する現象をいう。**空洞現象**ともいう。

◎圧力が再び上昇すると、この気泡は急激に凝縮、壊滅され、大きな衝撃的圧力が発生する。この結果、周辺に振動・騒音が引き起こされる。また、**ポンプの揚程が低下し効率が悪くなる**。

▶サージング

◎ポンプなどを管路につないで、流量を絞って正規量より少ない吐出し量で運転するときに起こる管内圧力、吐出し量などの周期的な振動現象をいう。

▷**用語**：サージング〔surging〕〜が押し寄せる。管内の圧力や流量が周期的に変動する現象。

◎機械の特性や管路抵抗、管内流体の慣性などに基づく自励振動のことが多い。

◎サージングが起きると、騒音を発し、機械的振動を生じる。はなはだしい場合は
運転不能となる。

▶▶ 過去問題 ◀◀

【1】ポンプを試運転したところ、異常な振動が生じた。その原因として、最も不
適当なものは次のうちどれか。

□　1．立上り主管の締付け過大
　　2．ポンプの取付けボルトのゆるみ
　　3．インペラの破損
　　4．サージング現象

【2】ポンプを試運転したところ、異常な振動が生じた。その原因として、最も不
適当なものは次のうちどれか。

□　1．電動機の取付けボルトのゆるみ
　　2．電動機とポンプの接合金具のゆるみ
　　3．インペラの破損
　　4．吐出側管路の締切り

【3】ポンプを試運転したところ、異常な振動が生じた。その原因として、最も不
適当なものは次のうちどれか。

□　1．電動機とポンプの軸心のずれ
　　2．軸受メタルの摩耗
　　3．水あかによる配管摩擦損失の増加
　　4．サージング現象の発生

【4】ポンプを用いた加圧送水装置において、ポンプの吐出量が減少するか、又は
揚水が不能となる原因として、考えられないものは次のうちどれか。

□　1．ポンプの吸水高さが高すぎる。
　　2．吸水管に設けてあるフート弁のストレーナに異物が付着している。
　　3．ポンプの回転方向が逆になっている。
　　4．ポンプの回転数が規定回転数を若干超えている。

【5】ポンプを用いる加圧送水装置においてポンプを運転したところ、呼び水ができなかった。その原因として最も不適当なものは次のうちどれか。

□ 1．フート弁に異物が詰まっている。

2．フート弁のシートが摩耗している。

3．止水弁が閉まっている。

4．吸込配管・軸封部から空気を吸い込んでいる。

【6】消火設備用のポンプが回転しているにもかかわらず揚水しない場合の原因として、最も不適当なものは次のうちどれか。

□ 1．ポンプ二次側の逆止弁の機能が不良であった。

2．ポンプ二次側の止水弁が閉鎖してあった。

3．水温上昇防止用逃し配管が詰まっていた。

4．フート弁の弁座に小石が詰まっていた。

【7】ポンプを用いる加圧送水装置のポンプを運転したところ、規定吐出量が出なかった。その原因として、最も不適切なものは次のうちどれか。［★］

□ 1．キャビテーションが発生していた。

2．フート弁やストレーナに異物等が詰まっていた。

3．空気を吸い込んでいた。

4．連成計が故障していた。

【8】ポンプを用いる加圧送水装置において、ポンプを運転する際に生じる配管等に生じる異常現象の説明について、次のうち不適切なものはいくつあるか。［編］

A．キャビテーション……水の静圧が局部的に飽和蒸気圧以下に低下し、その部分の水が圧力低下によって蒸発して気泡が生じ、それが押しつぶされる現象

B．ウォーターハンマー……配管系統に一定の条件が整った場合に発生するポンプ吐出圧と水量の周期的な変動

C．サージング……………配管内の水量が急激に変化した場合に、水の慣性で管内に衝撃と高水圧が発生する現象で、水撃作用ともいう。

□ 1．なし   2．1つ

3．2つ   4．3つ

【1】正解 1

1．立上り主管は、加圧送水装置から各階に設けた消火栓などへの縦方向の送水管をいう。立上り主管の締付けが過大となっても、異常振動の原因とはならない。ただし、フランジ継手では、締付けが過大になるとボルトなどが破損する原因となる。

3．インペラ〔impeller〕は羽根車。

4．サージングは、配管系統に一定の条件が整った場合に発生するポンプ吐出圧と水量の周期的な変動。騒音と振動の原因となる。

【2】正解 4

4．吐出側管路の締切があると、締切運転となる。異常振動の原因とはならない。

【3】正解 3

1．電動機とポンプの軸心にずれがあると、電動機がポンプを振動させようとするが、ポンプも固定されているため、電動機とポンプの両方が振動する。

2．滑り軸受の軸受メタルが摩耗すると、軸受メタルと軸との間にすき間が生じることから、異常振動の原因となる。

3．水あかによる配管摩擦損失が増加すると、加圧送水装置の吐出量が減ることになる。

4．サージング現象（ポンプ吐出圧と水量の周期的な変動）が発生すると、騒音と振動が発生する。

【4】正解 4

4．ポンプの回転数が規定回転数を若干超えていると、ポンプの吐出量（L/min）は若干増加する。

【5】正解 3

「呼び水ができない」とは、ポンプの羽根車周辺に空気がかみ込んで、水が吐出できない状態を表している。

1．フート弁に異物が詰まっていると、水を吸い上げることができなくなり、呼び水ができない原因となる。

2．フート弁のシート（弁座）が摩耗していると、上部配管内の水が少しずつ落下するため、呼び水ができない原因となる。

3．ポンプの止水弁が閉まっていると、締切運転となり、少量の水が逃し配管を通って呼水槽に送られる。しかし、呼び水ができない原因とはならない。

4．吸込配管（吸水管）や軸封部から空気を吸い込んでいると、ポンプの羽根車周辺に空気がたまるため、呼び水ができない原因となる。

【6】正解3
　　１．ポンプ二次側の逆止弁の機能が不良で、開弁しない状態にあると、揚水しない原因となる。
　　２．ポンプ二次側の止水弁が閉鎖してあると、揚水しない原因となる。
　　３．水温上昇防止用逃し配管が詰まっていると、呼水槽に水が送られなくなるが、揚水しない原因とはならない。
　　４．フート弁の弁座に小石が詰まっていると、弁体が開かなくなることがある。開弁しないと、揚水しない原因となる。

【7】正解4
　　１．キャビテーションが発生していると、ポンプの揚程が低下し、吐出量が減少する原因となる。
　　２．フート弁やストレーナに異物等が詰まっていると、吐出量が減少する。
　　３．空気を吸い込んでいると、ポンプの羽根車が空転して吐出量が減少する。
　　４．連成計が故障していても、吐出量が減少する原因とはならない。

【8】正解3
　　ＢとＣの異常現象の説明が逆である。
　　Ｂ．ウォーターハンマー……配管内の水量が急激に変化した場合に、水の慣性で管内に衝撃と高水圧が発生する現象で、水撃作用ともいう。
　　Ｃ．サージング……配管系統に一定の条件が整った場合に発生するポンプ吐出圧と水量の周期的な変動。

■1. 一般構造用圧延鋼材

◎圧延鋼材は、圧延機を使って変形を加え生産した鉄鋼製品である。また、構造用鋼とは、物の形を維持するための部材として使われる鋼材である。

◎一般構造用圧延鋼材の材料記号は、「SS（Steel Structure）」で表され、SS材とも呼ばれており、それに続く数字は最低引張強さを表す。

▷用語：ストラクチャー〔structure〕構造、機構、組み立て。

◎例えば「SS400」は、SS材で保証されなくてはならない最低（下限）の引張強さが400MPa（N/mm²）となる。規格では、SS400の引張強さを400〜510MPaと定めている。

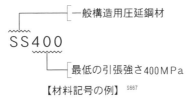

【材料記号の例】 S667

◎一般構造用圧延鋼材は、日本産業規格（JIS）で4種が規定されている。特にSS400は流通量が多く、鉄鋼材料の中でも代表的な存在である。

▷用語：圧延…対の2つのロールを回転させ、その間に金属を通すことによって板や棒などの形状に加工する方法である。熱した状態で圧延する熱間圧延と、おもに加工硬化と仕上げなどの際に常温で圧延する冷間圧延がある。

■2. 他の材料

◎**炭素鋼鋳鋼品**は、炭素鋼を鋳物にしたもので、鋳鉄に比べて強靭で溶接もできるなどの特性を持つ材料である。記号SC（Steel Carbon）。

◎**ねずみ鋳鉄**は、鋳鉄品の中でも普通鋳鉄に分類される材料で、鋳造性に優れるが、他の鋳鉄に比べると脆く、弱いとされる。記号FCは、Feを表すFと鋳造のCastingから。

◎**ステンレス鋼**は、表面に不動態被膜という、非常に薄い保護被膜を形成する働きを持つため、錆びに強い鋼で、主に鉄に11％以上のクロムを含有する合金鋼である。記号SUS（Steel Use Stainless）。

■3. 管

◎金属製の管は、日本産業規格（JIS）G 3442、G 3448、G 3452、G 3454若しくはG 3459に適合する管、又はこれらと同等以上の強度、耐食性及び耐熱性を有するものを使用すること（規則第12条6号ニ）。

▶水配管用亜鉛メッキ鋼管（G 3442）

◎水配管用亜鉛メッキ鋼管の略称は、「SGPW（Steel Gas Pipe Water）」。

◎配管用亜鉛メッキ鋼管は、配管用炭素鋼鋼管の白管と同様の方法で製造されるが、白管に比べ亜鉛メッキ付着量が多くなっている。

▶一般配管用ステンレス鋼鋼管（G 3448）

◎給水、給湯、排水、冷温水、消火用水およびその他の配管用として規格化されたもので、従来のステンレス鋼鋼管に比べて薄肉であることが特徴である。

▶配管用炭素鋼鋼管（G 3452）

◎炭素鋼は、鉄と炭素の合金で、炭素含有量が0.02%〜2.14%までの鉄鋼材を指す。

◎配管用炭素鋼鋼管の略称は、「SGP（Steel Gas Pipe）」で、水道管やガス管など、あらゆるところで使われている。

◎黒管と白管がある。黒管は、亜鉛メッキのないもので黒く見える。白管は内外面に亜鉛メッキを施したもので、白もしくは銀色に見える。

▶圧力配管用炭素鋼鋼管（G 3454）

◎圧力配管用炭素鋼鋼管の略称は、「STPG（Steel Tube Pipe General）」で、350℃程度以下で使用する圧力配管に用いられる。また、使用圧力は10MPa以下。

▷用語：チューブパイプ〔Tube Pipe〕チューブ＆パイプを表している。日本ではチューブとパイプは厳格に区分されていないが、米国では、内外径の寸法があらかじめ決められているものをパイプ、用途に応じて必要な寸法で製造するものをチューブと呼ぶことが多い。

▶配管用ステンレス鋼鋼管（G 3459）

◎配管用ステンレス鋼鋼管の略称は、「SUS-TP（Steel Use Stainless Tube Pipe）」。

◎配管用ステンレス鋼鋼管は、耐食用、低温用、高温用、消火用などの配管に用られるステンレス鋼管である。

▶鋼管記号のまとめ

水配管用亜鉛メッキ鋼管	SGPW
配管用炭素鋼鋼管	SGP
圧力配管用炭素鋼鋼管	STPG
配管用ステンレス鋼鋼管	SUS-TP

▶合成樹脂製の管

◎合成樹脂製の管は、気密性、強度、耐食性、耐候性及び耐熱性を有するものとして消防庁長官が定める基準に適合するものを使用すること（規則第12条１項６号ニ）。

▷用語：S：Steel　　　G：Gas／General（一般の・普遍的な）　　T：Tube
　　　　P：Pipe　　　SUS：Steel Use Stainless（ステンレス鋼）
　　　　C：Casting（鋳物）

▶スケジュール番号
◎配管のスケジュール番号は、［Sch］＋［番号］で表示されており、圧力配管の
　肉厚を表するための規格値である。配管にかかる圧力と許容応力によって、配管
　の肉厚が定められている。数値が大きくなるほど肉厚が厚くなり、高圧環境で使
　用することができる。
◎圧力配管用炭素鋼鋼管で呼び径が50である場合、Sch40は呼び厚さが3.9mm、
　Sch80は呼び厚さが5.5mmと定められている。
　▷用語：スケジュール（schedule）①一覧表。別表。②予定（表）。

▶▶過去問題◀◀

【1】一般構造用圧延鋼材に関する次の記述のうち、文中の（　）に当てはまる語
　　句の組合せとして、正しいものはどれか。
　　　「日本産業規格（JIS）の一般構造用圧延鋼材として（ア）などがあり、数字は
　　最低（イ）を表している。」

	（ア）	（イ）
□　1.	FC100	引張り強さ
2.	SF340A	硬度
3.	SS400	引張り強さ
4.	SM400A	硬度

【2】日本産業規格（JIS）に定める一般構造用圧延鋼材の種類で、記号 SS400 の
　　数字部分が表しているものとして、正しいものは次のうちどれか。［★］
　□　1. 最低の硬度
　　　2. 最低の曲げ強さ
　　　3. 最低の引張強さ
　　　4. 最低の圧縮強さ

【3】日本産業規格（JIS）の圧力配管用炭素鋼鋼管を表す鋼管記号として、正しいものは次のうちどれか。

- ☐ 1．SGP
- 2．SGPW
- 3．STPG
- 4．SUS－TP

【4】日本産業規格（JIS）に定める「鋼管記号」のうち、「圧力配管用炭素鋼鋼管」の記号を表しているものとして、正しいものは次のうちどれか。

- ☐ 1．STPG
- 2．STP
- 3．SGP
- 4．SGPW

【5】日本産業規格（JIS）に定められている品名と記号の組合せとして、誤っているものは次のうちどれか。

- ☐ 1．炭素鋼鋳鋼品　　　……SC
- 2．ねずみ鋳鉄品　　　……SF
- 3．一般構造用圧延鋼材……SS
- 4．ステンレス鋼　　　……SUS

【6】日本産業規格（JIS）に定める「ねずみ鋳鉄品」の記号として、正しいものは次のうちどれか。

- ☐ 1．SS
- 2．SC
- 3．SF
- 4．FC

【7】圧力配管用炭素鋼鋼管には、スケジュール番号が用いられるがその番号が示すものとして、最も適当なものは次のうちどれか。

- ☐ 1．管の呼び厚さ
- 2．管の呼び径
- 3．管の呼び長さ
- 4．管の呼び断面積

【1】正解 3

　「日本産業規格（JIS）の一般構造用圧延鋼材として〈㋐ SS400〉などがあり、数字は最低〈㋑ 引張り強さ〉を表している。」

【2】正解 3

【3】正解 3

　1．SGP：配管用炭素鋼鋼管

　2．SGPW：水配管用亜鉛メッキ鋼管

　3．STPG：圧力配管用炭素鋼鋼管

　4．SUS－TP：配管用ステンレス鋼管

【4】正解 1

【5】正解 2

　2．ねずみ鋳鉄品…記号FC（Fe＋Casting）

【6】正解 4

　1．SS…一般構造用圧延鋼材

　2．SC…炭素鋼鋳鋼品

　3．SF…この記号はない

　4．FC…ねずみ鋳鉄品

【7】正解 1

9. 管継手

◎管継手は、配管するとき、管と管、管と機器を結合するのに用いる機械部品の総称をいう。

◎管継手は、ねじ込み形、突合せ溶接形、差込み溶接形、フランジ形などがある。このうち、消火配管に用いられるのは、ねじ込み形、突合せ溶接形、フランジ形である。差込み溶接形は、高圧配管・高温配管に用いられる。

▷参考：可鍛鋳鉄…熱処理などによって可鍛性（衝撃や圧力で破壊されることなく変形できる固体の性質）を与えた鋳鉄をいう。普通の鋳鉄より粘り強く衝撃に耐えるので、鉄管継手などに広く用いられる。

■ 1. ねじ込み形管継手

◎管の端部の外周又は内周に管用テーパねじを加工して、管と管を接続する管継手をねじ込み形管継手という。一般に管の呼び50以下の配管に使用する。次の種類のものがある。

◎ソケットは、めねじが付いていて同じ太さの管を直線上に延長する継手である。カップリングとも呼ばれる。**径違いソケット**は、異なる太さの管を接続するときに使用する。呼び径が「65×32」と表示されているものは、65Aの管と32Aの管を接続する。

| ソケット | 径違いソケット |

◎ニップルは、おねじが付いていて同じ太さの管を直線上に延長する継手である。六角部が付いているため、六角ニップルともいう。**径違いニップル**は、異なる太さの管を接続するときに使用する。呼び径が「15×10」と表示されているものは、15Aの管と10Aの管を接続する。

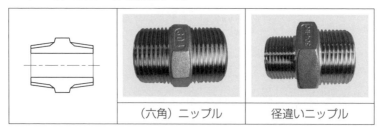

| （六角）ニップル | 径違いニップル |

◎**丸ニップル**は、六角部の付いていないニップルである。両側の管を回して締め付けるが、ニップルを固定できないため、取り外すことが困難となる。**長ニップル**は管部の長い丸ニップルで、ねじのない管部で固定することができる。

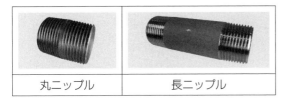

丸ニップル	長ニップル

◎**エルボ**は、管の進路を90°曲げる継手である。角度を90°ではなく、45°曲げるものもあり、**45°エルボ**という。また、**径違いエルボ**は、異なる太さの管を接続するときに使用する。

	エルボ	45°エルボ	径違いエルボ

◎**ストリートエルボ**は、一端におねじがあり、他端にめねじがあるエルボである。両端にめねじがある通常のエルボとは異なり、ニップルが必要ないため、通常のエルボよりも狭い場所で使用できる。オスメスエルボともいう。

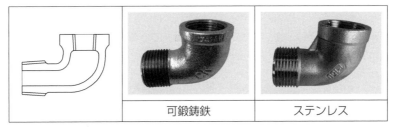

	可鍛鋳鉄	ステンレス

◎**ティー**は、管をＴ字形に分岐・合流する継手である。**チーズ**とも呼ばれる。母管と枝管の径が異なる**径違いティー**もある。

	ティー（チーズ）	径違いティー

◎**クロス**は、4本の管を十字状に接続する継手である。同じ径の管を接続するものほか、**径違いクロス**もある。

	クロス	径違いクロス

◎**ユニオン**は、配管の途中に設けて**管の脱着を容易**にする継手である。接続する一方の管端に④ユニオンねじ、他方の管端に⑧ユニオンつばを取り付け、両者にまたがって⑥ユニオンナットをはめて互いに接続する。接続や分離の際、ユニオンナットだけを回せばよく、管を回す必要がない。通常、シール剤として⑩ガスケットを使用する。

	可鍛鋳鉄	ステンレス

◎**ブッシング**は、径が異なる配管の接続に使う継手である。ブッシュともいう。径の大きい方がおねじ、径の小さい方がめねじとなっている。通常、径違いの管で大きなものから小さなものにサイズダウンする場合などに用いられる。

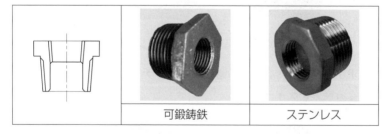

	可鍛鋳鉄	ステンレス

◎**キャップ及びプラグ**は、いずれも管の末端を閉鎖する継手である。キャップは管の末端にかぶせ、プラグは管の末端に差し込んで接続する。

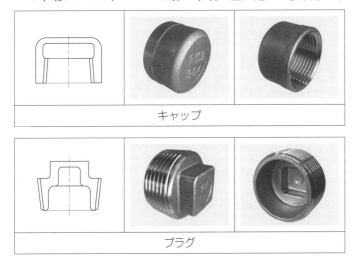

キャップ

プラグ

◎**多口継手**は、5口・6口・7口などの口数をもつ継手で、スプリンクラー配管などに使われている。

| 5口 | 6口 | 7口 |

◎**溶接式サドル継手**は、鋼管に穴をあけ、そこに枝管を取り付けるためのものである。鋼管へは溶接により固定する。枝管はねじ込みにより接続する（差込み溶接式のものもある）。ねじ込み溶接式サドル継手は、ねじ込み形と溶接形の継手である。

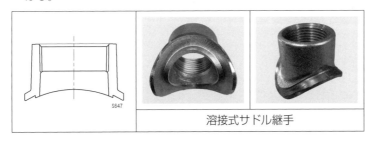

溶接式サドル継手

■２．突合せ溶接形管継手

◎突合せ溶接形管継手は、管の端部と継手端部を突合わせて、周方向を溶接によって接続する継手である。

◎主に、管の呼び65A以上の配管に使用することが多い。

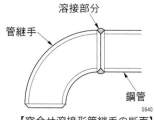

【突合せ溶接形管継手の断面】

◎レジューサは、太さが異なる管を接続する突合せ溶接形の管継手である。同心レジューサと偏心レジューサがある。同心レジューサは管の中心が一直線状となっているが、偏心レジューサは管の中心が偏心している。一般に同心レジューサが使われるが、細い管の底辺又は上面を太い管に合わせる必要がある場合に、偏心レジューサが使われる。

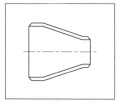

| 同心レジューサ | 偏心レジューサ | エルボ | ティー（チーズ） |

■３．差込み溶接形管継手

◎差込み溶接形管継手は、継手本体に使用する鋼管を差込み溶接によって接続する
　継手である。

◎溶接部は、管継手の端部と鋼管の円周となる。

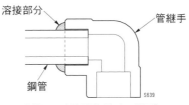

【差込み溶接形管継手の断面】

丸カップリング	エルボ	ティー（チーズ）

◎丸カップリングは、鋼管を直線上に接続する継手である。

■４．フランジ形管継手

◎フランジ形管継手は、管径が大きい場合に使われる。

◎管端部にフランジを取り付け、対向するフランジをボルトとナットで締め付け、
　同径の管と管や管と機器を接続する。フランジ接触面にはガスケットを挟み込ん
　で、漏れを防ぐ。

◎鋼管端部へのフランジの取り付け方法により、ねじ込みフランジと溶接フランジ
　がある。ねじ込みフランジは、管用テーパねじがつけられており、管とフランジ
　がねじ部で密着するようになっている。

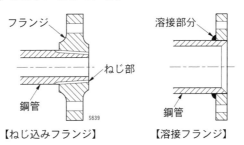

【ねじ込みフランジ】　　　　【溶接フランジ】

▷用語：ソケット〔socket〕受け口、電球受け、燭（しょく）台のろうそくさし。

　　　　ニップル〔nipple〕乳首、接管。

　　　　テーパ〔taper〕勾配、傾き、先細りの形になっていること。

　　　　チーズ〔tees〕Ｔ字という意味の英語 tee から。

　　　　エルボ〔elbow〕ひじ。

　　　　キャップ〔cap〕ふた。

　　　　レジューサ〔reducer〕減らすもの。

　　　　フランジ〔flange〕つば状のもの。

　　　　ユニオン〔union〕2つ以上のものが結びつくこと。結合。

　　　　ブッシング〔bushing〕円筒部品。低木のbushと全く意味が異なる。

　　　　サドル〔saddle〕鞍（くら）。自転車の腰掛けの部分。

　　　　カップリング〔coupling〕連結すること。

■5．可とう管継手

◎可とう管継手は、フレキシブルジョイントとも呼ばれる。

◎配管の軸方向の伸縮及び軸直角方向の偏心、曲げ変位などに対し、たわみが可能
　な継手である。

◎地震やポンプなどの振動に対し、たわむことで管路の破損や漏水を防ぐことがで
　きる。

「加圧送水装置用可撓管継手」

◎屋内消火栓設備、スプリンクラー設備、水噴霧消火設備、泡消火設備、屋外消火
　栓設備及び連結送水管に用いる**加圧送水装置**に使用される可とう管継手は、加圧
　送水装置の振動を遮断するとともに、配管の耐震性能を高めるものであって、そ
　の構造、性能等に関し技術指針が定められている。

▶▶ 過去問題 ◀◀

【1】配管と配管を直角に接続するために用いる「ねじ込み式」又は「差込み溶接式」の管継手は、次のうちどれか。
1. エルボ
2. ユニオン
3. レジューサ
4. ソケット

【2】直線軸の両端に、「おねじ」が切ってある管継手は、次のうちどれか。[★]
1. エルボ
2. ユニオン
3. レジューサ
4. ニップル

【3】管継手の説明について、正しいものは次のうちどれか。
1. エルボは、配管を90度に曲げる部分に使用される。
2. レジューサは、同口径の配管を接続する。
3. フランジは、異口径の配管を接続する。
4. ティーは、配管の末端に取り付けて、配管を密閉する。

【4】配管に使用されている管継手の説明とその名称の組合せとして、正しいものは次のうちどれか。

管継手の説明	名称
1. 互いにある角度からなる2つの管の接続に用い、曲率半径が比較的小さい管継手	エルボ
2. 3つの管をY字状に接続するために用いるY形の管継手	クロス
3. 同一の直径である2つの管を同一直線上又は平行にずらして接続するために用いる、主として突合せ溶接式の管継手	レジューサ
4. 管の末端を閉鎖するために用いる帽子状の管継手	ソケット

311

▶▶正解&解説……………………………………………………………………………………………

【1】正解1

　　管継手の種類は、ねじ込み形、突合せ溶接形…のほか、ねじ込み式、突合せ溶接式…と呼ばれることがある。内容はまったく同じである。

　1．エルボは、配管と配管を直角に接続するために用いる管継手で、ねじ込み式と差込み溶接式がある。

　2．ユニオンは、六角部を回して管と管の脱着を容易にする継手である。

　3．レジューサは、太さが異なる管を接続する突合せ溶接形の管継手である。

　4．ソケットは、めねじが付いていて、同じ太さの管を直線上に延長する継手である。異なる太さの管を接続する径違いソケットもある。

【2】正解4

　1．エルボは、管の進路を90°曲げる継手である。端部にはめねじが切ってある。ストリートエルボは、端部におねじとめねじが切ってある。

　4．ニップルは、直線軸の両端におねじが切ってある管継手である。六角部が付いていないもの（丸ニップル）もある。

【3】正解1

　2．レジューサは、〔異口径〕の配管を接続する。突合せ溶接形の管継手である。

　3．フランジは、〔同口径〕の配管を接続する。

　4．配管の末端に取り付けて、配管を密閉するのはキャップやプラグである。ティーは、管をＴ字形に分岐・合流する継手である。

【4】正解1

　1．エルボに対し、「互いにある角度からなる２つの管の接続に用い、曲率半径が比較的大きい管継手」をベンドという。

　　▷用語：ベンド（bend）：（まっすぐなものを）曲げる。

　2．説明の内容はＹ（ワイ）。クロスは４本の管を十字状に接続する継手。

　3．「同一の直径である２つの管」⇒「直径の異なる２つの管」。

　4．説明の内容はキャップである。ソケットは、めねじが付いていて同じ太さの管を直線上に延長する継手。

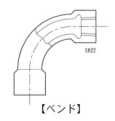

【ベンド】

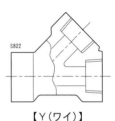

【Ｙ（ワイ）】

10. 弁（バルブ）

◎弁（バルブ）は、流体を通したり、止めたり、制御したりするため、流路を開閉することが出来る可動機構を持つ機器の総称をいう（以下、JIS等）。

◎弁（バルブ）は、次の種類がある。

▷玉形弁	▷仕切弁	▷ボール弁	▷バタフライ弁
▷ダイヤフラム弁	▷逆止弁	▷アングル弁	

◎仕切弁（開閉弁又は止水弁）にあってはその開閉方向を、逆止弁にあってはその流れ方向（右写真）を表示したものであること（規則第12条1項6号ト）。

▶玉形弁

◎一般に球形の弁箱をもち、入口の中心線と出口の中心線とが一直線上にあり、流体の流れがS字状となるバルブである。

◎玉形弁は、ボデーが丸みを帯びていることから、この名称が付けられた。また、「グローブバルブ」とも呼ばれる。

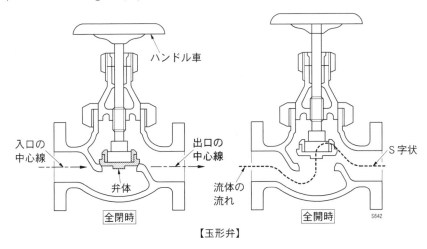

【玉形弁】

◎ハンドル車を回転させて弁体を上下させることで、中間開度での使用に適している。また、流体の流れをきっちり止める性能も高い。しかし、弁体が全開しても、弁体が管路内にあり流体が方向転換するため、圧力損失が大きい。

◎内ねじ式が多いが、外ねじ式もある（内ねじ式と外ねじ式の違いは、「▶仕切弁（次ページ）」を参照）。

▶仕切弁

◎弁体が流体の流路を垂直に仕切って開閉を行い、流体の流れが一直線上になるバルブの総称である。

◎仕切弁は、「止水弁」、「制御弁」、「開閉弁」、「ゲートバルブ」とも呼ばれる。

◎外ねじ式と内ねじ式の2種類がある。**外ねじ式**は、ハンドル車を回すと弁棒の上下とともに弁体も上下する。開時はねじ部がハンドル車より上に飛び出すため、弁の状態を外部から見てわかるようになっている。一方、**内ねじ式**はハンドル車を回すとねじ部が弁体の中に入り込み、弁体のみが上下する。

◎消火用配管では、一般に弁の開閉状態がすぐにわかる外ねじ式が使われている。

◎仕切弁は、水門の構造に似ていることからゲート（門）バルブとも呼ばれる。ハンドル車を回転させて、くさび状の弁体を上下させて、流体を全開または全閉する。中間開度（弁体が半分だけ流路に出ている状態）で流量を調節することはしない。

◎全開時は、弁体が管路内になく流れが直線となるため、圧力損失が少ない。また、ウォーターハンマーが発生しにくいという利点がある。

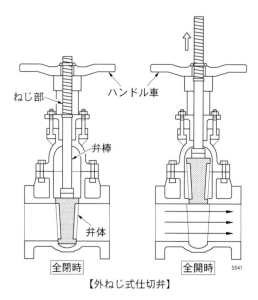

【外ねじ式仕切弁】

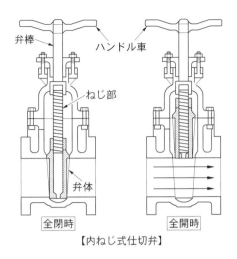

【内ねじ式仕切弁】

▶ボール弁

◎弁箱内で弁棒を軸として球状の弁体が回転するバルブの総称である。

◎孔の貫通したボールが弁体となっており、この孔の向きを管路に合わせれば流体が通り抜け、くるっと向きを変えれば流体を止めることができる。

◎ボール弁は、「ボールバルブ」とも呼ばれる。レバーを90°動かすだけで、全開⇔全閉の操作が出来る。ボール弁は、操作時間が短く、圧力損失が小さい。しかし、流量調整には不向きで、基本的に中間開度では使用しない。ガスの元栓に使われている。

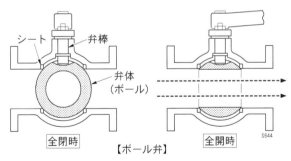

【ボール弁】

▶バタフライ弁

◎弁箱内で弁棒を軸として円板状の弁体が回転するバルブの総称である。

◎バタフライ弁は、「蝶形弁」とも呼ばれる。弁棒を90°動かすだけで、全開⇔全閉操作が出来る。

◎バタフライ弁は、ボール弁と異なり、中間開度での流量調整機能に優れている。

◎バタフライ弁は、ガソリンエンジンのスロットルバルブにも使われている。

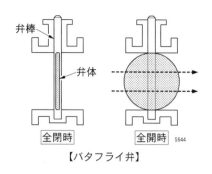

【バタフライ弁】

▶ダイヤフラム弁

◎ゴムなどの伸縮可とう性のダイヤフラムで流路を開閉する構造をもつバルブである。

◎ダイヤフラム弁は、弁の駆動部に流体が流れ込んだり流体にグリスや金属粉などが混入するのを防ぐことができるため、医薬・食品の分野で使用されている。

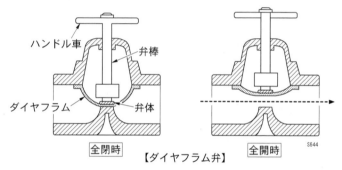

【ダイヤフラム弁】

▶逆止弁（ぎゃくしべん）

◎弁体が流体の背圧によって逆流を防止するように作動するバルブの総称である。リフト型とスイング型がある。

◎リフト型は、弁体を持ち上げる必要があるため、圧力損失が大きく、配管への取付は水平方向に限られる。

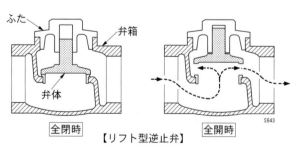

【リフト型逆止弁】

316

◎スイング型は、弁体がヒンジピンを中心に回転することで、流体が流れる仕組みとなっている。リフト型に比べ、圧力損失が小さい。また、水平方向の他、**垂直方向**にも使用できる（弁体が上になるようにする）。

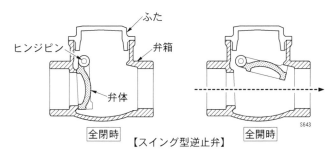

【スイング型逆止弁】

◎逆止弁は、「逆止弁（ぎゃくどめべん）」、「チェックバルブ」、「チャッキバルブ」とも呼ばれる。
◎配管の逆流を防ぐことで、ウォーターハンマーの防止やポンプによる配管圧力を保持する働きがある。

▶アングル弁
◎弁箱の入口と出口の中心線が直角で、流体の流れ方向が直角に変わるバルブの総称である。
◎バルブ開閉部の構造は、玉形弁と同じである。玉形弁と同様に、中間開度での使用に適している。

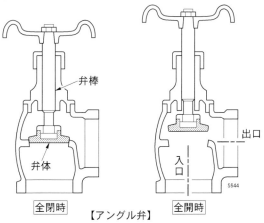

【アングル弁】

▷用語：グローブ〔globe〕球体、球。手袋は glove。
ダイヤフラム〔diaphragm〕膜、隔膜。
チェック／チャッキ〔check〕①検査　②停止（させるもの）。

【1】 消防設備等の配管に使用する弁の説明として、誤っているものは次のうちどれか。[★][編]

☐ 1．玉形弁は、一般に玉形の弁箱をもち、入口の中心線と出口の中心線とが一直線上にあり、流体の流れがU字状となるバルブである。

2．アングル弁は、弁箱の入口の中心線と出口の中心線とが直角で、流体の流れ方向が直角に変わるバルブである。

3．仕切弁は、弁体が流体の流路を垂直に仕切って開閉し、流体の流れが一直線となるバルブの総称である。

4．バタフライ弁は、弁箱内に弁棒を軸として円板状の弁体が回転するバルブの総称である。

5．逆止弁は、弁体の背圧によって流体の逆流防止の作動をするバルブの総称である。

▶ ▶ 正解＆解説 ┈┈

【1】 正解1

1．「U字状」⇒「S字状」。

▌11. 配管工事

◎配管工事の施工上の留意点は、次のとおりである（消防用設備等基本テキスト　消火設備　（一財）日本消防設備安全センター）。

▶共通内容

①管継手を少なくして、摩擦損失を少なくする。

②空気だまりが発生しない配管とする。

③配管に弁や装置の荷重が加わらないようにする。

④配管に流れる流体（水や加圧空気等）の特性を考慮して、シール材を選定する。

▶地下埋設の場合

①トレンチ内の配管施工が望ましい。

　▷用語：トレンチは設備配管のために床下や土の中に設けた溝を呼ぶ。

②埋設部や防食を要求される部分は、アスファルト塗覆装等の防食措置を施す。

　▷用語：塗覆装は金属材料の防食法の一種で、あらかじめ製膜してある有機質被覆材料のシートなどを金属材料にライニング加工する。

③寒冷地において、凍結のおそれのある部分には、それぞれの地域で定められている凍結深度を考慮の上、決定すること。

▶▶過去問題◀◀

【1】配管を地下に埋設する方法として、最も不適切なものは次のうちどれか。

☐　1．鋼管の地下埋設配管には、少なくともアスファルトジュート一重巻程度の防食処理をする。

　　2．保護管を用いる場合、それには埋設管より太く配管用炭素鋼鋼管又はこれと同等以上の強度を有する鋼管を用いる。

　　3．地下埋設配管には、ねじ接続配管を用いること。

　　4．寒冷地における地下埋設の深さは、その土地の最低気温を考慮する。

▶▶正解＆解説……………………………………………………………………………

【1】正解3

　　1．アスファルトジュートは、ジュートと呼ばれる繊維にアスファルトを染み込ませたもの。

　　3．管継手は、フランジ形、ねじ込み形などがある。ねじ込み形は、一般に管の呼び50以下の配管に使用することが望ましい。フランジ形は、一般に口径の大きい配管や機器の交換、増設等が予想される箇所に使用する。屋外消火栓設備の配管埋設部には、フランジ形がよく使われる。「ねじ接続配管を用いる」ということはない。

12. 配管支持金具

◎消火設備に使用される配管支持金具には、タンバックル付吊バンド、L型ブラケット、立管用埋込足付バンドなどがある。

▷用語：タンバックル〔turnbuckle〕締め金具。

ブラケット〔bracket〕L字形などの取付け用金具。

◎**タンバックル付吊バンド**は、天井から吊下げられる横走り配管の支持金具である。タンバックル（吊りボルト）とセットになった吊バンドが垂直方向の荷重をうけ、配管を支持する。天井への固定は、アンカーを使うものと鉄骨を使うものなどがある。

◎**L型ブラケット**は、壁に取り付けて使用する横走り配管の支持金具である。Uボルトで配管を固定する。

◎**立管用埋込足付バンド**は、立て配管を振れ止め支持する金具である。壁に打ち込こんだアンカーなどに埋込足をねじ込んで固定する。

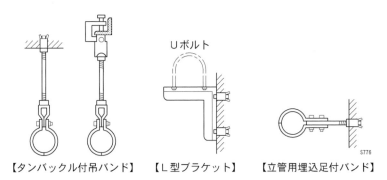

【タンバックル付吊バンド】　【L型ブラケット】　【立管用埋込足付バンド】

13. 溶接

◎溶接は、2つの金属をいろいろな方法で溶融させて結合する冶金的接合方法である。主な溶接法を溶接原理と熱源で分類すると、次のとおりとなる。

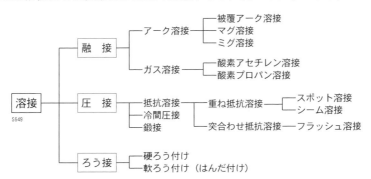

◎融接は、溶融状態において材料に機械的圧力を加えずに行う溶接である。単に「溶接」といった場合は、この融接を指す。

◎圧接は、接合部を高温に加熱して、大きな機械的圧力を加えて行う溶接である。

◎ろう付けは、接合しようとする金属母材を全く溶かさず、母材より融点の低い溶融金属を流し込んで行う溶接である。

▶溶接の長所と短所

◎溶接は、リベットやボルトによる機械点締結（接合）と比べた場合、次のような長所と短所がある。

長所
①構造物の重量軽減及び材料と工程の節約ができる。
②継手効率が高く、気密性に優れている。
③広範囲の板厚の接合ができる。
④継手の構造が簡単となり、製作費が安くなる。
⑤機械作業などの騒音が少ない。

▷用語：継手効率…継手部における強さを、継手のない部分における強さで除して表した値。一般には値の大きい継手が望ましい。

短所
①局部的加熱によるひずみや残留応力が発生する。
②継手に応力集中が発生しやすい。
③継手に欠陥が発生する危険性があり、非破壊試験などが必要とされる。
④継手の材質が変化し、溶接部がもろくなることがある。
⑤溶接機の使用に、安全対策が必要である。

▶溶接法と金属材料の適合性

◎溶接法と金属材料の適合性についてまとめると、おおまかには次の内容のとおりとなる。

溶接法の種類 金属材料	被覆アーク溶接	ミグ溶接	電気抵抗溶接※	ガス溶接	ろう接
低炭素鋼（軟鋼）	◎	△	◎	◎	○
ステンレス鋼	◎	◎	○	○	○
鋳鉄	◎	△	－	○	○
銅とその合金	○	○	○	○	◎
アルミニウムとその合金	△	◎	○	△	◎

注：◎…よく適用されるもの　　○…適用されるもの　　△…あまり用いられないもの
　　－…適用されない
　※電気抵抗溶接は電気抵抗熱による溶接法で、スポット溶接やシーム溶接などが該当する。

▶被覆アーク溶接

◎被覆アーク溶接は、最も基本的な溶接方法である。

◎被覆アーク溶接は、被覆アーク溶接棒（電極）と被溶接物（母材）の間にアークを発生させ、その高温により溶接棒と母材を溶融して結合する溶接法である。

◎高温のアークにより母材の一部が溶け、これに溶接棒の先端から溶融金属が溶滴となって移行し、溶融池が形成される。

◎溶接棒の心線の周囲には、被覆材（フラックス）が塗られている。アークの熱で分解した被覆材は、シールド（遮へい）ガスとなって、アークと溶けた金属の周囲を包み酸化や窒化を防ぐとともに、スラグとなり溶接金属の急冷を防ぐ。溶融凝固した部分（金属）はビードと呼ばれ、その表面は波形の模様を呈する。

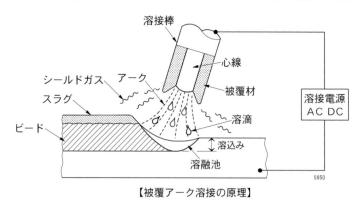

【被覆アーク溶接の原理】

▶スポット溶接

◎スポット溶接は、電気抵抗熱（ジュール熱）を利用して金属の接合を行う抵抗溶接の1つで、最も広く使用されている方法である。

◎スポット溶接では、銅合金などの電極チップの間に接合しようとする母材（2枚）を重ね合わせ、適切な加圧方法で圧力を加えて通電する。電流は電極チップを通して集中的に流れ、直下の母材接触部はジュール熱でより溶融する。この後、通電を止めると溶融部は冷却されて凝固し接合が完了する。

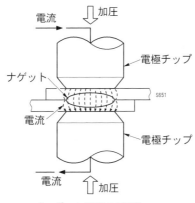

【スポット溶接の原理】

◎スポット溶接は、薄板の接合が効率よくできることから、薄板のプレス加工製品の組立てに広く用いられている。

◎スポット溶接は、融接法と接合メカニズムが異なることから、溶接部の名称などに特種な用語が使われる。

①**ナゲット**：接合部に生じる溶融凝固した部分で、碁石状の形状をしている。

②**くぼみ**：加圧力によって電極チップが母材に食い込んだ後の、へこんだ部分。

③**ちり（散り）**：母材が局部的に過熱されて溶融飛散する現象、またはその金属。電極チップ及び接する母材の外表面に生じる表ちりと、母材間に生じる中ちりがある。

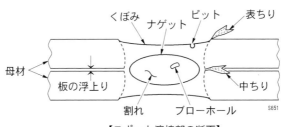

【スポット溶接部の断面】

▶ガス溶接

◎ガス溶接は、可燃性ガス（主にアセチレン）と酸素を混合し、これを燃焼させたときの熱で母材を加熱、溶融させ、溶加棒を挿入させながら接合する溶接法である。

◎アーク溶接に比べ温度が低く（約3,000℃）、熱の集中も悪いため厚物の溶接は困難である。また、母材を広範囲に熱するため、溶接によるひずみが大きくなる。

◎しかし、トーチ（吹管）と母材の距離を変化させて加熱を調整できるため、薄物の溶接に適している。

◎また、溶接用のトーチを切断用のものに交換することにより、鋼材を切断（ガス切断）することができる。

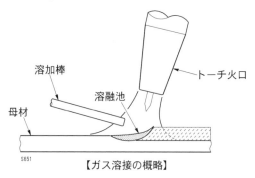

【ガス溶接の概略】

▶溶接の用語

◎**溶接継手**：溶接される継手、あるいは、溶接された継手。溶接継手は、部材（板などの母材）の組み合わせ方によって、突合せ継手、重ね継手、T継手などがある。

◎**パス**：各種の溶接継手に沿って行う1回の溶接操作。パスの結果できたものがビードである。アーク溶接で使われる。

◎**ビード**：1回のパスによって作られた溶接金属（溶接部の一部で、溶接中に溶融凝固した金属）。アーク溶接で使われる。

◎**クレーター**：溶接ビードの最後の部分（終端）にできるくぼみ（窪み）。なお、クレーターの部分に発生する溶接割れをクレーター割れという。肉厚が不足していて急冷されるため、割れが発生しやすくなる。

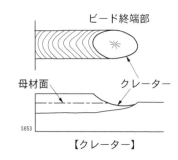

【クレーター】

◎スパッタ：アーク溶接、ガス溶接、ろう接などにおいて、溶接中に**飛散するスラグ及び金属粒**。スパッタの一部は母材表面に固着し、多いと溶接作業を著しく困難にする。

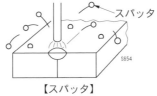

【スパッタ】

◎スラグ：溶接部（溶接金属及び熱影響部を含んだ部分の総称）に発生する**非金属物質**。なお、溶接の際に溶融スラグが浮上せずに溶接金属中に残ったものは、スラグ巻き込みといい、溶接欠陥の１種となる。

◎ボンド部：溶融部（溶接金属）と母材との**境界の部分**。境界付近を併せて呼ぶこともある。ボンド部は組織が粗粒化して硬くてもろい。じん性が低下する傾向がある。

熱影響部
溶接金属（溶融母材＋溶着金属）

ボンド部

【ボンド部】

▶溶接の欠陥

◎アンダーカット：溶接の止端（母材の面と溶接ビードの表面とが交わる点）に沿って母材が掘られて、溶着金属が満たされないで溝となって残っている部分のことで、溶接欠陥の１種である。一般的に溶接電流や溶接速度が過剰に高いことが発生原因となる。なお、溶着金属は、溶加材から溶接部に移行した金属をいう。

【アンダーカット】

◎**オーバーラップ**：溶着金属が止端（母材の面と溶接ビードの表面とが交わる点）で母材に融合しないで**重なった部分**のことで、溶接欠陥の1種である。溶接の際の電流が低すぎることや、溶接の速度が遅すぎるために発生する。オーバーラップは、疲れ強さ、腐食、応力腐食割れ、腐食疲れなどの溶接部の性能に影響を及ぼす。

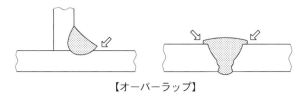

【オーバーラップ】

◎**ブローホール**：溶着金属の中に発生する**球状の空洞**（気孔）をいう。アーク溶接では、アーク雰囲気中で溶融金属が高温にさらされるため、多くの酸素、水素、窒素などのガスを吸収し、それらのガスが表面に浮き上がる前に凝固することによってブローホールとなる。

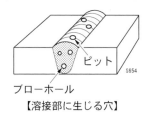

ピット

S654

ブローホール

【溶接部に生じる穴】

◎**ピット**：ビードの表面に生じた小さな**くぼみ穴**をいう。欠陥が表面からも確認できる表面欠陥の一つで、開口欠陥ともいう。溶着金属の中の気泡（ガス）がビード表面に放出された際に穴となり、そのまま凝固することで生じる。気泡（ガス）が溶着金属中に閉じ込められればブローホールとなる。

––

▷用語：アーク〔arc〕①円弧　②電弧。

フラックス〔flux〕溶剤、融剤。

スラグ〔slag〕かなくそ（鉱石を製錬する時にでるかす）。

ビード〔bead〕①ガラス玉、数珠玉　②（つゆや汗の）玉、しずく。

ナゲット〔nugget〕①貴金属のかたまり　②一口大の食べ物。

トーチ〔torch〕懐中電灯、たいまつ。

パス〔pass〕①通過する　②次々に回される。

クレーター〔crater〕①（火山の）噴火口　②（月面などの）円形のくぼ地。

スパッタ〔spatter〕（水や泥が）はねる。

ボンド〔bond〕①接着させるもの、接着剤。②接着剤の商標名。

ラップ〔lap〕①ひざ　②（2つの物の）重なり合い、重なり（の部分）。

ブロー〔blow〕①息を吹く　②吹きつける。

ホール〔hole〕穴。集会場のホールは〔hall〕。

ピット〔pit〕穴、くぼみ。

▶▶ 過去問題 ◀◀

【1】溶接用語の説明として、誤っているものは次のうちどれか。[★]

□　1．スラグ　　　……溶接部に生じる非金属物質

　　2．パス　　　　……溶接継手に沿って行う1回の溶接操作

　　3．クレーター……1回のパスによって作られた溶接金属

　　4．スパッタ　　……アーク溶接、ガス溶接などにおいて溶接中に飛散するスラ
　　　　　　　　　　　グ及び金属粒

【2】溶接時に発生するアンダーカットの説明として、正しいものは次のうちどれ
か。[★]

□　1．溶接金属の急冷、溶接棒の移動速度の不適当等によって生じた空洞をいう。

　　2．溶接金属内に発生した残留ガスのため、溶接部内にできた空洞をいう。

　　3．溶けた金属が母材に溶け込まないで、母材の表面に重なるものをいう。

　　4．溶接の止端に沿って、母材が溶け過ぎてできる細い溝やくぼみをいう。

▶▶正解＆解説…………………………………………………………………………………

【1】正解3

　3．1回のパスによって作られた溶接金属は、ビード。クレーターは、溶接ビードの最
　　後の部分にできるくぼみ。

【2】正解4

　2．設問の内容は「ブローホール」である。

　3．設問の内容は「オーバーラップ」である。

1. 構成例

▶構成例 [1]

◎消火栓の**開閉弁**の開放と連動して起動するか、または、自動火災報知設備の**P型発信機**により起動する方式のもの

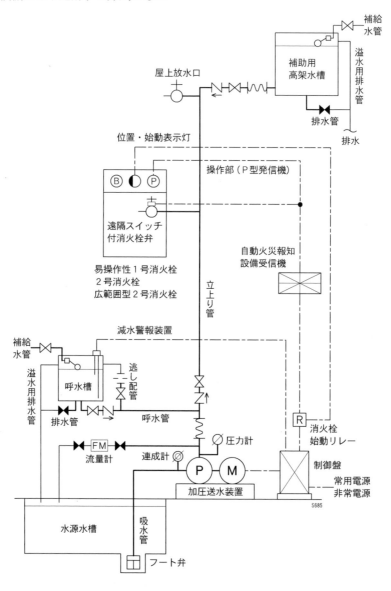

▶構成例［2］

◎自動火災報知設備のＰ型発信機により起動する方式のもの

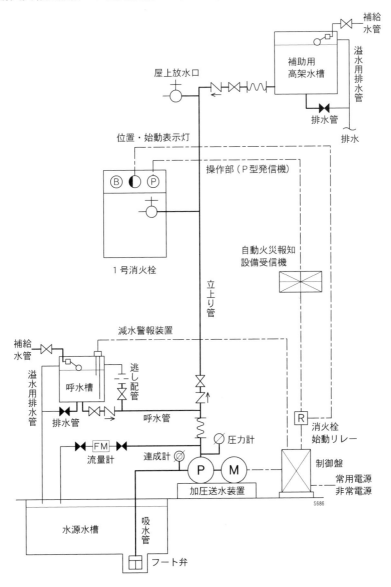

補給水管

補助用高架水槽

溢水用排水管

排水管

排水

屋上放水口

位置・始動表示灯

操作部（Ｐ型発信機）

Ｂ Ｐ

１号消火栓

自動火災報知設備受信機

立上り管

減水警報装置

補給水管

逃し配管

呼水槽

溢水用排水管

排水管

呼水管

Ｒ 消火栓始動リレー

圧力計

ＦＭ 流量計

連成計

Ｐ Ｍ

加圧送水装置

制御盤

常用電源
非常電源

S686

水源水槽

吸水管

フート弁

▶構成例［3］
◎屋内消火栓箱の内部等の**操作部**から起動する方式のもの

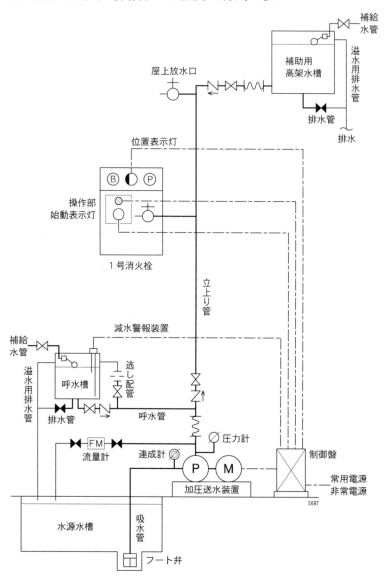

2. 法令によるポンプ全揚程

◎ポンプを用いる加圧送水装置について、ポンプ全揚程Hは、次の式により求めた値以上の値とすること（規則第12条7号ハ／2項5号ロ）。

1号消火栓及び広範囲型2号消火栓	2号消火栓
$H = h_1 + h_2 + h_3 + 17\text{m}$	$H = h_1 + h_2 + h_3 + 25\text{m}$

H：ポンプの全揚程（m）
h_1：消防用ホースの摩擦損失水頭（m）
h_2：配管の摩擦損失水頭（m）
h_3：落差（m）

◎計算式の「17m」と「25m」は、**放水圧力等換算水頭**と呼ばれている。重力加速度を10m/s^2とすれば、「17m」はノズル放水圧力が0.17MPa、「25m」はノズル放水圧力が0.25MPaとなる。

3. 構造及び機能

▶起動装置

◎加圧送水装置の起動装置の方式は、①直接操作によるもの、②遠隔操作によるもの、③消火栓開閉弁又は消火栓ホースの延長操作等と連動して起動できるもの（易操作性1号消火栓、2号消火栓及び広範囲型2号消火栓）がある。

◎遠隔操作によるものとして、屋内消火栓箱の内部等に起動用押ボタン等（自動火災報知設備のP型発信機を含む）の操作によって加圧送水装置を作動させるもの、屋内消火栓の開放弁の開放操作で作動させるもの、もしくは圧力タンクの減圧による圧力スイッチのONで作動させるもの、などがある（規則第12条7号ヘ）。

▷解説：自動火災報知設備のP型発信機を遠隔操作として使用するものは、自動火災報知設備と連動している。発信機のボタンを押すと、加圧送水装置が始動するとともに、自動火災報知設備の地区音響装置が鳴動する。同時に、消火栓の位置・始動表示灯が点滅する。

◎停止は、あくまでも制御盤の操作部を直接操作することのみによって行われること。遠隔操作による停止作動は認められていない（規則第12条7号ト）。

▶起動方式の種類

◎消火栓の種類に応じて、各種起動方式がある。

◎2号消火栓等は、消火栓箱の消火栓開閉弁又はノズル保持部にリミットスイッチ（ポンプ起動用スイッチ）が取り付けられており、開閉弁を開く又はノズルを取り出すと、自動的にポンプが起動する。

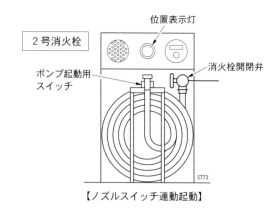

【ノズルスイッチ連動起動】

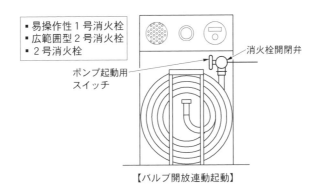

- 易操作性1号消火栓
- 広範囲型2号消火栓
- 2号消火栓

ポンプ起動用スイッチ

消火栓開閉弁

【バルブ開放連動起動】

◎1号消火栓は、自動火災報知設備の発信機がポンプの起動と兼用となっている場合は、発信機のボタンを押せばポンプが起動する。また、消火栓内部に起動用スイッチが設けられているものは、ボタンを押してポンプを起動させる。

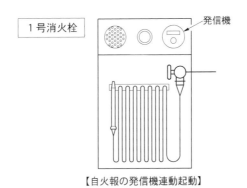

1号消火栓

発信機

【自火報の発信機連動起動】

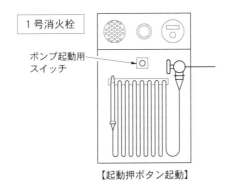

1号消火栓

ポンプ起動用スイッチ

【起動押ボタン起動】

▶消火栓の作動フロー

・易操作性１号消火栓、広範囲型２号消火栓

火災 ➡ 消火栓開閉弁を開く（ポンプ起動用リミットスイッチが自動でON） ➡ ポンプ起動 ➡ 位置表示灯点滅 ➡ 《一人操作》ホースを引き出し、火元に向けてノズルを開いて放水

・２号消火栓

火災 ➡ ノズルを取り出すまたは消火栓開閉弁を開く ➡ ポンプ起動 ➡ 位置表示灯点滅 ➡ 《一人操作》ホースを引き出し、火元に向けてノズルを開いて放水

・１号消火栓

火災 ➡ 発信機を押すまたは起動用スイッチを押す ➡ ポンプ起動 ➡ 位置表示灯点滅 ➡ 《二人操作》バルブ側とノズル側各１人を配置 ➡ 開閉弁を開いて放水

▶配管

◎配管は、**専用**とすること。ただし、屋内消火栓設備の起動装置を操作することにより直ちに他の消火設備の用途に供する配管への送水を遮断することができる等当該屋内消火栓設備の性能に支障を生じない場合においては、この限りでない（以下規則第12条６号）。

◎加圧送水装置の吐出側直近部分の配管には、**逆止弁及び止水弁**を設けること。

◎ポンプを用いる加圧送水装置の吸水管は、次に定めるところによること。

> イ．吸水管は、ポンプごとに専用とすること。
>
> ロ．吸水管には、ろ過装置（フート弁に附属するものを含む。）を設けるとともに、水源の水位がポンプより低い位置にあるものにあってはフート弁を、その他のものにあっては止水弁を設けること。
>
> ハ．フート弁は、容易に点検を行うことができるものであること。

◎配管には、次のイ又はロに掲げるものを使用すること。

> イ．日本産業規格G3442、G3448、G3452、G3454若しくはG3459に適合する管又はこれらと同等以上の強度、耐食性及び耐熱性を有する**金属製の管**
> ※①「8. 鋼材＆管」299P参照。
>
> ロ．気密性、強度、耐食性、耐候性及び耐熱性を有するものとして消防庁長官が定める基準に適合する**合成樹脂製の管**

◎主配管のうち、立上り管は、管の呼びで次に掲げる数値以上のものとすること（規則第12条1〜3項）。

1号消火栓	50mm
2号消火栓	32mm
広範囲型2号消火栓	40mm

◎配管の耐圧力は、当該配管に給水する加圧送水装置の締切圧力の1.5倍以上の水圧を加えた場合において当該水圧に耐えるものであること（同6号リ）。

◎屋外、冷凍室等、水が凍結するおそれのある場所に設ける配管は、保温のための措置を講ずること。

◎加圧送水装置の吐出側直近部分の配管には、その表面の見やすい箇所に屋内消火栓設備用である旨を表示すること。

▶屋内消火栓箱

◎屋内消火栓設備の屋内消火栓及び放水に必要な器具は、**消防庁長官**が定める基準に適合するものとすること（規則第12条1の2号）。

◎屋内消火栓箱は、ノズル、消防用ホース、開閉弁、加圧送水装置の起動装置等を収納する箱である。

◎屋内消火栓箱には、その表面に「消火栓」と表示すること（規則第12条3号）。

◎1号消火栓は、くし形の消防用ホース掛けが使用されている。操作は2人以上で行う。1人がノズルとホースを抱えて火元に向かう。放水の準備ができたら消火栓箱の近くにいる人に合図を送って、開閉弁を開く。

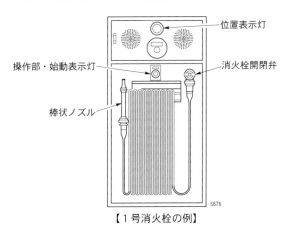

位置表示灯

操作部・始動表示灯

消火栓開閉弁

棒状ノズル

S676

【1号消火栓の例】

◎2号消火栓及び広範囲型2号消火栓は、消防用ホースの延長及び収納の操作が1人でできるようにしたものである。また、水量は低減化されている。

◎ホース収納装置は、ホースリール式と折畳み等収納式がある。

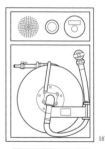

◎ホースリール式は、消防用ホースを円筒形状等のホース収納装置に巻き取って収納するものをいう。また、折畳み等収納式は、消防用ホースをホースリール式以外の方法により、ホース収納装置に収納するものをいう（消防予第254号）。

【ホースリール式】

◎折畳み等収納式が現在の主流となっている。

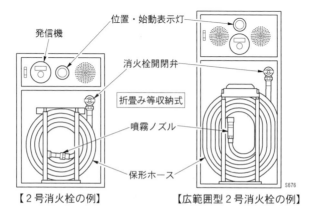

発信機
位置・始動表示灯
消火栓開閉弁
折畳み等収納式
噴霧ノズル
保形ホース

【2号消火栓の例】　【広範囲型2号消火栓の例】

◎易操作性1号消火栓は、1号消火栓が操作に2人以上を要する、消防用ホースをすべて延長しなければ水が出ない、手元で放水の開閉ができない、などの指摘を受け、操作性の向上を図り、1人で操作可能なものとして開発された消火栓である。

◎易操作性1号消火栓も、ホースリール式と折畳み等収納式があるが、折畳み等収納式が主流となっている。

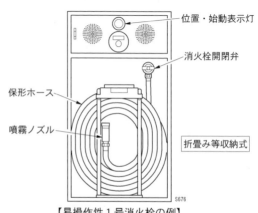

位置・始動表示灯
消火栓開閉弁
保形ホース
噴霧ノズル
折畳み等収納式

【易操作性1号消火栓の例】

▶消防用ホース

◎消防用ホースは、平ホース、保形ホース、濡れホースなどがある。

◎消防用ホースの**全長**は、消火栓から次に掲げる水平距離以内の防火対象物の各部分を有効に注水包含できる長さとする。

| 1号消火栓
広範囲型2号消火栓 | 消火栓から水平距離25m |
| 2号消火栓 | 消火栓から水平距離15m |

▷用語：包含…中に包み含むこと。

◎消防用ホースの長さは、10m、15m、20m又は30mの4種類がある。

◎1号消火栓は呼称40又は50のものを使用する。1号消火栓（易操作性1号消火栓を除く）の消防用ホースは、呼称40で、長さ15mのものを2本結合して使用されることが多い。

◎易操作性1号消火栓、2号消火栓及び広範囲型2号消火栓は、**保形ホース**を使用し、ホースの延長及び収納の操作が容易でなくてはならない。

▶消火栓の結合金具

◎消火栓の結合金具（ホース接続口）は、ホース、吸管の両端に装着し、消防用ホース又は吸管を相互接続するものである。

◎結合金具は、差込式とねじ式などがある。

◎**差込式**では、受け口と差し口がかん合（結合）するのは、つめが金具とかみ合うためである。結合部分からの水漏れを防止するため、ゴムパッキンが受け金具と差込み金具間を押すことによって気密性を保つ仕組みとなっている。離脱は、差し口の押し輪が受け口のつめを押し上げることにより、容易に差し口と受け口を引き離すことができる。

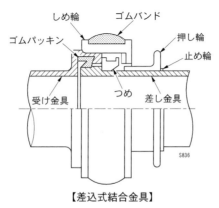

【差込式結合金具】

◎ねじ式は、特に気密性を必要とする消防用吸管に使用されるほか、凍結のおそれのある寒冷地域で使用される消防用ホースに採用されている。

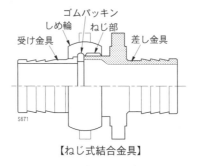

【ねじ式結合金具】

▶消火栓開閉弁

◎消火栓開閉弁のホース接続口は、ねじ式と差込式の2種類がある。近年は差込式が主流となっている。差込式結合金具は、1号消火栓の場合、呼称40又は50の差し口がある。

◎消火栓開閉弁は、アングル弁型のものと玉形弁型のものがある。

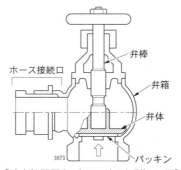

【消火栓開閉弁（アングル弁型）の例】

◎放水圧力は0.7MPaを超えてはならないため、消火栓開閉弁に**減圧機構**を付けたものがある。また、消火栓のホース接続口に差込式減圧器（アダプター）を取り付けるものもある。

◎消火栓開閉弁は、床面からの高さが**1.5m以下**の位置に設けること。ただし、当該開閉弁を天井に設ける場合にあっては、当該開閉弁は**自動式**のものとすること（規則第12条1号）。

▶ノズル

◎ノズルは、棒状放水のものと、棒状と噴霧を切り替えることができるものとがある。棒状放水ノズルは、先端部のノズル、抱え込む部分のプレーパイプ、後端部の結合金具から構成されている。

【可変噴霧ノズル】

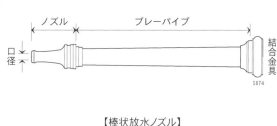
【棒状放水ノズル】

◎可変噴霧ノズルは、直射（棒状）・噴霧・停止の3段切り替え型のものが多い。

◎ノズルの口径は法令で定められていないが、放水射程や放水量等から、1号消火栓のものにあっては約13mm以上、2号消火栓のものにあっては約8mm以上となっている。

◎易操作性1号消火栓、2号消火栓及び広範囲型2号消火栓のノズルは、容易に**開閉できる装置**を設けること（規則第12条2項1号他）。

▶**標示**

◎加圧送水装置の始動を明示する**表示灯**は、赤色とし、屋内消火栓箱の内部又はその直近の箇所に設けること。ただし、屋内消火栓箱の上部に設けた赤色の灯火を**点滅**させることにより加圧送水装置の始動の開始を表示できる場合は、表示灯を設けないことができる（規則第12条2号）。

▷解説：「加圧送水装置の始動を明示する表示灯」を**始動表示灯**という。
屋内消火栓箱には、位置表示灯と始動表示灯を設けなくてはならない。ただし、この規定により、加圧送水装置が始動すると、位置表示灯が点滅表示する場合は、始動表示灯の設置を省くことができる。この機能がある位置表示灯は、始動表示灯を兼ね備えていることから、「位置・始動表示灯」と呼ばれている。

◎屋内消火栓箱には、その表面に「**消火栓**」と表示すること（同3号）。

◎屋内消火栓箱の**上部**に、取付け面と15°以上の角度となる方向に沿って**10m**離れたところから容易に識別できる赤色の灯火を設けること（同3号）。

▷解説：この赤色の灯火を**位置表示灯**という。

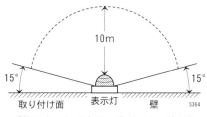
【位置表示灯が容易に識別できる範囲】

◎屋内消火栓の開閉弁を天井に設ける場合にあっては、消防用ホースを降下させるための装置の上部には、取付け面と15°以上の角度となる方向に沿って10m離れたところから容易に識別できる赤色の灯火を設けること。

▶補助高架水槽

◎補助高架水槽は、消火用配管の内部に常に水を満たしておくための設備である。

◎補助高架水槽には、立上り管までの配管の他に、［補給水管］［排水管］［溢水用排水管］が取り付けられている。

◎溢水用排水管は、あふれでた水を排水するための配管で、呼水槽にも取り付けられている。本書では「溢水」としているが、実技・鑑別試験で漢字に自信がない場合は、「いっ水」としてもよい（編集部）。

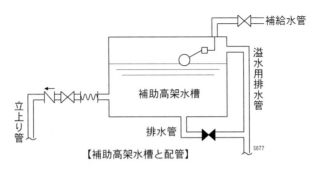

【補助高架水槽と配管】

◎水槽からの送水管に付ける［逆止弁］と［止水弁］の順番については、資料により異なっている。

　◇日本消火装置工業会「スプリンクラー設備　設計・工事基準書」
　　…高架水槽⇒止水弁⇒逆止弁
　◇日本消防設備安全センター「消防用設備等基本テキスト　消火設備」
　　…高架水槽⇒逆止弁⇒止水弁
　◇福岡市「消防用設備等の技術基準（屋内消火栓設備）」
　　…高架水槽⇒逆止弁⇒止水弁　（高架水槽⇒止水弁⇒逆止弁でも可）

◎本書では、次ページの理由から［高架水槽⇒止水弁⇒逆止弁］の順に統一している（編集部）。

止水弁と逆止弁の順番の考え方

◇逆止弁と止水弁は、セットで使われることが多い。これは、逆止弁の修理や交換に際し、止水弁で水の流れ落ちるのを防ぐためである。止水弁がないと、逆止弁より高い位置にとどまっている水を全て排水しなくてはならない。

◇具体的に考えてみる。

◇ポンプの**立上り管**では、逆止弁⇒止水弁の順に取り付けてある。この逆止弁を交換するには、止水弁を閉じて、下の立上り管部分と吸水管内の水を水槽に戻す。これで逆止弁の交換ができる。止水弁は閉じていることから、上部の配管内や補助高架水槽内の水が流れ落ちることはない。

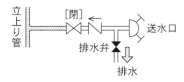

◇スプリンクラー設備の**送水口**では、付近の配管に逆止弁⇒止水弁の順に取り付けてある。この逆止弁を交換するには、止水弁を閉じて、送水口までの配管内の水を排水弁で排水する。これで逆止弁の交換ができる。止水弁は閉じていることから、立上り管側の水が流れ込むことはない。

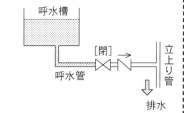

◇呼水槽からの**呼水管**では、止水弁⇒逆止弁の順に取り付けてある。この逆止弁を交換するには、止水弁を閉じて、立上り管側の配管内の水を排水する。これで逆止弁の交換ができる。止水弁は閉じていることから、呼水槽側の水が流れ込むことはない。

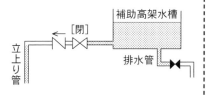

◇**補助高架水槽**からの配管で、止水弁⇒逆止弁の順に取り付けてある場合、この逆止弁を交換するには、止水弁を閉じる。次いで、ポンプが起動しない状態にして、配管内を減圧しながら配管から逆止弁を取り外す。この際、配管内の水が流出するが、これで逆止弁の交換ができる。止水弁は閉じていることから、補助高架水槽側の水が流れ込むことはない。

◇補助高架水槽からの配管で、逆止弁⇒止水弁の順に取り付けてある場合、この逆止弁を交換するには、止水弁を閉じる。次いで、補助高架水槽内の水を全て排水しなくてはならない。排水に要する時間を待つことになる。

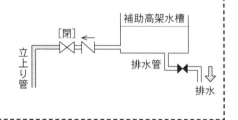

▶▶ 過去問題 ◀◀

【1】広範囲型2号消火栓（政令第11条第3項第2号ロに基づいて設置される屋内消火栓設備）の配管等に関する次の記述のうち、正しいものはいくつあるか。

A．ノズルには、容易に開閉できる装置を設けなければならない。

B．開閉弁は、床面からの高さが1.5m以下の位置に設けなければならない。

C．配管の耐圧力は、当該配管に給水する加圧送水装置の締切圧力の1.5倍以上の水圧を加えた場合に、当該水圧に耐えられるものでなければならない。

D．主配管のうち、立上り管は、管の呼びで40mm以上のものとしなければならない。

☐　1．1つ
　　2．2つ
　　3．3つ
　　4．4つ

【2】広範囲型2号消火栓（政令第11条第3項第2号ロに基づいて設置される屋内消火栓設備）の配管等について、消防法令上、誤っているものは次のうちどれか。

☐　1．配管の耐圧力は、当該配管に給水する加圧送水装置の締切圧力の1.5倍以上の水圧を加えた場合に、当該水圧に耐えられるものでなければならない。

　　2．主配管のうち、立上り管は、管の呼びで32mm以上のものとしなければならない。

　　3．ノズルには、容易に開閉できる装置を設けなければならない。

　　4．逆止弁は、その流れ方向を表示したものでなければならない。

【3】 1号消火栓（政令第11条第3項第1号の規定に基づいて設置する屋内消火栓設備をいう）の配管について、正しいものは次のうちどれか。

☐ 1．主配管の立上り管は、呼び径を 40mm のものとする。

2．配管は、日本産業規格（JIS）G3442と同等以上の強度、耐食性及び耐熱性を有する金属製の管を使用すること。

3．配管は、加圧送水装置の締切圧力の1.7倍以上の水圧に耐え得る耐圧力のものであること。

4．加圧送水装置の吐出側直近部分の配管には、逆止弁及び止水弁を設けなければならない。

【4】 消防法施行令第11条第3項第1号に定める屋内消火栓設備（1号消火栓）の配管等について、誤っているものは次のうちどれか。[編]

☐ 1．屋外、冷凍室等水が凍結するおそれのある場所に設ける配管は、保温のための措置を講ずること。

2．加圧送水装置の吐出側直近部分の配管には、その表面の見やすい箇所に屋内消火栓設備用である旨を表示すること。

3．主配管のうち、立上り管は、管の呼びで 40mm 以上のものとすること。

4．配管の耐圧試験では、当該配管に給水する加圧送水装置の締切圧力の1.5倍以上の水圧を加えたとき、管、管継手、バルブ類に亀裂、変形、漏水等がないこと。

5．配管の耐圧力は、当該配管に給水する加圧送水装置の締切圧力の1.5倍以上の水圧を加えた場合において、当該水圧に耐えうるものとしなければならない。

6．合成樹脂製の管を使用する場合は、耐圧性、強度、耐食性、耐候性及び耐熱性を有するものとして、消防庁長官の定める基準に適合したものを使用しなければならない。

【5】 屋内消火栓設備の配管の耐圧力について、正しいものは次のうちどれか。

☐ 1．加圧送水装置の全揚程の1.5倍の水圧に耐えるものであること。

2．屋内消火栓が最も多く設けてある階の消火栓において、放水圧力の1.5倍の水圧に耐えるものであること。

3．配管の呼び圧力の1.5倍の水圧に耐えるものであること。

4．加圧送水装置の締切圧力の1.5倍の水圧に耐えるものであること。

【6】屋内消火栓設備の配管について、誤っているものは次のうちどれか。

□　1．加圧送水装置の吐出側直近部分の配管には、逆止弁及び排水弁を設けなければならない。

　　2．ポンプを用いる加圧送水装置の吸水管は、ポンプごとに設けなければならない。

　　3．合成樹脂製の管を使用する場合は、耐圧性、強度、耐食性、耐候性及び耐熱性を有するものとして、消防庁長官の定める基準に適合したものを使用しなければならない。

　　4．配管の耐圧力は、当該配管に送水する加圧送水装置の締切圧力の1.5倍以上の水圧を加えた場合において、当該水圧に耐えるものとしなければならない。

【7】屋内消火栓設備の配管に関する記述のうち、消防法令上、正しいものの組合せは次のうちどれか。

　　ア．1号消火栓（政令第11条第3項第1号の規定に基づき設置される屋内消火栓設備）の主配管のうち、立上り管は、管の呼びで50mm以上としなければならない。

　　イ．2号消火栓（政令第11条第3項第2号イの規定に基づき設置される屋内消火栓設備）の主配管のうち、立上り管は、管の呼びで30mm以上としなければならない。

　　ウ．広範囲型2号消火栓（政令第11条第3項第2号ロの規定に基づき設置される屋内消火栓設備）の主配管のうち、立上り管は、管の呼びで40mm以上としなければならない。

□　1．ア、イのみ

　　2．ア、ウのみ

　　3．イ、ウのみ

　　4．ア、イ、ウすべて

【8】屋内消火栓設備の設置について、消防法令上、正しいものは次のうちどれか。

□　1．屋内消火栓は、総務大臣が定める基準に適合するものであること。

　　2．屋内消火栓箱の上部に、取付け面と15°以上の角度となる方向に沿って5m離れたところから容易に識別できる赤色の灯火を設置すること。

　　3．屋内消火栓の開閉弁は、床面から0.8m以上1.5m以下の位置に設けること。

　　4．屋内消火栓箱は、その表面に「消火栓」と表示すること。

【9】1号消火栓（政令第11条第3項第1号の規定に基づいて設置する屋内消火栓設備をいう）に関する記述として、正しいものは次のうちどれか。

- □ 1．屋内消火栓設備の開閉弁は、床面からの高さが1.8m以下の位置又は天井に設けなければならない。
  2．屋内消火栓設備の開閉弁を天井に設ける場合、当該の開閉弁は手動式のものとしなければならない。
  3．屋内消火栓及び放水に必要な器具は、総務大臣が定める基準に適合するものでなければならない。
  4．屋内消火栓設備の開閉弁を天井に設ける場合、消防用ホース降下装置の上部には、取付け面と15°以上の角度となる方向に沿って10m離れたところから容易に識別できる赤色の灯火を設けなければならない。

【10】屋内消火栓設備の設置の基準について、消防法令上、最も不適切なものは次のうちどれか。

- □ 1．屋内消火栓の開閉弁を床面から高さが1.5m以下の位置に設ける。
  2．加圧送水装置の始動を明示する表示灯は赤色とし、屋内消火栓箱の内部に設ける。
  3．屋内消火栓箱の表面に「ホース格納箱」と表示する。
  4．屋内消火栓と容易に識別できる赤色の灯火を屋内消火栓箱の上部に設ける。

▶▶正解＆解説‥‥‥‥‥‥‥‥‥‥‥‥‥‥‥‥‥‥‥‥‥‥‥‥‥‥‥‥‥‥‥‥‥‥‥‥‥‥‥

【1】正解4
　A．易操作性1号消火栓、2号消火栓及び広範囲型2号消火栓のノズルには、容易に開閉できる装置を設けなければならない。
　B．消火栓の開閉弁は、床面からの高さが1.5m以下の位置に設けなければならない。
　C．配管は、締切圧力の1.5倍以上の水圧に耐えること。
　D．1号消火栓…50mm以上、広範囲型2号消火栓…40mm以上、2号消火栓…32mm以上。

【2】正解2
　2．主配管のうち、立上り管は次のとおり。1号消火栓…50mm以上、広範囲型2号消火栓…40mm以上、2号消火栓…32mm以上。
　4．逆止弁の流れ方向の表示は、①「10. 弁（バルブ）」313P参照。

【3】正解4

1．「40mm」⇒「50mm以上」。

2．「G3442と同等以上の～」⇒「G3442、G3448、G3452、G3454若しくはG3459に適合する管又はこれらと同等以上の～」。

3．「締切圧力の1.7倍以上の水圧」⇒「締切圧力の1.5倍以上の水圧」。

【4】正解3

3．1号消火栓は、管の呼びで50mm以上のものとすること。

4．屋内消火栓設備　試験基準

試験項目	試験方法	合否の判定基準
配管耐圧試験	当該配管に給水する加圧送水装置の締切圧力の1.5倍以上の水圧を加える。	管、管継手、バルブ類に亀裂、変形、漏水等がないこと。

【5】正解4

【6】正解1

1．加圧送水装置の吐出側直近部分の配管には、逆止弁及び［止水弁］を設けなければならない。

2．ポンプを用いる加圧送水装置の吸水管は、ポンプごとに専用とすること。

【7】正解2

ア．1号消火栓……………50mm以上。

イ．2号消火栓……………32mm以上。

ウ．広範囲型2号消火栓…40mm以上。

【8】正解4

1．「総務大臣が定める基準」⇒「消防庁長官が定める基準」。

2．「5m離れたところ」⇒「10m離れたところ」。

3．屋内消火栓の開閉弁は、床面からの高さが［1.5m以下］の位置に設けること。

【9】正解4

1．開閉弁は、床面から高さが［1.5m］以下の位置又は天井に設ける。

2．開閉弁を天井に設ける場合は、［自動式］のものとする。

3．屋内消火栓及び放水に必要な器具は、［消防庁長官］が定める基準に適合するものでなければならない。

【10】正解3

3．屋内消火栓箱の表面には「消火栓」と表示する。「ホース格納箱」と表示するのは、屋外消火栓で、地上式消火栓または地下式消火栓とセットで設置する屋外消火栓箱である。

4. 放水性能とその点検要領

▶放水圧力と放水量

◎放水圧力及び放水量は、令第11条3項及び規則第12条7号ホと「点検要領　総合点検」で定められている。

◎令第11条3項では、［いずれの階においても、当該階のすべての屋内消火栓（設置個数が2を超えるときは、2個の屋内消火栓とする。）を同時に使用した場合の、それぞれのノズルの先端における、放水圧力及び放水量］を定めている。また、規則第12条では、放水圧力の上限値を定めている。

◎「点検要領　総合点検」では、屋内消火栓の放水圧力及び放水量の範囲を定めている。以上の内容をまとめると、次の表のとおりとなる。

消火栓の種類	放水圧力	放水量
1号消火栓、易操作性1号消火栓	0.17MPa以上0.7MPa以下	130L/min以上
広範囲型2号消火栓	0.17MPa以上0.7MPa以下	80L/min以上
2号消火栓	0.25MPa以上0.7MPa以下	60L/min以上

▶棒状放水の放水圧力の点検方法

◎ノズル放水圧力の測定方法は、棒状放水ノズルと可変噴霧ノズルで異なっている。

◎棒状放水ノズルの圧力測定では、ピトー管と圧力計を組み合わせたピトーゲージを使用する。

◎棒状放水の測定は、放水時の先端をノズル先端からノズル**口径の2分の1**離れた位置で、かつ、ピトー管先端の中心線と放水流が一致する位置にピトー管の先端がくるようにして、圧力計の指示値を読み取る（総合点検）。

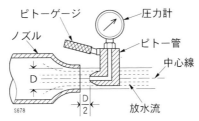

【棒状放水の圧力測定】

▶噴霧ノズル放水の放水圧力の点検方法

◎ピトーゲージで測定できないもの又は噴霧ノズル放水の測定にあたっては、次の方法で放水圧力を測定する。

◎ホースとノズルの間に**圧力計付管路媒介金具**を結合して放水し、放水時の圧力計の指示値を読む。なお、棒状・噴霧兼用ノズルの場合は、棒状放水状態で測定する。

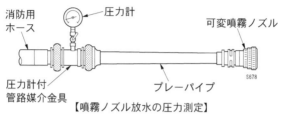

消防用ホース　圧力計　可変噴霧ノズル

圧力計付管路媒介金具　プレーパイプ

S678

【噴霧ノズル放水の圧力測定】

▶放水量の算定

◎放水量は次の式により算定し確認する。

$$Q = KD^2\sqrt{10P}$$

Q：放水量（L/min）　　D：ノズル径（mm）　　P：放水圧力（MPa）

K：定数（1号消火栓は0.653とし、それ以外の消火栓はその型式により指定された定数を用いる）

◎例えば、1号消火栓でノズル径13mm、放水圧力0.4MPaとすると、放水量Qは次のとおり。

$$Q = 0.653 \times 13 \times 13 \times \sqrt{4} \fallingdotseq 221\text{L/min}$$

【1】 政令第11条第3項2号ロに定める屋内消火栓（広範囲型2号消火栓）の基準について、最も適当なものは次のうちどれか。

	ノズル先端の放水圧力	ノズル先端の放水量
1.	0.17MPa以上	60L/min以上
2.	0.17MPa以上	80L/min以上
3.	0.25MPa以上	60L/min以上
4.	0.25MPa以上	80L/min以上

【2】 屋内消火栓設備のノズル先端の放水圧力をピトーゲージで測定する場合、ピトー管の先端の位置として、正しいものは次のうちどれか。［★］

1. ノズルの先端からノズル径と同じだけ離れた位置で測定する。
2. ノズルの先端からノズル径の2倍だけ離れた位置で測定する。
3. ノズルの先端からノズルの口径の1／2だけ離れた位置で測定する。
4. ノズルの先端の位置で測定する。

▶▶正解＆解説‥‥‥‥‥‥‥‥‥‥‥‥‥‥‥‥‥‥‥‥‥‥‥‥‥‥‥‥‥‥‥‥‥‥‥‥
【1】正解2
【2】正解3

5．点検要領

◎点検要領は、［機器点検］と［総合点検］で構成されている。

〔機器点検　ポンプ方式の加圧送水装置（一部）〕

点検項目		点検方法	判定方法（※は留意事項）
電動機	外　形	目視により確認する。	変形、損傷、著しい腐食等がないこと。
	回転軸	手で回すことにより確認する。	回転が円滑であること。
	軸受部	目視及び手で触れる等により確認する。	潤滑油に著しい汚れ、変質等がなく、必要量が満たされていること。
	軸継手	スパナ等により確認する。	緩み等がなく、接合状態が確実であること。
	機　能	起動装置の操作により確認する。	著しい発熱、異常な振動、不規則又は不連続な雑音等がなく、回転方向が正常であること。 ※運転による機能の点検を行うとき以外は、必ず電源を遮断して行うこと。
ポンプ	外形	目視により確認する。	変形、損傷、著しい腐食等がないこと。
	回転軸	手で回すことにより確認する。	回転が円滑であること。
	軸受部	目視及び潤滑油を採取して確認する。	潤滑油に著しい汚れ、変質等がなく、必要量が満たされていること。
	グランド部	目視及び手で触れるなどにより確認する。	著しい漏水がないこと。 ※グランド部を全く漏水がない状態まで締め付けないこと。
	連成計及び圧力計	1．ゲージコック又はバルブ等を閉じて水を抜き、指針の位置を確認する。 2．ゲージコック又はバルブ等を開き、起動装置の操作により確認する。	ア．指針がゼロ点の位置を指すこと。 イ．指針が正常に作動すること。
	性　能	ポンプ吐出側に設けられている止水弁を閉じたのち、ポンプを起動させ、性能試験用配管のテスト弁を開放して、流量計、圧力計及び連成計により確認する。	異常な振動、不規則又は不連続な雑音等がなく、定格負荷運転時における吐出量及び吐出圧力が所定の値であること。
呼水槽		目視により確認する。	変形、損傷、漏水、著しい腐食等がなく、水量が規定量以上であること。
配管等	バルブ類	目視及び手で操作することにより確認する。	漏れ、変形、損傷等がないこと。 開閉位置が正常であり、開閉操作が容易にできること。

配管等	逃し配管	ポンプを締切運転させて、排水量を確認する。	変形、損傷、著しい腐食、漏れ等がなく、逃がし水量が適正であること。
消火栓箱	周囲の状況	目視により確認する。	周囲に使用上及び点検上の障害となるものがないこと。
	外形	目視及び扉の開閉操作により確認する。	変形、損傷等がないこと。 扉の開閉が容易で、確実にできること。
		表示	消火栓である旨の表示に汚損、不鮮明な部分がなく、適正であること。
ホース	1号消火栓の外形	ホースを消火栓箱から取り出して、目視及び手で操作することにより確認する。	必要本数が所定の位置に正常に収納されていること。 変形、損傷、著しい腐食等がないこと。 接続部の着脱が容易にできること。

〔総合点検　ポンプ方式（一部）〕

点検項目		点検方法	判定方法（※は留意事項）
起動性能等	加圧送水装置	非常電源に切り替えた状態で、直接操作部の起動装置又は遠隔起動装置の操作により機能を確認する。	加圧送水装置が確実に作動すること。
	表示、警報等		表示、警報等が適正に行われること。
	電動機の運転電流		電動機の運転電流値が許容範囲内であること。
	運転状況		運転中に不規則若しくは不連続な雑音、異常な振動又は発熱等がないこと。
放水圧力		「4. 放水性能とその点検要領」347Pの項を参照。	
放水量			
減圧のための措置		加圧送水装置の直近及び最遠の消火栓の開放操作により確認する。	放水圧力は、1号消火栓、易操作性1号消火栓及び広範囲型2号消火栓にあっては0.17MPa以上0.7MPa以下、2号消火栓にあっては0.25MPa以上0.7MPa以下であること。

```
▶▶ 過去問題 ◀◀
```

【1】屋内消火栓設備の点検に関する次の記述について、消防法令上、誤っているものは次のうちどれか。

☐　1．表示、警報が適正に行われたことを確認した。

　2．放水後の停止状態でポンプのシャフト部分から漏水があったので、グランドパッキンをしっかりと締め付け、漏水を完全に止めた。

　3．加圧送水装置が確実に作動することを確認した。

　4．機器点検において、加圧送水装置の電動機の軸継手を確認したところ、緩み等がなく、機能が正常であるので良好と判断した。

【2】ポンプを使用する加圧送水装置の点検整備の方法と結果について、消防法令上、誤っているものは次のうちどれか。

□　1．電源を完全に遮断し、回転が円滑であるかどうかを手で回して確認した。
　　2．フート弁の点検用チェーンを使い、その作動状態を確認した。
　　3．軸受部に油箱がある場合は、開蓋し油撒、油質等をチェックし、オイル・リングの形状、位置を確認した。
　　4．ポンプのグランド部から少量の水が出ていたため、しっかりと締めて水を止めた。

【3】屋内消火栓設備の各部分の点検要領として、点検方法に掲げられていないものは、次のうちどれか。

□　1．バルブ類……漏れ、変形等がなく、開閉位置が正常であるかどうかを目視により確認する。
　　2．呼水槽………変形、漏水、腐食等がなく、水量が規定量以上あるかどうかを目視により確認する。
　　3．消火栓箱……外箱、扉の塗装に剥離がなく、避難上支障になるかどうかを目視により確認する。
　　4．ホース………変形、損傷等がなく、必要本数が所定の位置に正常に収納されているかどうかを目視により確認する。

【4】ポンプ方式の屋内消火栓設備の点検について、最も不適切なものは次のうちどれか。

□　1．総合点検では、常用電源から非常電源に切り替えた状態で実施する。
　　2．機器点検中に、逃し配管より水が排水されていたのを発見したので、バルブを閉めて排水を止めた。
　　3．総合点検で放水圧力の減圧のための措置では、加圧送水装置の直近及び最遠の消火栓の2個で開閉操作を行い、放水圧力が規定範囲であることを確認した。
　　4．機器点検において、加圧送水装置の電動機の軸継手を確認したところ、緩み等がなく、機能が正常であるので良好と判断した。

【5】屋内消火栓が各階に設けられている防火対象物において、総合点検で放水圧力の減圧のための措置の確認を行う際、最も適切なものは次のうちどれか。

☐　1．加圧送水装置に対して、直近部の屋内消火栓と最遠部の屋内消火栓の双方を行うことが望ましい。

　　2．加圧送水装置に対して、直近部の屋内消火栓と最遠部の屋内消火栓の中間部の屋内消火栓で行うことが望ましい。

　　3．加圧送水装置に対して、最遠部の屋内消火栓で行うことが望ましい。

　　4．加圧送水装置に対して、直近部の屋内消火栓で行うことが望ましい。

▶▶正解＆解説……………………………………………………………………………………

【1】正解2
　　2．グランドパッキンは、全く漏水がない状態まで締め付けないこと。パッキン自体の冷却と潤滑のため、若干の漏れが必要となる。

【2】正解4
　　1．電動機は、運転による機能の点検を行うとき以外は、必ず電源を遮断して行うこと。
　　2．フート弁は、下部に点検用レバーが装着されており、ワイヤー若しくは鎖等の操作により機能を点検する。ワイヤー若しくは鎖等を上に引くと、フート弁（逆止弁）を開くことができる。
　　4．ポンプのグランド部は、全く漏水がない状態まで締め付けないこと。

【3】正解3
　　3．消火栓箱の外箱、扉について塗装の剥離の有無、及び消火栓箱が避難上支障になるかどうかは、いずれも点検方法に掲げられていない。消火栓箱は、①周囲に使用上障害となるものがないこと、②扉の開閉が容易で、確実にできること、③消火栓である旨の表示が適正であること、などを点検する。

【4】正解2
　　2．機器点検における逃し配管の点検では、ポンプを締切運転させて、排水量を確認する。バルブを閉めて逃し配管の排水を止めてはならない。ポンプの羽根車周辺の水温が上昇してしまう。

【5】正解1

1. 構成例

◎起動方式は、直接操作の他、自動火災報知設備のP型発信機により起動するものがある。

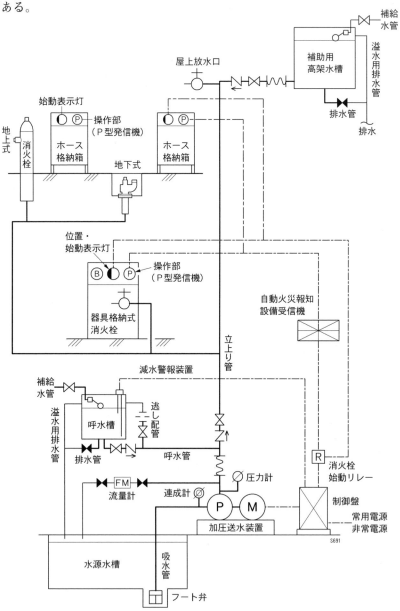

2. 技術基準

◎水源や加圧送水装置は屋内消火栓設備と同じである。

▶起動装置

◎起動装置は、直接操作できるものであり、かつ、屋外消火栓箱の内部又はその直近の箇所に設けられた操作部（自動火災報知設備のＰ型発信機を含む）から遠隔操作できるものであること（規則第22条10号ホ）。

▶屋外消火栓

◎屋外消火栓は、地上式消火栓、地下式消火栓及び**器具格納式消火栓**の３種類がある。地上式消火栓と地下式消火栓は、ホース・ノズル等を格納しておく屋外消火栓箱（ホース格納箱）とセットで設置する必要がある。

◎器具格納式消火栓は、屋内消火栓設備の１号消火栓と同型のもので、箱の中にホース、ノズル及び開閉器が格納されており、すぐに使用することができる。

◎地上式と地下式には、ホース接続口が１つの単口形と、ホース接続口が２つの双口形がある。

◎地上式消火栓は、次の手順で使用する。

①ホース接続口のキャップを回して外す。

②ホース格納箱から消防用ホースを取り出し、ホースの受け金具を消火栓のホース接続口に結合する。

③地上式消火栓の頭部にある弁棒突起（コック）に、**消火栓開閉器**（消火栓レンチ）を差し込み、回すと主弁が開いて放水する。

▷用語：副弁は、断水することなく消火栓を修理するためのものである。給水をしゃ断することができる。

打倒管は、自動車が消火栓に衝突したとき等に、本体や地下管への破損を食い止め、復旧を速やかに行うための装置である。

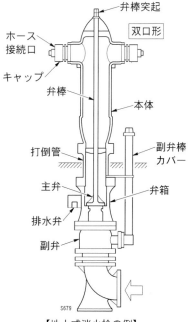

【地上式消火栓の例】

【消火栓開閉器の例】

◎**地下式消火栓**は、地盤面下に消火栓を設置したもので、次の手順で使用する。

①地下式消火栓の格納ピットのふたを開ける。

②ホース接続口のふたを外す。

③消防用ホースの受け金具を地下式消火栓のホース接続口に結合する。

④地下式消火栓の頭部にある弁棒突起のキャップに地下式**消火栓用キーハンドル**を差し込み、回すと開閉弁が開いて放水する。

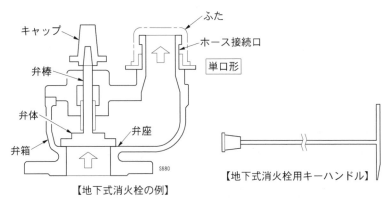

【地下式消火栓の例】　【地下式消火栓用キーハンドル】

◎**器具格納式消火栓**は、格納箱の中にノズルや開閉弁など、放水に必要なものが全て格納されている消火栓となる。図は、発信機や位置・始動表示灯も備えている。

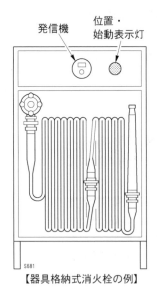

【器具格納式消火栓の例】

▶始動表示灯

◎加圧送水装置の**始動**を明示する表示灯は、**赤色**とし、屋外消火栓箱の内部又はその直近の箇所に設けること（規則第22条3号）。

▶屋外消火栓設備の設置の表示

◎屋外消火栓箱には、その表面に「**ホース格納箱**」と表示すること（以下、規則第22条4号）。

　▷解説：屋外消火栓箱は、屋外消火栓設備の放水用器具を格納する箱をいう。

◎屋外消火栓には、その直近の見やすい箇所に「**消火栓**」と表示した標識を設けること。

　▷解説：屋外消火栓は3種類あり、それぞれに「消火栓」の標識が必要となる。

▶屋外消火栓箱

◎屋外消火栓箱（ホース格納箱）は、屋外消火栓からの歩行距離が**5m以内**の箇所に設けること。ただし、屋外消火栓に面する建築物の外壁の見やすい箇所に設けるときは、この限りでない（規則第22条2号）。

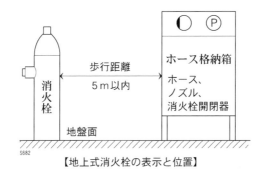

【地上式消火栓の表示と位置】

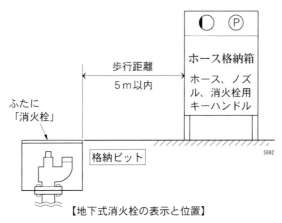

【地下式消火栓の表示と位置】

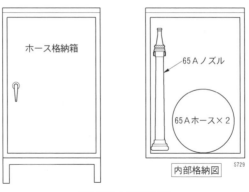

【屋外消火栓箱の例】

▶設置位置

◎屋外消火栓の**開閉弁**は、地盤面からの高さが**1.5m以下**の位置又は地盤面からの深さが**0.6m以内**の位置に設けること（規則第22条1項1号）。

▷解説：この規定により、器具格納消火栓の開閉弁は、地盤面からの高さが1.5m以下となる。また、地上式消火栓及び地下式消火栓は、開閉弁が地盤面以下の位置に設けられているため、深さ0.6m以内の規定が適用される。

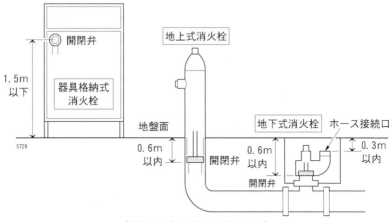

【屋外消火栓の開閉弁等の位置】

◎地盤面下に設けられる屋外消火栓の**ホース接続口**は、地盤面からの深さが**0.3m以内**の位置に設けること。

▶放水性能

◎屋外消火栓設備は、すべての屋外消火栓（設置個数が2を超えるときは、2個の屋外消火栓とする）を同時に使用した場合に、それぞれのノズルの先端において、放水圧力が0.25MPa以上で、かつ、放水量が350L/min以上の性能のものとすること（令第19条3項4号）。

◎加圧送水装置には、当該屋外消火栓設備のノズルの先端における放水圧力が0.6MPaを超えないための措置を講じること（規則第22条1項10号ニ）。

◎放水圧力は、任意の屋外消火栓により確認する。
　放水圧力が0.25MPa以上0.6MPa以下であること（点検要領・総合点検）。

▶▶過去問題◀◀

【1】屋外消火栓設備の設置又は維持に関する技術上の基準について、消防法令上、誤っているのは次のうちどれか。［★］

□　1．屋外消火栓の開閉弁は、地盤面からの高さが1.5m以下の位置又は地盤面からの深さが0.6m以内の位置に設けなければならない。

　　2．屋外消火栓箱は、その表面に「消火栓格納箱」と表示しなければならない。

　　3．加圧送水装置の始動を明示する表示灯は、屋外消火栓箱の内部又はその直近の箇所に設けなければならない。

　　4．加圧送水装置の起動装置は、直接操作できるもので、かつ、屋外消火栓箱の内部又はその直近の箇所に設けられた操作部から遠隔操作できるものでなければならない。

【2】屋外消火栓設備の設置又は維持に関する技術上の基準について、消防法令上、誤っているのは次のうちどれか。

□　1．屋外消火栓の開閉弁は、地盤面からの高さが1.5m以下の位置又は地盤面からの深さが0.8m以内の位置に設けなければならない。

　　2．屋外消火栓設備に備える放水用器具を格納する箱は、屋外消火栓からの歩行距離が5m以内の箇所に設けなければならない。

　　3．加圧送水装置の始動を明示する表示灯は、赤色とし、かつ屋外消火栓箱の内部又はその直近の箇所に設けなければならない。

　　4．屋外消火栓箱は、その表面に「ホース格納箱」と表示しなければならない。

【3】屋外消火栓設備の設置に関する技術上の基準について、消防法令上、誤っているものは次のうちどれか。

☐ 1．屋外消火栓の開閉弁は、地盤面からの高さが1.5m以下の位置に設けなければならない。

2．屋外消火栓の開閉弁は、地盤面からの深さが0.8m以内の位置に設けなければならない。

3．地盤面下に設けられる屋外消火栓のホース接続口は、地盤面からの深さが0.3m以内の位置に設けなければならない。

4．屋外消火栓には、その直近の見やすい箇所に「消火栓」と表示した標識を設けなければならない。

【4】屋外消火栓設備の設置に関する技術上の基準について、消防法令上、誤っているものは次のうちどれか。[★]

☐ 1．屋外消火栓には、その直近の見やすい箇所に「消火栓」と表示した標識を設けること。

2．加圧送水装置の始動を明示する表示灯は、赤色とすること。

3．屋外消火栓箱は、屋外消火栓からの歩行距離が原則として5m以内の箇所に設けること。

4．屋外消火栓箱には、その表面に「消火栓格納箱」と表示すること。

【5】屋外消火栓設備の設置について、消防法令上、誤っているものは次のうちどれか。

☐ 1．屋外消火栓は、建築物の各部分から一のホース接続口までの水平距離が50mとなるように設けた。

2．屋外消火栓箱は、屋外消火栓からの歩行距離が5m以内の箇所に設けた。

3．加圧送水装置の始動を明示する表示灯は赤色とし、屋外消火栓箱の内部に設けた。

4．屋外消火栓の開閉弁を地盤面からの深さが0.6mの位置に、屋外消火栓のホース接続口を地盤面からの深さ0.3mの位置に設けた。

【6】屋外消火栓の開閉弁及びホース接続口について、次の文中の（ア）から（ウ）に当てはまる数値の組合せとして、消防法令上、正しいものはどれか。

1. 屋外消火栓の開閉弁は、地盤面からの高さが（ア）m以下の位置又は地盤面からの深さが（イ）m以内の位置に設けること。

2. 地盤面下に設けられる屋外消火栓のホース接続口は、地盤面からの深さが（ウ）m以内の位置に設けること。

	（ア）	（イ）	（ウ）
□ 1.	1.5	0.5	0.5
2.	1.5	0.6	0.3
3.	1.2	0.6	0.5
4.	1.2	0.5	0.3

▶▶正解＆解説……………………………………………………………………………………

【1】正解2
2. 屋外消火栓箱は、その表面に「ホース格納箱」と表示しなければならない。

【2】正解1
1. 屋外消火栓の開閉弁は、地盤面からの高さが1.5m以下の位置又は地盤面からの深さが［0.6m］以内の位置に設けなければならない。
2. 「屋外消火栓設備の放水用器具を格納する箱」を屋外消火栓箱という。

【3】正解2
2. 屋外消火栓の開閉弁は、地盤面からの深さが［0.6m］以内の位置に設けなければならない。

【4】正解4
3. 屋外消火栓箱は、屋外消火栓設備の放水用器具を格納する箱で、屋外消火栓（地上式・地下式）からの歩行距離が原則として5m以内の箇所に設けること。
4. 屋外消火栓箱には、その表面に「ホース格納箱」と表示すること。

【5】正解1
1. 屋外消火栓は、建築物の各部分から一のホース接続口までの水平距離が40m以下となるように設けること。第2章 ③ 屋外消火栓設備「2. 設備の基準」109P参照。

【6】正解2

1. 設備の分類

◎スプリンクラー設備は、次の種類のものがある。

　①**閉鎖型**スプリンクラー設備

　②**開放型**スプリンクラー設備（舞台部に設置）

　③**放水型**ヘッド等を用いるスプリンクラー設備（高天井部分に設置）

　④**特定施設水道連結型**スプリンクラー設備（水道水を使用）

◎閉鎖型スプリンクラー設備は、最も一般的なものである。更に次の3種類に分類される。

閉鎖型スプリンクラー設備
①湿式（最も一般的なもの）
②乾式（凍結しないようにした寒冷地向き）
③予作動式（感知器等とのセットで作動）

◎開放型スプリンクラー設備と放水型ヘッド等を用いる設備は、ヘッドの放水口が常に開放されている。開放型は舞台部に設置し、放水型は高天井部分（舞台部を除く）に設置する。

2. スプリンクラーヘッド

▶**種類**

◎スプリンクラーヘッドは、①閉鎖型スプリンクラーヘッド、②開放型スプリンクラーヘッド、③放水型ヘッド等がある。

◎閉鎖型ヘッドは、**感熱体**を有し、感熱によって感熱機構部分が破壊されて放水口より放水する構造となっている。

◎開放型ヘッドは、舞台部に設けるもので、感熱体がなく放水口が開放している構造となっている。

◎放水型ヘッド等は、高天井部に設けるもので、火災を有効に感知することができる感知部と有効に放水することができる放水部により構成されている。

◎閉鎖型ヘッドは、**標準型**と**側壁型**がある。さらに標準型は**標準型**、**小区画型**及び**水道連結型**に分類される。

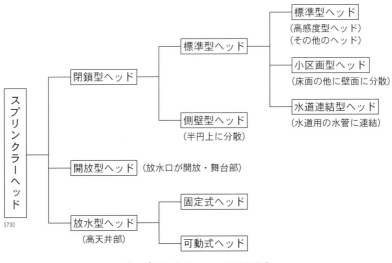

【スプリンクラーヘッドの種類】

▶**各ヘッドの要点**

ヘッドの種類	要点
閉鎖型ヘッド	…感熱体のあるヘッド
開放型ヘッド	…感熱体のないヘッド 放水圧力0.1MPa以上かつ放水量80L/min以上
放水型ヘッド	…従来の放水銃で、側壁散水ヘッドもある 放水量5L/min・m²以上

ヘッドの種類	要点
標準型ヘッド	…感度種別は1種・2種 軸心を中心とした円上に散水するヘッド
側壁型ヘッド	…感度種別は1種 軸心を中心とした半円上に散水するヘッド 放水圧力0.1MPa以上かつ放水量80L/min以上
高感度型ヘッド	…感度種別は1種 有効散水半径2.6m以上 放水圧力0.1MPa以上かつ放水量80L/min以上
その他のヘッド	…感度種別は1種・2種 有効散水半径2.3m 放水圧力0.1MPa以上かつ放水量80L/min以上
小区画型ヘッド	…感度種別は1種 有効散水半径2.6mで、散水角度が大きい 放水圧力0.1MPa以上かつ放水量50L/min以上

▶閉鎖型スプリンクラーヘッド

◎**標準型ヘッド**は、加圧された水をヘッドの軸心を中心とした**円状**に均一に分散するもので、一般の建築物に設ける。

◎標準型ヘッドは、感度種別が1種のものと2種のものがある。また、有効散水半径は2.3m又は2.6m以上となっている。ただし、感度種別が2種で、有効散水半径が2.6m以上のヘッドは設置できない。

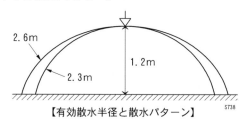

【有効散水半径と散水パターン】

◎標準型ヘッドのうち、感度種別が1種で有効散水半径が2.6m以上のものを**高感度型ヘッド**と呼ぶ。

◎一方、**小区画型ヘッド**は、加圧された水をヘッドの軸心を中心とした円状に分散するとともに、天井下0.5mまでの**壁面**を有効に濡らすことができる。小区画型ヘッドは、共同住宅等の居室における火災を少水量で有効に消火するヘッドとして、基準化されたものである。

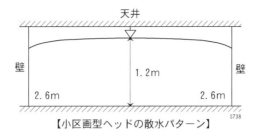

天井

1.2m

壁　　　　　　　　　　　　　　　壁

2.6m　　　　　　　　　　　2.6m

S738

【小区画型ヘッドの散水パターン】

◎**側壁型ヘッド**は、加圧された水をヘッドの軸心を中心とした半円状に均一に分散する。

◎**放水型ヘッド等**の放水部は、放水範囲が固定されている**固定式ヘッド**と、放水部の動作または放水圧力の制御により放水範囲を変えることができる**可動式ヘッド**に区分される。

◎閉鎖型スプリンクラーヘッドの**感熱体**は、ヒュージブルリンクとグラスバルブによるものがある。

◎**ヒュージブルリンク（可溶片）型**は、易融性金属により融着され、又は易融性物質により組立てられたものが感熱によって溶融し、開放する機構を備えたものである。フレーム型、マルチ型、埋込型（フラッシュ型）に幅広く採用されている。

▷用語：易融性…低温で溶融しやすい〜。

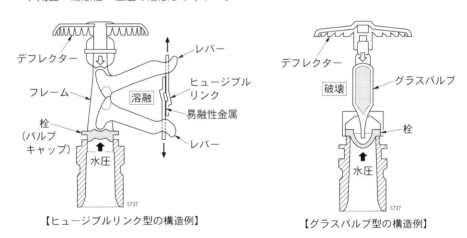

【ヒュージブルリンク型の構造例】　　　　【グラスバルブ型の構造例】

◎**グラスバルブ型**は、ガラス球の中に液体等を封入したもの（グラスバルブ）が熱膨張することにより、ガラス管が破壊されて開放する機構を備えたものである。フレーム型に採用されている。

▷用語：ヒュージブル〔fusible〕可溶性の〜。
　　　　デフレクター〔deflector〕偏向器、偏向板。
　　　　フラッシュ〔flash〕①光を放す。②水を飛び散らせる。

◎閉鎖型スプリンクラーヘッド及び開放型スプリンクラーヘッドは、**取付け方向に**より、［下向型］［上向型］などに分けられる。フレーム型は、下向型と上向型のものがある。マルチ型と埋込型は下向型となっている。

取付け方向による分類	
下向型	埋込型（フラッシュ型）
	マルチ型
上向型	フレーム型

◎**フレーム型**は、ヘッドの取付部とデフレクターを結ぶ部分（フレーム）を備えているヘッドで、初期のものである。**マルチ型**（多孔式）は、装飾性を加味したヘッドで、フレーム型の次に開発された。**埋込型**は、天井からの突出部を減らしたもので、マルチ型の次に開発された。埋込型はフラッシュ型とも呼ばれる。

◎フレーム型のデフレクターは、放水口から流出する水流を細分させる作用を行うもので、下向型は放水口より加圧された水が下方に出てデフレクターに当たる。また、上向型は放水口より加圧された水が上方に出てデフレクターに当たる。

◎下の図は、**マルチ型**ヘッドの１例である。先端部のヒートコレクター（集熱板）で熱を集め、ヒュージブルリンク（可溶片）が溶けると放水が開始する。水はデフレクターの放水口によって均一に散水される。

◎**シーリングプレート**は、天井面の施工跡をかくし、意匠（デザイン）を良くするものである。スプリンクラーヘッド用ガード（保護ガード）は、ヘッドに直接、物や人がぶつからないようにヘッドを保護するためのものである。

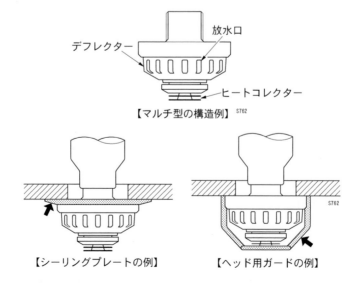

放水口
デフレクター
ヒートコレクター
【マルチ型の構造例】 S762

【シーリングプレートの例】　【ヘッド用ガードの例】

◎シーリングプレートは、マルチ型と埋込型（フラッシュ型）に付属品として用意されている。

◎下の図は、埋込型（フラッシュ型）ヘッドの1例である。先端部のヒートコレクター（集熱板）で熱を集め、ヒュージブルリンク（可溶片）が溶けると部品がバラバラになって落下し、放水が開始する。水は飛び出たデフレクターに当たって均一に散水される。

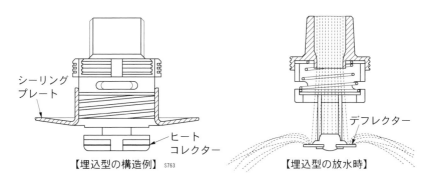

【埋込型の構造例】 S763　　　　　　　　　　【埋込型の放水時】

◎下の図は、**コンシールド型**ヘッドの1例である。スプリンクラーヘッド部とカバープレートアッセンブリで構成されている。火災時は、標示温度より低い規定温度でカバープレートがはずれ、標示温度でスプリンクラーヘッドが作動する。カバープレートは各種の色のものがある。また、高感度型と小区画型がある。

▷用語：コンシールド〔concealed〕…隠された～。

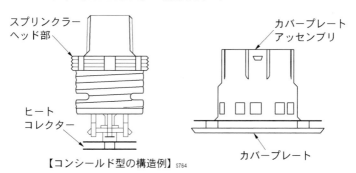

【コンシールド型の構造例】 S764

◎**ラック式倉庫**は、固定された棚板のない多段式の架構を設けて、商品などを立体的に収納する倉庫である。火災時は熱が一気に上昇して延焼拡大していく。このため、一般の建築物とは異なる規定で標準型ヘッドを設けることになっている。詳細は、下巻　第7章　③「3．ラック式倉庫のヘッドの設置」68P参照。

▷用語：**架構**（かこう）…柱と梁（はり）で組んだ構造を意味する用語である。

3. 閉鎖型ヘッドの設置対象

◎閉鎖型スプリンクラーヘッドのうち**標準型ヘッド**を用いるものは、一般の建築物等を対象に設置すること（規則第13条の2　1項）。

◎標準型ヘッドのうち、ラック式倉庫に用いるものは収納物、収納容器及び梱包材等の内容の別により、等級がⅠ〜Ⅳに区分されている。

◎**小区画型ヘッド**を用いるものは、次に掲げる**宿泊室等**に設けること（規則第13条の3　2項1号）。

宿泊室等
1．旅館、ホテル、宿泊室、共同住宅、病院、養護老人ホーム、保育所等の宿泊室、病室、談話室、娯楽室、居間、寝室、教養室、休憩室、面会室、休養室等
2．複合用途防火対象物で、上記1の用途に供される部分

◎小区画型ヘッドは、天井の室内に面する部分に設けること。

◎**側壁型ヘッド**を用いるものは、次に掲げる宿泊室等及び**廊下**、**通路**その他これらに類する部分に設けること（規則第13条の3　3項1号）。

宿泊室等
1．旅館、ホテル、宿泊室、共同住宅、病院、養護老人ホーム、保育所等の宿泊室、病室、談話室、娯楽室、居間、寝室、教養室、休憩室、面会室、休養室等
2．複合用途防火対象物で、上記1の用途に供される部分

◎側壁型ヘッドは、防火対象物の壁の室内に面する部分に設けること。

◎また、側壁型ヘッドは天井の構造により標準型ヘッドの設置が困難である場合は旅館、ホテル等の居室、玄関ホール、ロビー、ショーウインドー等について、設置が認められている。

4. 閉鎖型スプリンクラーヘッドの標示温度

◎閉鎖型スプリンクラーヘッドは、その取り付ける場所の正常時における最高周囲温度に応じて、次の表で定める標示温度を有するものを設けること（規則第14条7号）。

取り付ける場所の最高周囲温度	標示温度
39℃未満	79℃未満
39℃以上64℃未満	79℃以上121℃未満
64℃以上106℃未満	121℃以上162℃未満
106℃以上	162℃以上

▷解説：最高周囲温度の［39℃・64℃・106℃］と標示温度の［79℃・121℃・162℃］は暗記しておく必要がある（編集部）。

▶▶過去問題◀◀

【1】標示温度が72℃の閉鎖型スプリンクラーヘッドについて、取り付ける場所の正常時における最高周囲温度として、消防法令上、定められているものは次のうちどれか。

□ 1．39℃未満
　 2．39℃以上50℃未満
　 3．50℃以上61℃未満
　 4．61℃以上72℃未満

【2】閉鎖型スプリンクラーヘッドを設置する場所の正常時における最高周囲温度と、設置したスプリンクラーヘッドの標示温度の組み合わせとして、消防法令上、誤っているものは次のうちどれか。

	最高周囲温度	標示温度
□ 1.	30℃	72℃
2.	40℃	72℃
3.	50℃	96℃
4.	60℃	96℃

【3】 閉鎖型スプリンクラーヘッドを取り付ける場所の最高周囲温度が40℃である場合、スプリンクラーヘッドの標示温度として、最も不適当なものは次のうちどれか。[★]

☐　1．72℃

　　2．88℃

　　3．96℃

　　4．98℃

▶▶正解＆解説‥‥‥

【1】 正解1

【2】 正解2

　　2．最高周囲温度［39℃以上64℃未満］…標示温度［79℃以上121℃未満］

【3】 正解1

　　1．最高周囲温度［39℃以上64℃未満］…標示温度［79℃以上121℃未満］

▶系統図の例

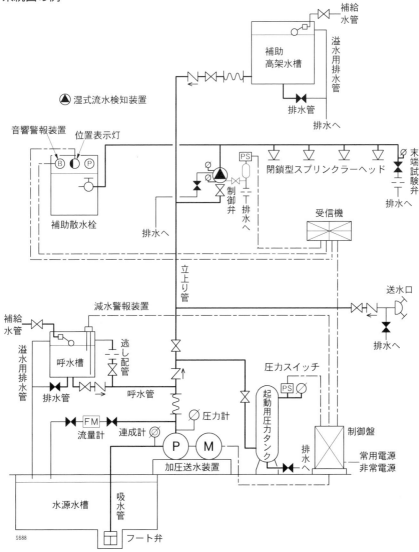

◎湿式スプリンクラー設備は、湿式流水検知装置を用いた閉鎖型スプリンクラー設備である。

◎ ［加圧送水装置］⇒［流水検知装置］⇒［閉鎖型スプリンクラーヘッド］間は、配管内の水が常時、加圧充水されている。

◎小区画型ヘッドを用いるスプリンクラー設備は、湿式流水検知装置による設備とすること（規則第14条 4の2号）。

▷解説：共同住宅等に設けるスプリンクラー設備は、小区画型ヘッドの開放から放水に至るまでの時間的な遅れを生じないようにするため、流水検知装置の二次側配管内に圧縮空気を充てんする乾式は認められていない。

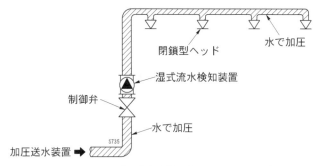

【湿式流水検知装置を用いた設備】

▶作動の流れ

①ヘッド内の感熱体が熱で溶断又は破壊すると、ヘッドが開放して放水する。

②配管内の流水を流水検知装置が検知して、受信機に音響警報信号を発する。このため、警報が発報される。

③同時に、配管内の減圧を圧力タンクに付いている起動用水圧開閉器（圧力スイッチ）が検知してポンプを起動する。

④ポンプの作動により、ヘッドは連続放水となる。

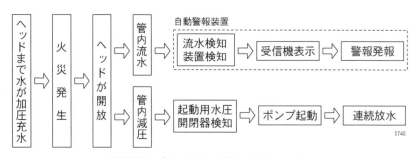

【閉鎖型スプリンクラー設備の作動フロー】

372

6. 閉鎖型乾式スプリンクラー設備

▶系統図の例

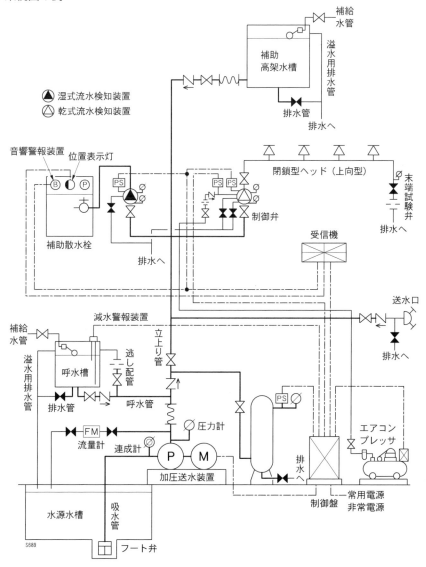

湿式流水検知装置
乾式流水検知装置

音響警報装置　位置表示灯

補助散水栓

排水へ

補給水管

補助高架水槽

溢水用排水管

排水管

排水へ

閉鎖型ヘッド（上向型）

末端試験弁

排水へ

制御弁

受信機

送水口

排水へ

減水警報装置

立上り管

補給水管

溢水用排水管

呼水槽

逃し配管

排水管

呼水管

圧力計

流量計

連成計

加圧送水装置

エアコンプレッサ

排水へ

制御盤

常用電源
非常電源

水源水槽

吸水管

フート弁

S689

◎寒冷地などでは、配管等に水が充てんされていると、凍結により破損や放水ができない事態が想定される。

◎乾式流水検知装置を用いたスプリンクラー設備は、寒冷地などで使われ、[流水検知装置] ⇒ [閉鎖型スプリンクラーヘッド] 間が圧縮空気で充てんされている。

◎また、圧縮空気を造るためエアコンプレッサ等の加圧装置が必要となる。

◎閉鎖型スプリンクラーヘッドが開放して加圧空気が排出されると、その差圧により乾式流水検知装置の弁体が開く。このため、加圧水がヘッドの配管に流れ、開放したヘッドから放水される。

◎流水検知装置の二次側配管は、試験や放水の後に配管内の残水を完全に排水するため、**先上がりの勾配**を設ける。

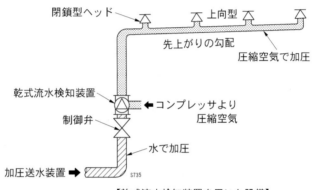

【乾式流水検知装置を用いた設備】

◎乾式又は予作動式の流水検知装置の二次側に設けるスプリンクラーヘッドは、デフレクターがスプリンクラーヘッドの取付け部より上方になるように取り付けて使用するスプリンクラーヘッド（**上向型ヘッド**）とすること。ただし、凍結するおそれのない場所に設ける場合は、この限りでない（規則第13条の2　4項1号ト）。

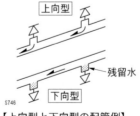

【上向型と下向型の配管例】

▷**解説**：凍結するおそれのある場所に下向型ヘッドを取り付けると、配管とヘッド間の残留水が凍結して、ヘッドから水が放水できなくなる。

◎乾式又は予作動式の流水検知装置が設けられているスプリンクラー設備にあっては、スプリンクラーヘッドが開放した場合に**1分以内**に当該スプリンクラーヘッドから**放水**できるものとすること（規則第14条1項8の2号）。この規定は、乾式又は予作動式を採用した設備は、圧縮空気を排出した後に水を放水するため、わずかではあるが、時間的な遅れが生じるため、その時間を「1分以内」と定めている。

◎乾式又は予作動式の流水検知装置及び一斉開放弁の二次側配管のうち金属製のものには、**亜鉛メッキ**等による防食処理を施すこと（規則第14条1項10号イ）。

◎乾式又は予作動式の流水検知装置の二次側配管には、当該配管内の**水を有効に排出**できる措置を講ずること（規則第14条1項10号ロ）。具体的には、配管に先上がりの勾配をつけ、主管の末端又は底部に排水のための弁（排水弁）を設ける。

> 配管主管にあっては、配管10mにつき2cm以上
> 配水管にあっては、配管10mにつき4cm以上

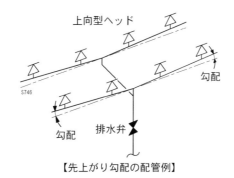

【先上がり勾配の配管例】

▶▶過去問題◀◀

【1】乾式の流水検知装置を設けているスプリンクラー設備において、スプリンクラーヘッドが開放してから放水を開始するまでの所要時間として、消防法令上、正しいものは次のうちどれか。

- ☐ 1．10秒以内
- 2．20秒以内
- 3．30秒以内
- 4．1分以内

▶▶正解＆解説‥‥‥‥‥‥‥‥‥‥‥‥‥‥‥‥‥‥‥‥‥‥‥‥‥‥‥‥‥‥‥‥‥‥‥

【1】正解4

▶系統図の例

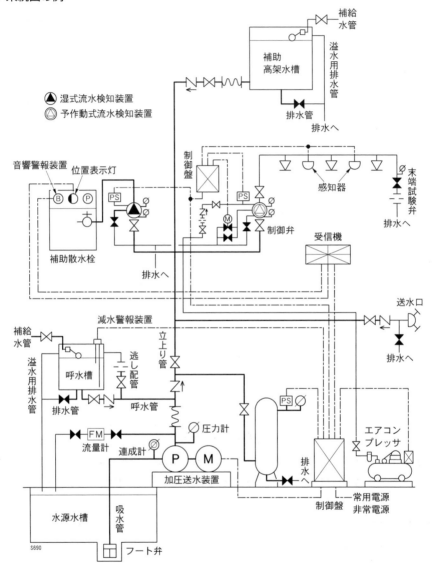

補給水管

溢水用排水管

補助高架水槽

排水管

排水へ

● 湿式流水検知装置
◎ 予作動式流水検知装置

制御盤

感知器

末端試験弁

排水へ

音響警報装置   位置表示灯

PS

補助散水栓

排水へ

制御弁

受信機

送水口

排水へ

補給水管

減水警報装置

立上り管

溢水用排水管

逃し配管

呼水槽

排水管

呼水管

圧力計

PS

エアコンプレッサ

FM
流量計

連成計

排水へ

P M

加圧送水装置

水源水槽

吸水管

常用電源
非常電源

制御盤

S690 フート弁

◎予作動式は、［乾式の設備］＋［火災感知装置］の構成となっている。

◎火災感知装置が作動すると予作動式流水検知装置が開放し、二次側配管に加圧水が充水される。この状態でスプリンクラーヘッドが作動すると、ただちに放水される。ヘッドから放水するためには、［火災感知装置の作動］＋［ヘッドの開放］の2つが必要となる。

◎予作動式は、スプリンクラーヘッドが誤って開放した場合、水による損害が大きい高級服の売場やコンピュータ室等に設置されることが多い。スプリンクラーヘッドが誤開放して二次側配管の圧縮空気圧が低下しても、火災感知装置が作動しない限り予作動式流水検知装置の弁が開放しないため、放水も行われない。

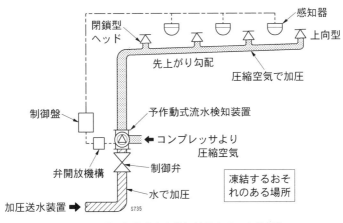

【予作動式流水検知装置を用いた設備】

◎予作動式は、スプリンクラーヘッドの開放よりも**火災感知装置が早く作動**するように設けられている。

◎また、火災感知装置が作動しなかった場合の措置として、予作動式流水検知装置には**手動式**の開放装置が設けられている。

◎水が凍結するおそれのある場所に予作動式を設ける場合は、乾式と同様にヘッドを上向型としなくてはならない。ただし、水が凍結するおそれのない場所に設ける場合は、下向型であってもよい。

◎予作動式は、乾式と同様な内容の規定が設けられている。まとめると次のとおりとなる。

①凍結のおそれのある場所は上向型ヘッド
②ヘッドが開放してから1分以内に放水
③金属製配管は亜鉛メッキによる防食処理
④配管は先上がり勾配で排水弁を設置

▶▶過去問題◀◀

【1】予作動式の流水検知装置を設けたスプリンクラー設備の構造及び機能について、消防法令上、誤っているものは次のうちどれか。

□　1．凍結するおそれのある所に、スプリンクラーヘッドを設置しなければならない場合、予作動式流水検知装置の設置は適当である。ただし、スプリンクラーヘッドはデフレクターをスプリンクラーヘッドの取付け部より上方に取付けて使用するものとする。

　　2．予作動式流水検知装置の二次側配管には、あらかじめ加圧空気を満たしているため、一般に湿式流水検知装置を設置する場合より、放水圧力が強く作動も迅速である。

　　3．予作動式流水検知装置を設けた場合は、倉庫などで商品や資材を運搬するときこれらをスプリンクラーヘッドに衝突させてこれを破損させたとしても、放水をしないので無用な水損を防ぐことができる。

　　4．予作動式流水検知装置を設ける場合は、専用の火災感知器等の感知部が必要となるため、構造が複雑で維持管理も難しくなる。

【2】予作動式の流水検知装置を設けているスプリンクラー設備において、スプリンクラーヘッドが開放してから放水を開始するまでの所要時間として、消防法令上、正しいものは次のうちどれか。

□　1．10秒以内
　　2．20秒以内
　　3．30秒以内
　　4．1分以内

▶▶正解&解説……………………………………………………………………………………………………

【1】正解2

1．凍結するおそれのある所に、スプリンクラーヘッドを設置する場合、スプリンクラーヘッドはデフレクターをスプリンクラーヘッドの取付け部より上方に取付けて使用する上向型ヘッドとする。

2．圧縮空気を二次側配管にあらかじめを満たしている乾式及び予作動式スプリンクラー設備は、圧縮空気を排出した後に水を放水するため、わずかではあるが、時間的な遅れが生じる。法令では、ヘッドが開放してから1分以内にヘッドから放水するよう定めている。湿式より作動が「迅速」ということはない。また、放水圧力は閉鎖型スプリンクラー設備の場合、法令で0.1MPa以上としており、構造及び機能の面から「放水圧力」が強いということもない。

3．予作動式スプリンクラー設備では、ヘッドから放水させるために［火災感知装置の作動］と［ヘッドの開放］の2つが必要となる。ヘッドが「破損」しただけでは、放水されない。

4．予作動式スプリンクラー設備と開放型スプリンクラー設備は、火災感知装置の感知部として感知器又は閉鎖型スプリンクラーヘッドが必要となる。このため、構造は複雑となる。

【2】正解4

4．予作動式と乾式は、流水検知装置の二次側に圧縮空気を満たしているため、ヘッドから放水するまで時間的な遅れが生じることから、この規定が定められている。

8. 開放型スプリンクラー設備

▶系統図の例（減圧開放式一斉開放弁）

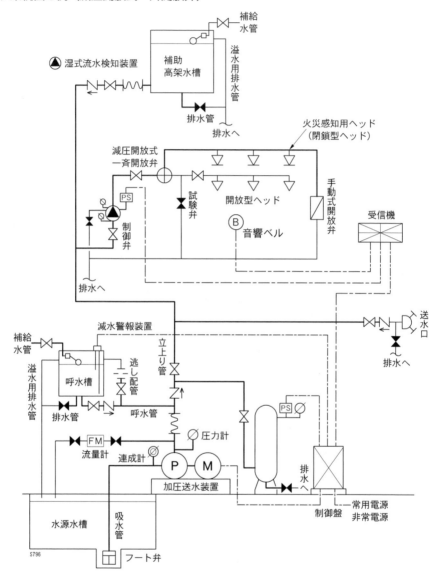

380

▶系統図の例（加圧開放式一斉開放弁）

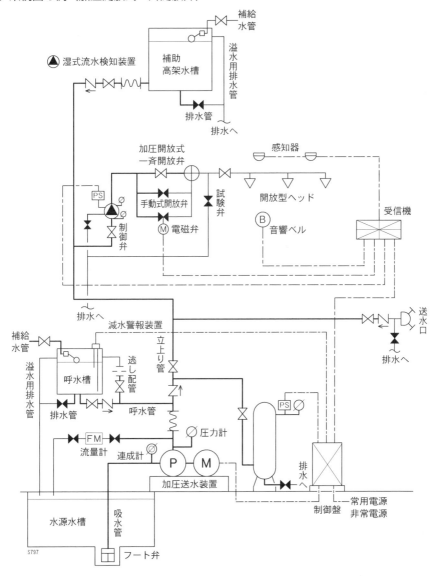

⬤ 湿式流水検知装置

補助高架水槽

補給水管

溢水用排水管

排水管

排水へ

加圧開放式一斉開放弁

感知器

手動式開放弁

試験弁

PS

制御弁

M 電磁弁

開放型ヘッド

B 音響ベル

受信機

送水口

排水へ

排水へ

減水警報装置

立上り管

補給水管

溢水用排水管

呼水槽

逃し配管

排水管

呼水管

圧力計

PS

FM

流量計

連成計

P M

加圧送水装置

排水へ

制御盤

常用電源
非常電源

水源水槽

吸水管

S797

フート弁

◎劇場等の舞台部は、開放型スプリンクラーヘッドを用いる設備（開放型スプリンクラー設備）を設置することになっている。

◎この設備は、湿式流水感知装置、一斉開放弁、開放型ヘッド、火災感知装置などで構成されている。加圧送水装置により一斉開放弁までは、加圧水が満たされている。また、一斉開放弁の二次側から開放型ヘッドへの配管は大気圧となっている。

◎火災が発生して火災感知装置が作動すると、一斉開放弁が開放して加圧水がその区画の開放型ヘッドに向かい、全てのヘッドから放水する。放水により管内が減圧すると、起動用水圧開閉器（圧力スイッチ）が検知してポンプを起動して、開放型ヘッドから連続放水となる。

◎一斉開放弁が開放して湿式流水検知装置が管内流水を検知すると、自動警報装置が警報を発報する。

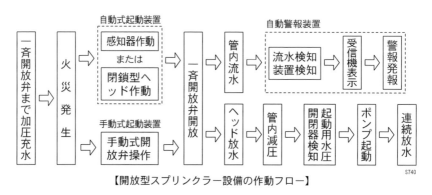

【開放型スプリンクラー設備の作動フロー】

◎開放型スプリンクラー設備は、自動式起動装置と手動式起動装置を備えている。

◎**自動式起動装置**は、自動火災報知設備の感知器、若しくは火災感知用ヘッド（閉鎖型）の作動により、一斉開放弁を開放することができること。ただし、自動火災報知設備の受信機若しくはスプリンクラー設備の表示装置が防災センター等の操作盤に設けられており、かつ、火災時に直ちに手動式の起動装置により一斉開放弁を起動させることができる場合にあっては、手動式とすることができる（規則第14条8号イ）。

◎一方、**手動式起動装置**（手動式開放弁）は、直接操作又は遠隔操作により、一斉開放弁を起動することができること（規則第14条8号ロ）。

9. 放水型ヘッド等を用いるスプリンクラー設備

◎放水型ヘッド等を用いるスプリンクラー設備は、大空間を有する高天井となる部分に使われる。具体的には、大規模な室内展示場や屋内球場など。

◎この設備は、壁面又は天井面に設置された**固定式**ヘッドから一斉に放水する方式と、放水銃など放水範囲が変えられる**可動式**ヘッドを用いる方式がある。

◎この設備では、放水区域ごとに側壁又は天井に火災感知のための感知器と、放水型ヘッドを設ける。制御盤が該当区域の放水型ヘッドを自動的に起動するほか、手動操作によっても装置を起動できる。

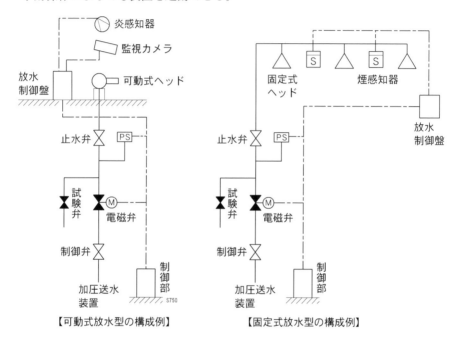

【可動式放水型の構成例】　　　　【固定式放水型の構成例】

◎法令では、次に掲げる部分に使用するよう定めている（令第12条2項2号ロ・規則第13条の4　1号・規則第13条の5　6号・8号）。

> 1. 床面から天井までの高さが**6mを超える**、次の部分
>   ◇指定可燃物を貯蔵し、又は取り扱う部分
>   ◇百貨店、マーケット、物品販売店舗に供される部分（通路、階段は除く）
>   ◇地下街、準地下街
> 2. その他の部分であって、床面から天井までの高さが**10mを超える**部分

10. 自動警報装置

◎自動警報装置は、ヘッドの開放又は補助散水栓の開閉弁の開放により配管内の流水又は圧力の変動により、監視室等に音響警報を発するもので、流水検知装置（又は圧力検知装置）、表示装置及び音響装置で構成される。

◎流水検知装置又は圧力検知装置は、自動警報装置の発信部となり、表示装置及び音響装置は、自動警報装置の受信部となる。音響装置として、ベル、ゴング、サイレンなどがある。

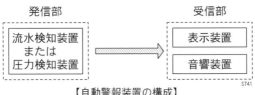

【自動警報装置の構成】

◎自動警報装置は、次に定めるところによること（規則第14条1項4号）。

> イ．スプリンクラーヘッドの開放又は補助散水栓の開閉弁の開放により**警報を発する**ものとすること。
>
> ロ．**発信部**は、各階（ラック式倉庫にあっては、配管の系統）又は放水区域ごとに設けるものとし、当該発信部には、流水検知装置又は圧力検知装置を用いること。
>
> ハ．流水検知装置又は圧力検知装置にかかる圧力は、当該流水検知装置又は圧力検知装置の最高使用圧力以下とすること。
>
> ニ．受信部には、スプリンクラーヘッド又は火災感知用ヘッドが開放した階又は放水区域が覚知できる表示装置を**防災センター等**に設けること。
> ▷用語：覚知は消防機関が火災などを認知すること。
>
> ホ．一の防火対象物に2以上の受信部が設けられているときは、これらの受信部のある場所相互間で**同時に通話**することができる設備を設けること。

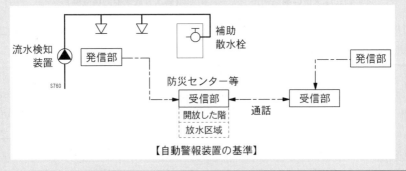

【自動警報装置の基準】

◎自動警報装置は、閉鎖型スプリンクラー設備及び開放型スプリンクラー設備に使われている。

【1】 スプリンクラー設備（放水型ヘッドを用いるもの及び特定施設水道連結型スプリンクラー設備を除く。）の自動警報装置の設置について、消防法令上、誤っているものを2つ選びなさい。[★] [編]

☐ 1．一の防火対象物に2以上の受信部が設けられているときは、これらの受信部のある場所相互間で同時に通話することができる設備を設けること。

2．受信部は、各階又は放水区域ごとに設けなければならない。

3．スプリンクラーヘッドの開放又は補助散水栓の開閉弁の開放により警報を発するものであること。

4．受信部には、原則としてスプリンクラーヘッド又は火災感知用ヘッドが開放した階又は放水区域が覚知できる表示装置を防災センター等に設けること。

5．発信部として、ラック式倉庫に設けるスプリンクラー設備の流水検知装置は予作動式のものとすること。

【2】 スプリンクラー設備の自動警報装置の設置について、消防法令上、誤っているものは次のうちどれか。

☐ 1．発信部は、各階（ラック式倉庫にあっては、配管の系統）又は放水区域ごとに設けるものとし、当該発信部には、流水検知装置又は圧力検知装置を用いること。

2．自動火災報知設備により警報が発せられる場合は、自動警報装置を設けないことができる。

3．受信部には、スプリンクラーヘッド又は火災感知用ヘッドが開放した階又は放水区域を覚知できる表示装置を設けるとともに、原則としてこれを防災センター等に設けること。

4．一の防火対象物に2以上の受信部が設けられているときは、これらの受信部のある場所相互間で同時に通話することができる設備を設けること。

▶▶正解＆解説··

【1】正解2＆5

　2．「受信部」⇒「発信部」。

　5．ラック式倉庫に設けるスプリンクラー設備の流水検知装置は、予作動式以外とする
　　　こと。予作動式にすると、スプリンクラーヘッドが開放してから、放水するまで時間
　　　的な遅れが生じる。次項「11．流水検知装置　▶流水検知装置の法規制」391P参照。

【2】正解2

　2．自動警報装置は、スプリンクラー設備が作動したことを監視人室等に知らせるもの
　　　で、自動火災報知設備とは全く異なる働きをする。従って、自動火災報知設備の警報
　　　の有無にかかわらず、自動警報装置を設けなければならない。

11. 流水検知装置

◎流水検知装置は、配管内の流水を自動的に検知するもので、湿式流水検知装置、乾式流水検知装置、予作動式流水検知装置がある。スプリンクラー設備ごとに、次の流水検知装置が使われている。開放型スプリンクラー設備は、湿式流水検知装置が使われる。

流水検知装置
①閉鎖型湿式スプリンクラー設備　…　湿式流水検知装置
②閉鎖型乾式スプリンクラー設備　…　乾式流水検知装置
③閉鎖型予作動式スプリンクラー設備　…　予作動式流水検知装置
④開放型スプリンクラー設備　…　湿式流水検知装置

▶湿式流水検知装置

◎湿式流水検知装置は、自動警報弁型、作動弁型、パドル型の3種類がある。一般には、自動警報弁型が広く使われている。自動警報弁型は逆止弁構造となっており、ディスクや流水検知孔などで構成されている。

◎自動警報弁型でリターディングチャンバーを用いたものは、次の手順で作動する。

> ①閉鎖型スプリンクラーヘッドが作動しない状態では、逆止弁構造の二次側は加圧水が満たされているため、その圧力でディスクが閉止されている。このため、流水検知孔には加圧水が流入しない。
> ②ヘッドが開放し放水されると、逆止弁構造の二次側が減圧するため、一次側の加圧水によりディスクが押し上げられ、流水検知孔に通水される。
> ③この水は、リターディングチャンバーに流れ込み、水量がしだいに増加する。
> ④チャンバー内の水はオリフィスを介して排水されるが、流入してくる水量が多いと、圧力スイッチを作動させ、信号を表示装置に送る。

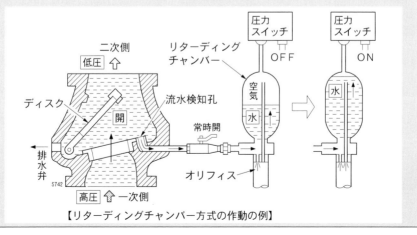

【リターディングチャンバー方式の作動の例】

◎**リターディングチャンバーの働き**は、次のように説明できる。

①ヘッドが作動して放水されると、ポンプが起動するまでの間は、全ての管内圧力が低下する。

②この状態でポンプが起動すると、作動した流水検知装置だけでなく、全系統の流水検知装置を加圧する。

③このとき、ヘッドが作動していない系統の流水検知装置は、ウォーターハンマーや圧力波を受けて流水検知装置のディスクを瞬間的に押し上げることがある。

④リターディングチャンバーがない状態では、瞬間的な圧力上昇で圧力スイッチを作動させてしまう。

⑤リターディングチャンバーを設けていると、ヘッドが作動しているわけではないため、流水検知装置のディスクが瞬間的に押し上げられても継続しない。この結果、すぐにディスクが閉じて、圧力スイッチは作動しない。

⑥瞬間的な圧力上昇による水（信号水）はいったんチャンバー内に入れ、満水になってから圧力スイッチを作動させる働きをすることから、リターディングチャンバーは信号の遅延装置といえる。

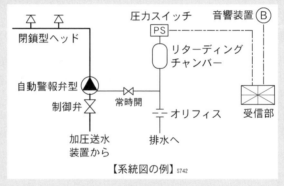

【系統図の例】 S742

▷用語：リターディング〔retarding〕（進行などを）遅らせる〜。
　　　　チャンバー〔chamber〕区切られた室。

注：遅延機能を有するものとして、リターディングチャンバーを用いたもののほか、「**遅延タイマー付き圧力スイッチ**」を用いたものが普及している。圧力スイッチに遅延タイマーの機能を付加させたもので、リターディングチャンバーは装着されていない。

◎作動弁型は、自動警報弁型のように逆止弁構造となっている。ただし、流水検知孔のような機構はなく、圧力差でディスクが持ち上がるとステムが変位して、マイクロスイッチ等により検知する。

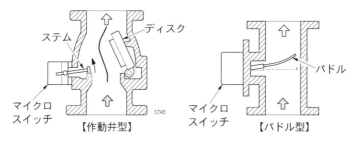

【作動弁型】　　　　　　　　　　【パドル型】

◎パドル型は、流水によるパドルの変位をマイクロスイッチが検知する構造となっている。

▷用語：ステム〔stem〕植物の茎。脚。
　　　　パドル〔paddle〕かい（櫂）。

▶乾式流水検知装置

◎乾式スプリンクラー設備には、乾式流水検知装置が使われている。

◎閉鎖型ヘッドが閉じている状態では、乾式流水検知装置の一次側に加圧水を、二次側に加圧空気を満たした状態にある。

◎火災により二次側の閉鎖型ヘッドが開放すると、加圧空気が排出される。このため、乾式流水検知装置は一次側の水圧力と二次側の空気圧力の差圧により弁体が開き、二次側に加圧水が流入する。

◎乾式流水検知装置は、二次側に予備水を必要とするものや、一次側と二次側の間に中間室があるものがある。湿式と比べると、本体周辺の配管設備が複雑になっている。

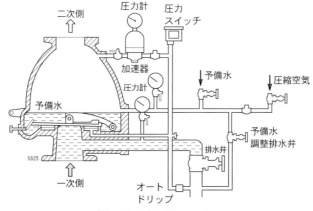

【乾式流水検知装置の例】

◎二次側に予備水を必要とする乾式流水検知装置は、この予備水の注水がないと二次側圧力の圧縮空気が漏れて圧力保持が困難となる。また、予備水はさびの発生を防ぐ目的もあり、これらの理由から自動的に予備水の必要水位を確保するための装置が付けられている。

▶予作動式流水検知装置

◎予作動式スプリンクラー設備には、予作動式流水検知装置が使われている。

◎閉鎖型ヘッドが閉じている状態では、予作動式流水検知装置の一次側に加圧水を、二次側に加圧空気を満たした状態にある。

◎火災感知装置の感知器が作動すると、予作動式流水検知装置の弁体が開き、加圧水が二次側へ流入する。ただし、この時点ではヘッドから放水されない。なお、弁体の作動は「手動起動用押しボタン」で手動でも可能である。

◎感知器の作動に続き閉鎖型ヘッドが開放すると、直ちにヘッドから放水される。

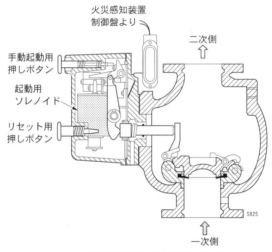

【予作動式流水検知装置の例】

▷解説：ソレノイドは、電磁力を利用して電気エネルギーを機械的運動に変換する部品である。円筒形のものは、電流を流すと可動鉄芯（プランジャ）を吸引する。

▶流水検知装置の法規制

◎閉鎖型スプリンクラーヘッドのうち**小区画型ヘッド**を用いるスプリンクラー設備の流水検知装置は、**湿式**のものとすること。ただし、特定施設水道連結型スプリンクラー設備にあっては、流水検知装置を設けないことができる（以下、規則第14条4の2号〜4の5）。

◎**ラック式倉庫**に設けるスプリンクラー設備の流水検知装置は、**予作動式以外**のものとすること。

◎流水検知装置の一次側には、**圧力計**を設けること。

◎流水検知装置の二次側に圧力の設定を必要とするスプリンクラー設備にあっては、当該流水検知装置の圧力設定値よりも二次側の**圧力が低下**した場合に自動的に警報を発する装置を設けること。

　▷解説：二次側の圧力低下により弁体が開き、加圧水が二次側に流出することで、自動
　　　　警報装置が作動する。

◎乾式又は予作動式の流水検知装置が設けられているスプリンクラー設備にあっては、スプリンクラーヘッドが開放した場合に**1分以内**に当該スプリンクラーヘッドから**放水**できるものとすること（規則第14条8の2号）。

▶▶過去問題◀◀

【1】スプリンクラー設備の作動弁型の流水検知設置について、消防法令上、正しいものは次のうちどれか。

☐　1．流水検知装置は、開放型スプリンクラーヘッドを用いる装置の場合は、火災を感知するためのものである。

　　2．流水検知装置は、閉鎖型スプリンクラーヘッドを用いる装置の場合は、その地区で開放したヘッドの数を確認するためのものである。

　　3．流水検知装置は、閉鎖型スプリンクラーヘッドを用いる装置の場合に、ヘッドからの放水中に異物が詰まって放水が停止したとき、ポンプを停止させる機能をもつ。

　　4．流水検知装置は、圧力タンクをポンプの起動装置に使用する場合に、ポンプ起動装置として設置してはならない。

【2】 スプリンクラー設備の流水検知設置の設置及び維持に関する技術上の基準として、消防法令上、最も適切なものは次のうちどれか。

□ 　1．閉鎖型スプリンクラーヘッドのうち、小区画型ヘッドを用いるスプリンクラー設備の流水検知装置は、乾式のものを設けること。

　　2．流水検知装置の二次側に圧力の設定を必要とするスプリンクラー設備にあっては、一次側の圧力設定値よりも二次側の圧力が低下した場合に自動的に警報を発する装置を設けること。

　　3．乾式又は予作動式の流水検知装置が設けられているスプリンクラー設備にあっては、スプリンクラーヘッドが開放した場合に1分以内に当該スプリンクラーヘッドから放水できるものとすること。

　　4．ラック式倉庫に設けるスプリンクラー設備の流水検知装置は、予作動式のものとすること。

▶▶正解＆解説‥‥

【1】正解4

　作動弁型の流水検知装置は、湿式流水検知装置の種類の1つである。

　1．開放型スプリンクラー設備では、湿式流水検知装置が使われる。そもそも流水検知装置は、配管内の流水を自動的に検知するもので、火災を直接感知するためのものではない。

　2．流水検知装置では、流水の有無を検知することができるが、流水の量や開放したヘッドの数を確認することはできない。

　3．流水検知装置にポンプを停止させる機能はない。加圧送水装置は、制御盤による直接操作によってのみ停止されるものであること（規則第12条7号ト）。

　4．閉鎖型スプリンクラーヘッドを用いるスプリンクラー設備にあっては、［自動火災報知設備の感知器］の作動又は［流水検知装置］若しくは［起動用水圧開閉装置］の作動と連動して加圧送水装置を自動的に起動することができるものとすること（規則第14条8号イ）。この規定により、加圧送水装置の自動起動装置は、いずれか1つの装置でなければならない。［流水検知装置］と［起動用水圧開閉装置（圧力タンクの圧力スイッチ）］の併用はできない。一般には、［起動用水圧開閉装置］が使われている。

【2】正解3

　1．「乾式のものを設けること」⇒「湿式のものを設けること」

　2．当該流水検知装置の圧力設定値よりも二次側の圧力が低下した場合に自動的に警報を発する装置を設けること。

　4．ラック式倉庫に設置する流水検知装置は、予作動式以外のものとすること。

12. 制御弁

◎制御弁は、流水検知装置の一次側に設け、点検、整備の保守を行うために配管内の給水を止めるためのものである。また、消火後に散水を停止させるための**止水弁**でもあり、更にヘッドの誤作動による散水を避け、水被害を軽減する水損防止のための弁である。

◎制御弁は、閉鎖型スプリンクラー設備（湿式、乾式、予作動式）及び開放型スプリンクラー設備に使われている。

◎制御弁は、次に定めるところによること（規則第14条3号）。

1. 制御弁は、**閉鎖型**スプリンクラーヘッドを用いるスプリンクラー設備（特定施設水道連結型スプリンクラー設備を除く。）にあっては、当該防火対象物の**階ごと**に設けること。

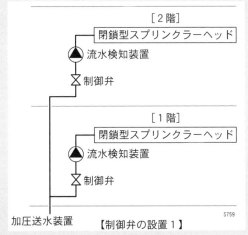

【制御弁の設置1】

2. 制御弁は、閉鎖型スプリンクラーヘッドを用いるスプリンクラー設備のうち、ラック式倉庫にあっては**配管の系統ごと**に設けること。

3. 制御弁は、**開放型**スプリンクラーヘッドを用いるスプリンクラー設備（特定施設水道連結型スプリンクラー設備を除く。）にあっては、**放水区域ごと**に設けること。

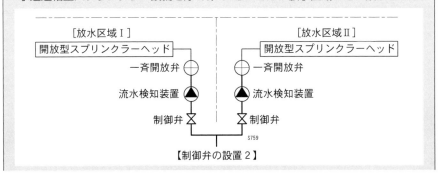

【制御弁の設置2】

4. 制御弁は、それぞれ床面からの高さが0.8m以上1.5m以下の箇所に設けること。

5. 制御弁にはみだりに閉止できない措置が講じられていること。

6. 制御弁にはその直近の見やすい箇所にスプリンクラー設備の制御弁である旨を表示した標識を設けること。

```
制 御 弁
スプリンクラー専用
```

▶▶過去問題◀◀

【1】 スプリンクラー設備の制御弁の技術上の基準として、誤っているものは次のうちどれか。ただし、ラック式倉庫に設置する場合を除くものとする。

☐ 1. 制御弁には、容易に閉止できる措置を講じること。

2. 制御弁には、直近の見やすい箇所にスプリンクラー設備の制御弁である旨を表示した標識を設けること。

3. 制御弁は、開放型スプリンクラーヘッドを用いるスプリンクラー設備にあっては、放水区域ごとに設けること。

4. 制御弁は、閉鎖型スプリンクラーヘッドを用いるスプリンクラー設備にあっては、当該防火対象物の階ごとに設けること。

【2】 スプリンクラー設備の制御弁について、誤っているものを2つ選びなさい。ただし、ラック式倉庫に設置する場合を除くものとする。［編］

☐ 1. みだりに閉止できない措置が講じられていること。

2. 床面からの高さが0.8m以上1.5m以下の箇所に設けること。

3. その直近の見やすい箇所に制御弁である旨を表示した標識を設けること。

4. 閉鎖型スプリンクラーヘッドを用いるスプリンクラー設備にあっては、放水区域ごとに、開放型スプリンクラーヘッドを用いるスプリンクラー設備にあっては、当該防火対象物の階ごとに設けること。

5. 開放型スプリンクラーヘッドを用いるスプリンクラー設備にあっては、加圧送水装置ごとに、閉鎖型スプリンクラーヘッドを用いるスプリンクラー設備にあっては、当該防火対象物の階ごとに設けること。

【3】 スプリンクラー設備（特定施設水道連結型スプリンクラー設備を除く。）に設ける制御弁について、消防法令上、最も不適当なものは次のうちどれか。

☐ 1．開放型スプリンクラーヘッドを用いるスプリンクラー設備の制御弁は、床面からの高さが0.5m以上1.8m以下の箇所に設けること。

2．開放型スプリンクラーヘッドを用いるスプリンクラー設備の制御弁は、放水区域ごとに設けること。

3．制御弁には、みだりに閉止できない措置が講じられていること。

4．制御弁には、その直近の見やすい箇所に、スプリンクラー設備の制御弁である旨を表示した標識を設けること。

【4】 スプリンクラー設備（特定施設水道連結型スプリンクラー設備を除く。）の制御弁の技術上の基準として、消防法令上、最も適当なものは次のうちどれか。

☐ 1．制御弁には、その直近の見やすい箇所に、スプリンクラー設備の制御弁である旨を表示した標識、または、警戒区域図を設けなければならない。

2．開放型スプリンクラーヘッドを用いるスプリンクラー設備の制御弁は、階ごとに設けなければならない。

3．閉鎖型スプリンクラーヘッドを用いるスプリンクラー設備の制御弁は、ラック式倉庫にあっては、配管の系統ごとに設けなければならない。

4．制御弁は、床面からの高さ0.5m以上1.5m以下の箇所に設けなければならない。

【5】 スプリンクラー設備（特定施設水道連結型スプリンクラー設備を除く。）に用いる制御弁に関する次の記述の（　）に入る語句の組合せとして、消防法令上、正しいものは次のうちどれか。

「制御弁は、開放型スプリンクラーヘッドを用いるスプリンクラー設備にあっては（ア）ごとに、閉鎖型スプリンクラーヘッドを用いるスプリンクラー設備のうち、ラック式倉庫にあっては（イ）ごとにそれぞれ設けること。」

	（ア）	（イ）
☐ 1．	放水区域	防火対象物又はその部分
2．	放水区域	配管の系統
3．	防火対象物の階	配管の系統
4．	防火対象物の階	防火対象物又はその部分

▶▶正解＆解説…………………………………………………………………………………………

【1】**正解1**

 1．制御弁にはみだりに閉止できない措置が講じられていること。閉止すると、火災発生時に消防用水がスプリンクラーヘッドに送水されなくなる。

【2】**正解4＆5**

 4．閉鎖型スプリンクラーヘッドを用いるスプリンクラー設備にあっては、［当該防火対象物の階ごと］に、開放型スプリンクラーヘッドを用いるスプリンクラー設備にあっては、［放水区域ごと］に設けること。

 5．開放型スプリンクラーヘッドを用いるスプリンクラー設備にあっては、［放水区域ごと］に設けること。舞台部に設ける開放式スプリンクラー設備は、「階」という区域の設定が難しい。

【3】**正解1**

 1．スプリンクラー設備の制御弁は、閉鎖型及び開放型ともに、床面からの高さが0.8m以上1.5m以下の箇所に設けること。

【4】**正解3**

 1．制御弁には、制御弁である旨を表示した標識を設ける。警戒区域図は必要ない。

 2．開放型スプリンクラー設備は、放水区域ごとに制御弁を設ける。

 4．制御弁の高さは、0.8m以上1.5m以下。

【5】**正解2**

　　制御弁の設置　閉鎖型スプリンクラー設備…防火対象物の階ごと
　　　　　　　　　閉鎖型のうちラック式倉庫…配管の系統ごと
　　　　　　　　　開放型スプリンクラー設備…放水区域ごと

13. 火災感知装置

◎開放型スプリンクラー設備では、ヘッドが開放しており、それ自体に火災を感知する能力がないため、火災感知装置が必要となる。

◎火災感知装置は、消火設備を起動させるための発信部分となる。感知器又は閉鎖型ヘッドが用いられる。

◎火災感知装置に用いる閉鎖型ヘッドは、標示温度が75℃以下で種別が1種のものとする（規則第23条3項）。

◎予作動式の流水検知装置を用いるスプリンクラー設備も、感知器を用いた火災感知装置が必要となる。

▶火災感知装置用配管

◎開放型スプリンクラー設備で閉鎖型ヘッドを用いる場合は、消火用固定配管の上方に天井面より0.3m以内に設置する。また、枝管の径は管の呼びで15以上とする。

◎一斉開放弁の二次側に設置してある試験用止水弁は、試験装置（試験用配管）による一斉開放弁の機能の確認等に必要とするものである。

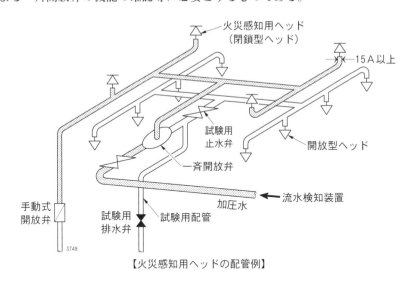

【火災感知用ヘッドの配管例】

14. 起動装置

▶**閉鎖型スプリンクラー設備の自動式起動**

◎閉鎖型スプリンクラー設備にあっては、［自動火災報知設備の感知器］の作動又は［流水検知装置］若しくは［起動用水圧開閉装置］の作動と連動して加圧送水装置を自動的に起動することができるものとすること（規則第14条8号）。

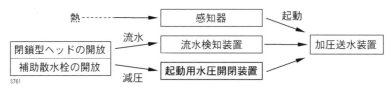

【閉鎖型スプリンクラー設備の自動式起動】

▷**解説**：一般的には、ヘッドの開放による配管内の圧力低下により、起動用水圧開閉装置（圧力スイッチ）が作動し、加圧送水装置のポンプを自動的に起動する。

▶**開放型スプリンクラー設備の自動式起動**

◎開放型スプリンクラー設備にあっては、［自動火災報知設備の感知器］の作動又は火災感知用ヘッドの作動若しくは開放による［圧力検知装置］の作動と連動して加圧送水装置及び一斉開放弁を自動的に起動することができるものとすること（同8号）。

【開放型スプリンクラー設備の自動式起動】

◎ただし、自動火災報知設備の受信機若しくはスプリンクラー設備の表示装置が防災センター等に設けられ、かつ、火災時に直ちに手動式の起動装置により加圧送水装置及び一斉開放弁を起動させることができる場合にあっては、**手動**により加圧送水装置及び一斉開放弁を起動することができる。

▶**手動式起動**

◎手動式の起動装置は、直接操作又は遠隔操作により、それぞれ加圧送水装置及び手動式開放弁又は加圧送水装置及び一斉開放弁を起動することができるものとすること。（同8号）

15. 一斉開放弁

◎一斉開放弁は、大容量の散水を目的とした開放弁で、放水区域ごとの主管に設置され、その区域の全数の開放型スプリンクラーヘッド等に水を供給する。本体、弁及びピストン室で構成されている。

◎一斉開放弁は、開放機構により**減圧開放式**と**加圧開放式**がある。

▶減圧開放式

◎減圧開放式は平常時、本体のピストン室に一次側の加圧水が充水しているため、弁を上から押し付けている。また、一次側の加圧水が弁を下から押し上げるように作用するが、ピストン室の作用面積が大きいため、弁は閉じた状態となる。この状態で、**火災感知用ヘッド（閉鎖型）**が作動してピストン室の水圧力が低下すると、弁は一次側の加圧水により下から押し上げられて開弁する。この結果、その区画の開放式ヘッド全てに水が供給される。

◎火災感知用ヘッドの配管には、**手動式開放弁（手動起動弁）**が必要となる。この弁を手動で開くと、一斉開放弁を開放することができる。

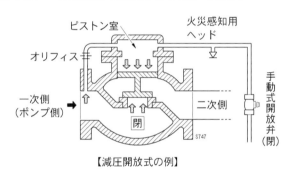

【減圧開放式の例】

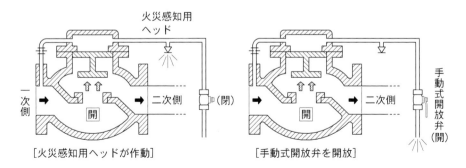

[火災感知用ヘッドが作動] 　　　　[手動式開放弁を開放]

399

◎また、減圧開放式及び加圧開放式の二次側には、**試験弁等**が必要となる。［試験用止水弁　閉］［試験用排水弁　開］の状態にして、手動式開放弁を開放操作すると、スプリンクラー設備（一斉開放弁）を試験起動させることができる。

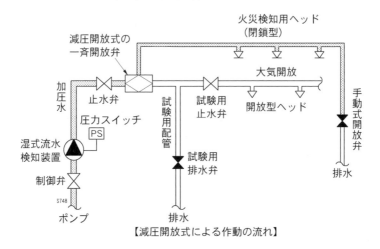

【減圧開放式による作動の流れ】

▶加圧開放式

◎加圧開放式は平常時、本体の弁に一次側の加圧水が作用しているため、弁は閉じた状態となる。この状態で**感知器が作動**すると、自動火災報知設備の受信機に信号が送られ、受信機は電磁弁を開く。この結果、一次側の加圧水はピストン室に流れ込み、作用面積が大きいため弁を開弁する。このため、その区画の開放式ヘッド全てに水が供給される。

◎電磁弁と平行した配管には、**手動式開放弁**が必要となる。この弁を手動で開くと、一斉開放弁を開放することができる。

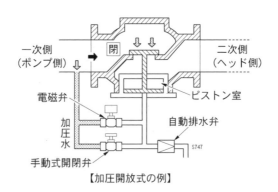

【加圧開放式の例】

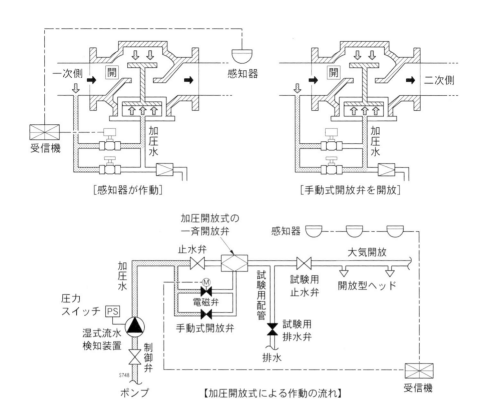

[感知器が作動]　　　　　　　　　[手動式開放弁を開放]

【加圧開放式による作動の流れ】

16. 一斉開放弁等の設置・維持基準

◎一斉開放弁は、開放型スプリンクラー設備の他、放水型ヘッド等を用いるスプリンクラー設備、水噴霧消火設備に使われている。

◎開放型スプリンクラー設備に用いられる**一斉開放弁又は手動式開放弁**は、次に定めるところによること（規則第14条1号）。

> イ. **放水区域**ごとに設けること。
>
> ロ. 一斉開放弁又は手動式開放弁にかかる圧力は、当該一斉開放弁又は手動式開放弁の最高使用圧力以下とすること。
>
> ハ. 一斉開放弁の起動操作部又は手動式開放弁は、開放型スプリンクラーヘッドの存する階で、火災のとき容易に接近することができ、かつ、床面からの高さが**0.8m以上1.5m以下**の箇所に設けること。
>
> ニ. 一斉開放弁又は手動式開放弁の二次側配管の部分には、当該放水区域に放水することなく当該弁の作動を試験するための装置（**試験装置**）を設けること。
>
> ホ. 手動式開放弁は、当該弁の開放操作に必要な力が**150N以下**のものであること。

▶▶過去問題◀◀

【1】 開放型スプリンクラーヘッドを用いるスプリンクラー設備の一斉開放弁又は手動式開放弁の設置及び維持に関する技術上の基準について、誤っているものは次のうちどれか。[★]

☐ 1. 一斉開放弁又は手動式開放弁は、放水区域ごとに設けること。

2. 一斉開放弁の起動操作部又は手動式開放弁は、開放型スプリンクラーヘッドの存する階で、火災のとき容易に接近することができ、かつ、床面からの高さが0.8m以上1.5m以下の箇所に設けること。

3. 劇場の舞台部に設ける場合、一斉開放弁又は手動式開放弁の二次側配管の部分には、当該放水区域に放水することなく当該弁の作動を試験するための装置を設けること。

4. 手動式開放弁の開放操作に必要な力は180N以下とすること。

【2】開放型スプリンクラーヘッドを用いるスプリンクラー設備の手動式開放弁の技術上の基準について、誤っているものは次のうちどれか。

☐ 1．手動式開放弁にかかる圧力は、当該弁の最高使用圧力以下とすること。

2．劇場の舞台部の存する階にあっては、舞台部で火災のとき容易に接近することができ、かつ、床面からの高さが0.8m以上1.5m以下の箇所に設けること。

3．手動式開放弁は、当該弁の開放操作に必要な力が150N以下のものであること。

4．手動式開放弁の二次側配管部分には、当該弁の作動を試験する装置を設けないこと。

▶▶正解＆解説………………………………………………………………………………

【1】正解4

4．「180N以下」⇒「150N以下」。

【2】正解4

4．一斉開放弁又は手動式開放弁の二次側配管部分には、当該弁の作動を試験するための装置（試験装置）を設けること。

17. 末端試験弁

◎閉鎖型スプリンクラーヘッドを用いるスプリンクラー設備の配管の末端には、**流水検知装置又は圧力検知装置**の作動を試験するための弁（末端試験弁）を次に定めるところにより設けること（規則第14条5の2号）。

> イ．末端試験弁は、流水検知装置又は圧力検知装置の設けられる配管の系統ごとに1個ずつ、放水圧力が最も低くなると予想される配管の部分に設けること。
>
> ロ．末端試験弁の一次側には圧力計が、二次側にはスプリンクラーヘッドと同等の放水性能を有するオリフィス等の試験用放水口が取り付けられるものであること。
>
> ハ．末端試験弁にはその直近の見やすい箇所に末端試験弁である旨を表示した標識を設けること。

> **末 端 試 験 弁**
> （スプリンクラー）

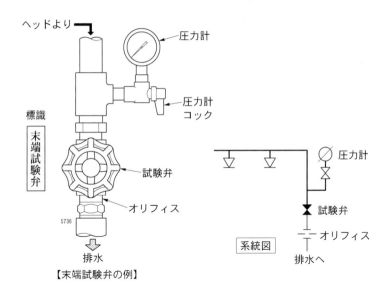

【末端試験弁の例】

▷**解説**：5の2号ロ．の規定により、末端試験弁を開くと、ヘッド1個分が開放したのと同等の放水ができるため、流水検知装置と起動用水圧開閉装置（圧力スイッチ）の作動を試験できる。

【1】 スプリンクラー設備に関する次の記述のうち、誤っているものは次のうちど
　れか。

☐　1．加圧送水装置には、高架水槽方式、圧力水槽方式及びポンプ方式の3種類
　　　がある。

　　2．送水口には、その直近の見やすい箇所にスプリンクラー用送水口である旨
　　　及び、その送水圧力範囲を表示した標識を設けなければならない。

　　3．末端試験弁は、開放型ヘッド又は閉鎖型ヘッドを用いるスプリンクラー設
　　　備に設置するもので、流水検知装置又は圧力検知装置の作動を試験するため
　　　のものである。

　　4．起動装置には、自動式と手動式があり、閉鎖型ヘッドを用いるスプリンク
　　　ラー設備の場合、自動火災報知設備の感知器の作動又は流水検知装置若しく
　　　は起動用水圧開閉装置の作動と連動して、加圧送水装置を起動させる。

▶▶正解＆解説……………………………………………………………………………………

【1】正解3

　1．加圧送水装置は、①「3．加圧送水装置の技術基準」273P参照。

　2．送水口は「18．送水口」406P参照。

　3．末端試験弁は、閉鎖型ヘッドを用いるスプリンクラー設備に設置する。開放型ヘッ
　　ドを用いるスプリンクラー設備には設置しない。

　4．起動装置は「14．起動装置」398P参照。設問は、閉鎖型ヘッドの自動式の内容
　　である。

◎スプリンクラー設備の送水口は、スプリンクラーが作動して水源の水を全て使用しても消火しない場合、消防ポンプ自動車からホースを介して消火用水の供給を受けるためのものである。

◎送水口は、送水口、配管、弁等で構成される。

◎送水口の専用の配管には、送水口から流水方向に向って順に逆止弁及び止水弁を設け、かつ、送水口と逆止弁の間に**排水弁**を設けること。

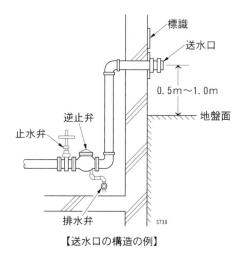

【送水口の構造の例】

◎**排水弁**は、オートドリップが望ましい。オートドリップは自動排水弁とも呼ばれ、配管等に設置されるものである。圧力が加わると閉止し、圧力が減圧すると開放する弁構造をもったもので、配管内の残留水を自動的に排水する機能を有している。

◎スプリンクラー設備には、消防ポンプ自動車が容易に接近することができる位置に**双口形**の送水口を附置すること（令第12条2項7号）。

◎送水口は、次に定めるところによること（規則第14条6号）。

> イ．**専用**とすること。
>
> ロ．送水口の結合金具は、差込式又はねじ式のものとし、その構造は、差込式のものにあっては呼称65の差込式受け口に、ねじ式のものにあっては呼称65のしめ輪のめねじに適合するものであること。
>
> ハ．送水口の結合金具は、地盤面からの高さが**0.5m以上1m以下**で、かつ、送水に支障のない位置に設けること。

ニ．送水口は、当該スプリンクラー設備の**加圧送水装置から**流水検知装置若しくは圧力検知装置又は一斉開放弁若しくは手動式開放弁までの配管に、専用の配管をもって接続すること。

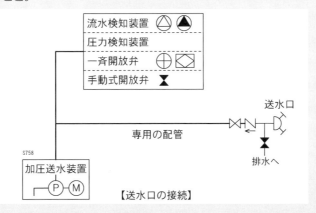

【送水口の接続】

ホ．送水口にはその直近の見やすい箇所に**スプリンクラー用送水口**である旨及びその**送水圧力範囲**を表示した**標識**を設けること。

【壁に設置する埋込型の例】

▶構成品（立売堀製作所）

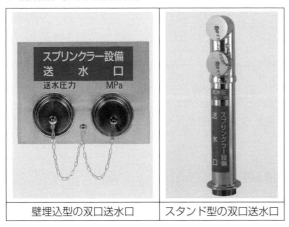

| 壁埋込型の双口送水口 | スタンド型の双口送水口 |

【1】 スプリンクラー設備の送水口の設置について、誤っているものは次のうちど
れか。

☐　1．送水口は、スプリンクラー設備専用のものを設けた。

　　2．送水口の結合金具を、地盤面からの高さが1.0mの位置に設けた。

　　3．送水口には、その直近の見やすい箇所にスプリンクラー送水口であること
及び送水圧力範囲を表示した標識を設けた。

　　4．送水口の配管を、流水検知装置の二次側に接続した。

【2】 スプリンクラー設備の送水口の結合金具の位置として、消防法令で定められ
ているものは次のうちどれか。

☐　1．地盤面からの高さが0.30m以上1.00m以下

　　2．地盤面からの高さが0.50m以上1.00m以下

　　3．地盤面からの高さが0.50m以上1.25m以下

　　4．地盤面からの高さが0.80m以上1.50m以下

【3】 スプリンクラー設備の送水口について、誤っているものは次のうちどれか。

☐　1．送水口の結合金具は、地盤面から高さが0.5m以上1.0m以下で、かつ、送水
に支障のない箇所に設けること。

　　2．送水口には、スプリンクラー用送水口である旨を表示した標識及び赤色の
灯火を設けること。

　　3．送水口は、加圧送水装置から流水検知装置若しくは圧力検知装置又は、一
斉開放弁若しくは手動式開放弁までの配管に、専用の配管をもって接続する
こと。

　　4．送水口は、専用のものとすること。

▶▶正解＆解説……………………………………………………………………………

【1】 正解4

　　2．送水口の結合金具は、地盤面からの高さが0.5m以上1.0m以下であること。

　　4．送水口の配管は、加圧送水装置から流水検知装置等までの配管に接続する。

【2】 正解2

【3】 正解2

　　2．送水口に、赤色の灯火を設ける必要はない。

19. 補助散水栓

◎補助散水栓は、スプリンクラーヘッドを省略できるとされている部分（浴室など）を有効に補完するために設けることができる。

◎補助散水栓の技術基準は、屋内消火栓設備の2号消火栓に準じている。

◎スプリンクラー設備には、補助散水栓を設けることができること（令第13条2項8号）。

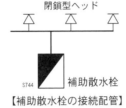

【補助散水栓の接続配管】

◎補助散水栓をスプリンクラー設備に設ける場合にあっては、次に定めるところによらなければならない（規則第13条の6 4項）。

1. 補助散水栓は、防火対象物の階ごとに、その階の各部分から一のホース接続口までの水平距離が**15m以下**となるように設けること。ただし、スプリンクラーヘッドが設けられている部分に補助散水栓を設ける場合にあっては、この限りでない。

【補助散水栓の設置】　【表示と灯火】

2. 補助散水栓が設置されるいずれの階においても、当該階のすべての補助散水栓（設置個数が2を超えるときは、2個の補助散水栓とする）を同時に使用する場合に、それぞれのノズルの先端において、放水圧力が**0.25MPa以上**で、かつ、放水量が**60L/min以上**の性能のものとすること。

3. 補助散水栓箱には、その表面に**「消火用散水栓」**と表示すること。

4. 補助散水栓の上部には、取付け面と15度以上の角度となる方向に沿って10m離れたところから容易に識別できる赤色の灯火を設けること。

5. 補助散水栓の開閉弁は、床面からの高さが1.5m以下の位置又は天井に設けること。ただし、当該開閉弁を天井に設ける場合にあっては、当該開閉弁は自動式のものとすること。

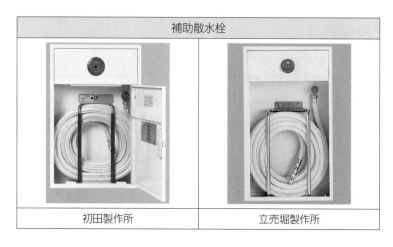

補助散水栓	
初田製作所	立売堀製作所

▶▶過去問題◀◀

【1】 スプリンクラー設備に設ける補助散水栓において、それぞれのノズルの先端
の放水圧力と放水量の組合せとして、消防法令上、正しいものは次のうちどれか。

	放水圧力	放水量
□ 1.	0.10MPa 以上	80L/min 以上
2.	0.17MPa 以上	130L/min 以上
3.	0.25MPa 以上	60L/min 以上
4.	0.25MPa 以上	350L/min 以上

▶▶正解&解説‥‥‥‥‥‥‥‥‥‥‥‥‥‥‥‥‥‥‥‥‥‥‥‥‥‥‥‥‥‥‥‥‥

【1】正解3

消火設備	放水圧力	放水量
1号消火栓	0.17MPa以上	130L/min以上
2号消火栓	0.25MPa以上	60L/min以上
スプリンクラー設備の補助散水栓	0.25MPa以上	60L/min以上

20. 放水性能

◎各消火設備の放水量と放水圧力は、第2章の「消防関係法令（第1類）」でまとめてある。

◎次の問題は、「設備等の構造・機能」として出題されているため、ここに掲載した（編集部）。

```
▶▶過去問題◀◀
```

【1】消火設備それぞれのノズル又はヘッドの最少放水量及び最低放水圧力の組合せとして、消防法令上、正しいものはどれか。ただし、特定施設水道連結型スプリンクラー設備を除く。

		消火設備	最少放水量	最低放水圧力
☐	1.	倉庫に設ける屋内消火栓設備	60L/min	0.25MPa
	2.	屋外消火栓設備	300L/min	0.25MPa
	3.	開放型スプリンクラーヘッドを用いるスプリンクラー設備	80L/min	0.1MPa
	4.	閉鎖型スプリンクラーヘッドのうち標準ヘッドを用いるスプリンクラー設備	80L/min	0.2MPa

【2】消火設備それぞれのノズル又はヘッドの最少放水量及び最低放水圧力の組合せとして、消防法令上、正しいものはどれか。ただし、特定施設水道連結型スプリンクラー設備を除く。

		消火設備	最少放水量	最低放水圧力
☐	1.	倉庫に設ける屋内消火栓設備	130L/min	0.17MPa
	2.	屋外消火栓設備	300L/min	0.25MPa
	3.	開放型スプリンクラーヘッドを用いるスプリンクラー設備	80L/min	0.2MPa
	4.	閉鎖型スプリンクラーヘッドのうち標準ヘッドを用いるスプリンクラー設備	40L/min	0.1MPa

【1】正解3

1．屋内消火栓設備は、第2章 ②「3．放水性能と水源水量」105P参照。倉庫や工場・作業場では1号消火栓を設置することになっている。

2．屋外消火栓設備は、第2章 ③「2．設備の基準」109Pを参照。

3＆4．スプリンクラー設備は、第2章 ④「7．スプリンクラーヘッドの放水性能」130P参照。

消火設備	最少放水量	最低放水圧力
倉庫に設ける屋内消火栓設備（1号消火栓）	130L/min	0.17MPa
2号消火栓	60L/min	0.25MPa
屋外消火栓設備	350L/min	0.25MPa
開放型スプリンクラーヘッドを用いるスプリンクラー設備	80L/min	0.1MPa
閉鎖型スプリンクラーヘッドのうち標準ヘッドを用いるスプリンクラー設備	80L/min	0.1MPa

【2】正解1

21. 点検要領

◎点検要領は、［機器点検］と［総合点検］で構成されている。

〔機器点検　スプリンクラーヘッド　未警戒部分〕

判定方法

　間仕切り、たれ壁、ダクト、棚等の変更、増設、新設等によってヘッドが設けられていない未警戒部分がないこと。

　間仕切の新設により生じた未警戒部分及びこれに対する増設ヘッド（平面図）

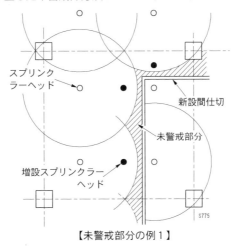

【未警戒部分の例１】

　間仕切又はたれ壁の新設により生じた未警戒部分及びこれに対する増設ヘッド（断面図）

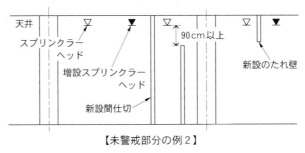

【未警戒部分の例２】

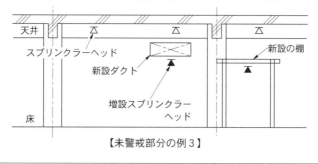

ダクト又は棚の新設により生じた未警戒部分及びこれに対する増設ヘッド（断面図）

天井

スプリンクラーヘッド

新設ダクト

増設スプリンクラー
ヘッド

新設の棚

床

【未警戒部分の例 3 】

▶ ▶ 過去問題 ◀ ◀

【1】 スプリンクラー設備における点検結果とそれに対する措置の組合せとして、
正しいものは次のうちどれか。

	点検結果	措　置
□ 1.	間仕切りによりヘッドの未警戒が あった	定温式感知器の増設により警戒した
2.	ポンプのグランド部から少量の水 が出ていた	著しい漏水ではないことを確認し、 そのままにした
3.	ポンプ運転中に逃がし配管より排 水があった	止水弁を閉止し、排水を止めた
4.	各階の制御弁が開放されていた	全て閉止し、制御弁室を施錠した

▶ ▶ 正解＆解説 ……………………………………………………………………………

【1】 正解 2

1. 間仕切りによりヘッドの未警戒があった場合は、増設ヘッドを設置する。

2. ポンプのグランド部から少量の水が出ていた場合は、著しい漏水ではないことを確 認する。全く漏水がない状態まで締め付けてはならない。②「5．点検要領」350P 参照。

3. ポンプ運転時はポンプに負荷が加わり水温が上昇する。これを防ぐために逃がし配 管から少量の水を排水する。止水弁を閉止して排水を止めてはならない。

4. 各階の制御弁は、警戒中常に開放しておかなければならない。法令では、「みだり に閉止できない措置が講じられていること」を求めている。

22. 特定施設水道連結型スプリンクラー設備

◎特定施設水道連結型スプリンクラー設備は、平成19年に「小規模社会福祉施設（延べ面積275m²以上1,000m²未満）」向けに設置が義務化されたものである。

◎ただし、設置者の費用負担軽減の観点から、**水道水に連結**したスプリンクラー設備としている。このため、基本的に加圧送水装置、流水検知装置、送水口、非常電源等は設けられていない。

◎給水方法等により、各種のものがある。

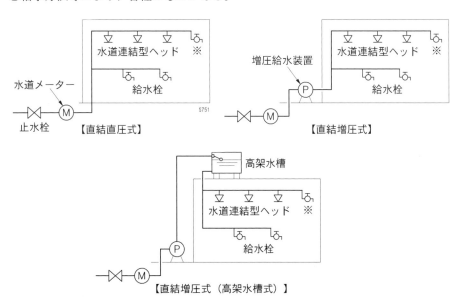

◎図中の※印部分で水道連結型スプリンクラーヘッドの末端に給水栓が設けてあるのは、水の滞留防止及びスプリンクラー設備としての放水確認のためである。

▶構成例と概要

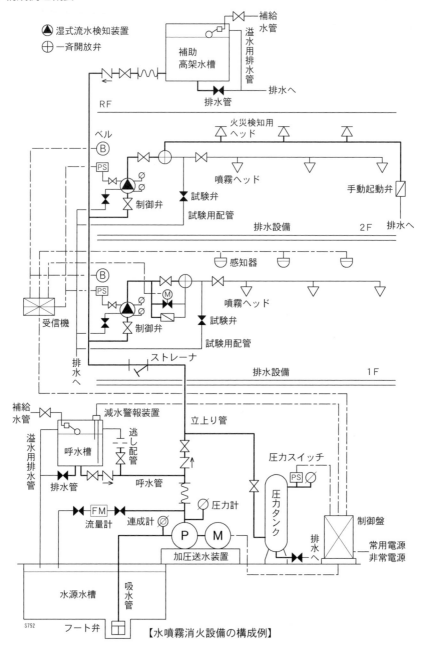

- 🔺 湿式流水検知装置
- ⊕ 一斉開放弁

補給水管
溢水用排水管
補助高架水槽
排水管
排水へ
RF

ベル
B
PS
制御弁
試験弁
試験用配管
火災検知用ヘッド
噴霧ヘッド
手動起動弁
排水設備
排水へ
2F

受信機
B
PS
制御弁
試験弁
試験用配管
M
感知器
噴霧ヘッド
排水へ
ストレーナ
排水設備
1F

補給水管
溢水用排水管
呼水槽
排水管
減水警報装置
逃し配管
呼水管
立上り管

圧力計
圧力計
連成計
FM
流量計
P
M
加圧送水装置

圧力スイッチ
PS
圧力タンク
排水へ
制御盤
常用電源
非常電源

水源水槽
吸水管
フート弁

S752 【水噴霧消火設備の構成例】

416

◎水噴霧消火設備は、道路の用に供される部分、駐車の用に供される部分、指定可燃物を貯蔵し又は取り扱う場所等において、スプリンクラー設備と同様に水を散水して火災を消火する設備である。

◎スプリンクラー設備との違いは、散水される水の粒が細かく、火災時の熱によって急激に蒸発するときに熱を奪うことによる冷却効果と、燃焼面を蒸気で覆うことによって酸素を遮断する窒息効果によって消火する。

◎水噴霧消火設備は、開放型スプリンクラー設備に類似しているが、次の内容が大きく異なっている。

> 1．開放型スプリンクラーヘッドのかわりに「噴霧ヘッド」を使用する。
> 2．加圧送水装置の吐出側に「ストレーナ」を設置する。
> 3．道路部分と駐車部分には「排水設備」を設ける。

▶噴霧ヘッド

◎噴霧ヘッドは、水の**直線流**又は**ら旋回流**を衝突させるとともに、**拡散**することによって水を噴霧状に放射するものである。

◎噴霧ヘッドは、次の種類のものがある。

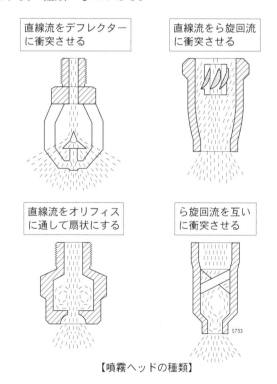

【噴霧ヘッドの種類】

▶Y型ストレーナ

◎水噴霧消火設備は、異物があると噴霧ヘッドで詰まりやすいため、配管にストレーナ（ろ過装置）をポンプの吐出側に設ける。形状からY型ストレーナと呼ばれることもある。

◎ストレーナのスクリーン（ろ過部分）は、網又は円孔で造られ、長時間連続で使用できる。また、スクリーンは図の矢印部分で固定されており、ボルト等を外すことで容易に交換・掃除ができる構造としてある。

◎ストレーナは水の流れる方向が指定されている。

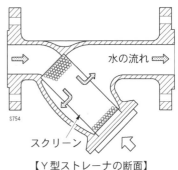

【Y型ストレーナの断面】

▶放射区域

◎放射区域は、一の一斉開放弁により同時に放射する区域をいう（以下、規則第16条3項1号）。

◎放射区域は、防護対象物が存する階ごとに設けること。

▶構成品

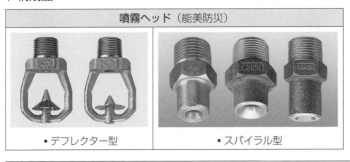

噴霧ヘッド（能美防災）

・デフレクター型　　　・スパイラル型

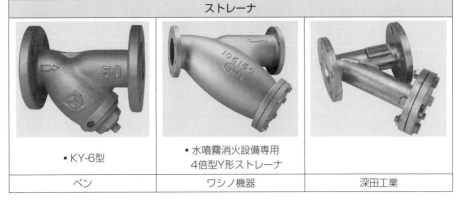

ストレーナ

・KY-6型	・水噴霧消火設備専用 4倍型Y形ストレーナ	
ベン	ワシノ機器	深田工業

1. パッケージ型消火設備

◎パッケージ型消火設備は、屋内消火栓設備を設置しなければならない防火対象物のうち一定規模以下の防火対象物を対象に、屋内消火栓設備の代替設備として設置できるものである。

◎一般に、ノズル、ホース、消火剤貯蔵容器、起動装置、加圧用ガス容器などがひとつの格納箱に収納されている。消火剤は、強化液、機械泡、浸潤剤等入り水などが使われる。

◎パッケージ型消火設備の使用方法は、屋内消火栓と同様に人が操作する。収納箱を開けて、中の加圧用ボンベのバルブを開けてから、ホースを伸ばし、ノズルのコックを開けて消火薬剤を放射する。

◎パッケージ型消火設備は、放射性能、消火薬剤の種類及び貯蔵量等により、Ⅰ型及びⅡ型に区分されている。

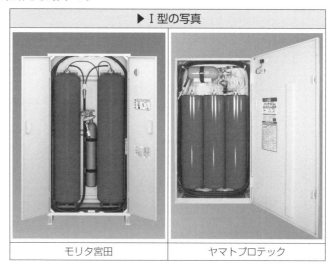

▶Ⅰ型の写真

| モリタ宮田 | ヤマトプロテック |

▶設置の基準

◎パッケージ型消火設備は、次の各号に定めるところにより、設置するものとする（パッケージ型消火設備の基準　第4）。

> 1. 防火対象物の階ごとに、その階の各部分から一のホース接続口までの水平距離がⅠ型にあっては20m以下、Ⅱ型にあっては15m以下となるように設けること。
> 2. 防護する部分の面積は、Ⅰ型にあっては850m²以下、Ⅱ型にあっては500m²以下とすること。
> 5. 消火薬剤貯蔵容器の直近の見やすい箇所に赤色の灯火及びパッケージ型消火設備である旨を表示した標識を設けること。

2. パッケージ型自動消火設備

◎パッケージ型自動消火設備は、スプリンクラー設備を設置しなければならない防火対象物のうち一定規模以下の防火対象物を対象に、スプリンクラー設備の代替設備として設置できるものである。

◎設置可能な防火対象物の用途は、令別表第一の（5）項（旅館・ホテル・宿泊所、寄宿舎・下宿）や（6）項（病院・養護老人ホーム・老人デイサービスセンター・幼稚園）などである。

◎一般に、消火剤貯蔵容器、加圧用ガス容器、受信装置、作動装置、予備電源等の入った本体ユニットと、配管、放出口、感知器、選択弁（電動弁）などから構成される。

◎消火薬剤は、浸潤剤等入り水が使われる。感知器は、種類の異なる2種類のものが使われる（図は定温式スポット型と差動式スポット型）。

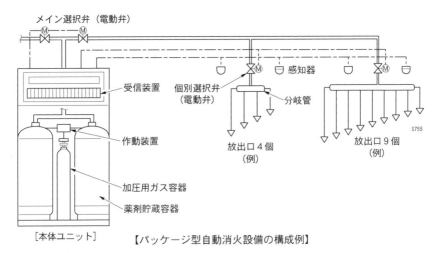

【パッケージ型自動消火設備の構成例】

◎パッケージ型自動消火設備は、次のように作動する。

1. 火災をいずれかの種類の感知器が感知する。
2. 受信装置がブザーを鳴らして、感知器の作動を周囲に知らせる。
3. もう一種類の感知器も作動する。
4. 受信装置は火災発生と断定する。
5. 受信装置は加圧用ガス容器の作動装置を開いて、ガスを薬剤貯蔵装置に送り込む。
   同時に、火災を感知した区域のメイン選択弁（電動弁）と個別選択弁（電動弁）を開く。
6. 薬剤貯蔵容器内の消火薬剤が配管と分岐管を通過して、放出口から放出される。

◎パッケージ型自動消火設備は、放射性能、消火薬剤の種類及び貯蔵量等により、Ⅰ型及びⅡ型に区分されている。

▶構成品（モリタ宮田）

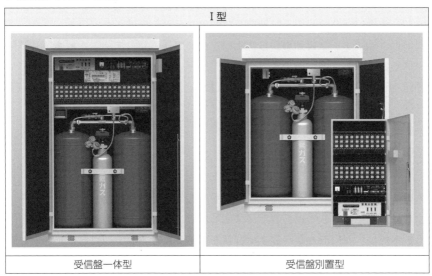

Ⅰ型	
受信盤一体型	受信盤別置型

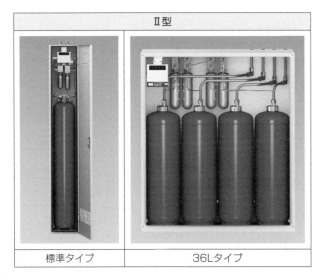

Ⅱ型	
標準タイプ	36Lタイプ

3．連結送水管

◎連結送水管は、消防隊が消火活動を行う際に、消防用水を火災が発生した階まで送水するため、高層建築物、地下街等に設置される設備である。

◎送水口、放水口及び放水用具収納箱及び配管などから構成されている。

◎火災時は、消防ポンプ自動車から送水口を通じて送水し、消防隊が放水口に消防ホースを接続すれば消防活動ができる。

◎連結送水管は、次の各号に掲げる防火対象物（一部略）に設置するものとする（令第29条1項）。

> 1．地階を除く階数が7以上の建築物
> 2．地階を除く階数が5以上の建築物で、延べ面積が6,000m²以上のもの
> 3．延べ面積が1,000m²以上の地下街

◎送水口は、消防ポンプ自動車から送水を受ける部分で、双口形とすること。

◎放水口は、建築物の3階以上の階又は地階に設けること。階数が11以上の階に設ける放水口は、双口形とし、放水用器具を収納した箱（放水用具収納箱）を設置すること。

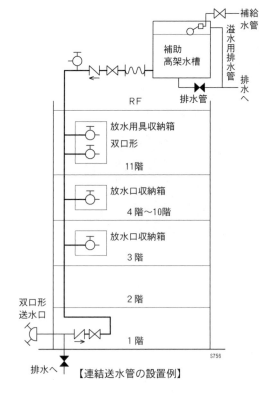

【連結送水管の設置例】

4．連結散水設備

◎連結散水設備は、火災が発生した場合、煙や熱が充満することによって消防活動が難しくなることが予想される地下街や地階に設置される設備である。

◎地下街や地階に散水ヘッドを設け、送水口を通じ、消防ポンプ自動車から送水して消火する。

◎連結散水設備は、散水ヘッド、配管・弁類及び送水口等から構成されている。散水ヘッドには開放型と閉鎖型があり、開放型は送水区域内のヘッドから一斉に散水するが、閉鎖型は火災部分のヘッドのみが開放されるため、水損が少ないという利点がある。

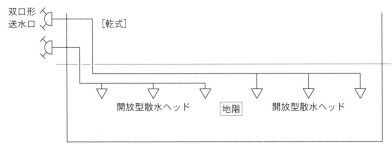

【放水区域ごとに送水口を設置】

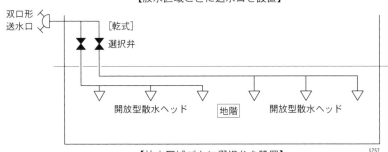

【放水区域ごとに選択弁を設置】

S757

▶構成品

例	初田製作所
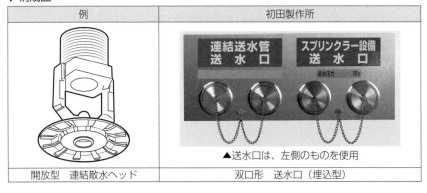	
開放型　連結散水ヘッド	双口形　送水口（埋込型）

▲送水口は、左側のものを使用

423

索 引 （ 上 巻 ）

426

書籍の訂正について

本書の記載内容について正誤が発生した場合は、弊社ホームページに正誤情報を掲載しています。

株式会社公論出版 ホームページ
書籍サポート/訂正
URL：https://kouronpub.com/book_correction.html

本書籍に関するお問い合わせ

メール	問合せフォーム	FAX	03-3837-5740
✉			**必要事項** ・お客様の氏名とフリガナ ・FAX 番号（FAX の場合のみ） ・書籍名　・該当ページ数　・問合せ内容

※お問い合わせは、**本書の内容に限ります。**
　下記のようなご質問にはお答えできません。

EX：・実際に出た試験問題について　　　・書籍の内容を大きく超える質問 　　　・個人指導に相当するような質問　　・旧年版の書籍に関する質問　等

また、回答までにお時間をいただく場合がございます。ご了承ください。
なお、**電話でのお問い合わせは受け付けておりません。**

消防設備士 第1類（甲種・乙種）
令和6年　上巻

■発行所	株式会社 公論出版 〒110-0005 東京都台東区上野3-1-8 TEL.03-3837-5731 FAX.03-3837-5740
■定価	3,300円（税込）
■発行日	令和6年11月28日　初版 三刷

ISBN978-4-86275-268-0